Methoden kulturvergleichender Sozialforschung

Susanne Rippl · Christian Seipel

Methoden kulturvergleichender Sozialforschung

Eine Einführung

3., überarbeitete und aktualisierte Auflage

Susanne Rippl
Technische Universität Chemnitz
Chemnitz, Deutschland

Christian Seipel
Universität Hildesheim
Hildesheim, Deutschland

ISBN 978-3-658-38156-1   ISBN 978-3-658-38157-8 (eBook)
https://doi.org/10.1007/978-3-658-38157-8

Die Deutsche Nationalbibliothek verzeichnet diese Publikation in der Deutschen Nationalbibliografie; detaillierte bibliografische Daten sind im Internet über http://dnb.d-nb.de abrufbar.

© Der/die Herausgeber bzw. der/die Autor(en), exklusiv lizenziert an Springer Fachmedien Wiesbaden GmbH, ein Teil von Springer Nature 2008, 2015, 2022
Das Werk einschließlich aller seiner Teile ist urheberrechtlich geschützt. Jede Verwertung, die nicht ausdrücklich vom Urheberrechtsgesetz zugelassen ist, bedarf der vorherigen Zustimmung des Verlags. Das gilt insbesondere für Vervielfältigungen, Bearbeitungen, Übersetzungen, Mikroverfilmungen und die Einspeicherung und Verarbeitung in elektronischen Systemen.
Die Wiedergabe von allgemein beschreibenden Bezeichnungen, Marken, Unternehmensnamen etc. in diesem Werk bedeutet nicht, dass diese frei durch jedermann benutzt werden dürfen. Die Berechtigung zur Benutzung unterliegt, auch ohne gesonderten Hinweis hierzu, den Regeln des Markenrechts. Die Rechte des jeweiligen Zeicheninhabers sind zu beachten.
Der Verlag, die Autoren und die Herausgeber gehen davon aus, dass die Angaben und Informationen in diesem Werk zum Zeitpunkt der Veröffentlichung vollständig und korrekt sind. Weder der Verlag, noch die Autoren oder die Herausgeber übernehmen, ausdrücklich oder implizit, Gewähr für den Inhalt des Werkes, etwaige Fehler oder Äußerungen. Der Verlag bleibt im Hinblick auf geografische Zuordnungen und Gebietsbezeichnungen in veröffentlichten Karten und Institutionsadressen neutral.

Planung/Lektorat: Cori Antonia Mackrodt
Springer VS ist ein Imprint der eingetragenen Gesellschaft Springer Fachmedien Wiesbaden GmbH und ist ein Teil von Springer Nature.
Die Anschrift der Gesellschaft ist: Abraham-Lincoln-Str. 46, 65189 Wiesbaden, Germany

Inhaltsverzeichnis

1	Einleitung	1
2	Why Culture Matters	5
	2.1 Die Relevanz der Kultur in sozialwissenschaftlichen Analysen	5
	2.2 Was ist „Kultur"?	8
	2.3 Was sind „kulturvergleichende Studien"?	11
	2.4 Das Mehrebenen-Modell im Kulturvergleich am Beispiel der „Value of Children (VOC)" Studie	19
	2.5 Fazit	23
	Literatur zur Vertiefung und zum Weiterlesen	24
3	Methodologische Debatten	25
	3.1 Ethnologie	28
	3.2 Soziologie	36
	3.3 Politikwissenschaft	46
	3.4 Psychologie	48
	3.4.1 Cross-cultural psychology, cultural psychology und indigenous psychology	52
	3.5 Fazit	56
	Literatur zur Vertiefung und zum Weiterlesen	62
4	Ziele und Ablauf kulturvergleichender Studien	63
	4.1 Auswahl des Forschungsproblems – Ziele	65
	4.2 Konzeptspezifikation und Operationalisierung	69
	4.3 Das Äquivalenzproblem	74
	4.3.1 What to measure? – Konzeptuelle Äquivalenz	76

4.3.2 How to measure? – Operationale Äquivalenz 82
 4.3.3 How to sample? – Durchführungsäquivalenz 83
 4.4 Fazit 84
 Literatur zur Vertiefung und zum Weiterlesen 85

5 Auswahlverfahren 87
 5.1 Die Auswahl der Länder 89
 5.2 Die Auswahl der Individuen 91
  5.2.1 Wahrscheinlichkeitsauswahlen 93
   5.2.1.1 Coverage-error 97
   5.2.1.2 Nonresponse Error 98
  5.2.2 Der Umgang mit Ausfällen 99
 5.3 Repräsentativität 101
 5.4 Bewusste Auswahl 102
 5.5 Fazit 104
 Literatur zur Vertiefung und zum Weiterlesen 106

6 Fragebogenentwicklung 107
 6.1 Vorhandene Instrumente oder Neuentwicklung? 109
  6.1.1 Der Rückgriff auf vorhandene Instrumente 110
  6.1.2 Die Neuentwicklung von Instrumenten 111
 6.2 Übersetzung 114
 6.3 Antwortverzerrungen 121
  6.3.1 Soziale Erwünschtheit und sensible Fragen 122
  6.3.2 Zustimmungstendenz 123
  6.3.3 Die Verwendung von Extremkategorien 124
 6.4 Ex post Verfahren zur Prüfung von operationaler Äquivalenz ... 124
 6.5 Fazit 125
 Literatur zur Vertiefung und zum Weiterlesen 125

7 Die Erfassung sozialer Kontexte 127
 7.1 Äquivalenzprobleme: soziodemografische Merkmale 129
  7.1.1 Input- und Output-Harmonisierung 132
  7.1.2 Bildung 134
  7.1.3 Einkommen 139
  7.1.4 Berufliche Stellung 142
 7.2 Makroindikatoren 147
  7.2.1 Wirtschaftliche Entwicklung 149
  7.2.2 Politische Entwicklung 156
 7.3 Fazit 159

		7.3.1	Wichtige Quellen für Makrodaten	159

	7.3.1	Wichtige Quellen für Makrodaten	159
	Literatur zur Vertiefung und zum Weiterlesen		160
8	**Analysemöglichkeiten**		163
	8.1	Datentypen und Analysedesigns im Kulturvergleich	163
	8.2	Fehlschlussproblematik	171
	8.3	Sind Aggregatmerkmale als Kollektivmerkmale zu verstehen?	174
	8.4	Äquivalenzprüfung	175
		8.4.1 Analyse der psychometrischen Qualität der Messinstrumente: interne Äquivalenz	176
		8.4.2 Analysen der Konstruktäquivalenz: externe Äquivalenz	180
		8.4.3 Innovative Entwicklungen des Datenzugangs und der Datenanalyse	183
	8.5	Fazit	186
	Literatur zur Vertiefung und zum Weiterlesen		188
9	**Möglichkeiten und Grenzen des Kulturvergleichs**		189
Literatur			193

Abbildungsverzeichnis

Abb. 2.1	Die mehrstufige Erklärung sozialer Sachverhalte (Nauck 2014: 1802, Pfade a, b, c, d ergänzt durch die Autoren)	20
Abb. 3.1	Die Verbindung des Emic-Ansatzes und des Etic-Ansatzes als Forschungsstrategie des „derived etic". (Nach Berry 1989)	50
Abb. 4.1	Das Circumplex-Modell der Wertetheorie nach Schwartz (Schwartz und Cieciuch 2021: 2)	69
Abb. 4.2	Die Inglehart-Weltzel Weltkulturlandkarte 2020 (Quelle: https://www.worldvaluessurvey.org/photos/EV000190.JPG)	70
Abb. 4.3	Konzepte, Konstrukte, Indikatoren (eigene Darstellung)	71
Abb. 4.4	Dimensionale Analyse (eigene Darstellung)	78
Abb. 6.1	Schritte zur Entwicklung eines Fragebogens	108
Abb. 6.2	Das Verfahren der back-translation nach Brislin (1986: 160)	119
Abb. 7.1	Beispiele der ISCO-Codierung für Büroangestellte und kaufmännische Angestellte (Baumert und Maaz 2006: 14)	144
Abb. 7.2	Das EGP-Sechs-Klassenschema (Baumert und Schümer 2001: 339)	146
Abb. 7.3	Der Zusammenhang zwischen der Finanzierung nationaler Statistiken und des ökonomischen Entwicklungsstands	148
Abb. 8.1	Mehrvariablenanalyse: Mikro- und Makrovariablen	166
Abb. 8.2	Mehrebenenanalyse zur Erklärung von Niveauunterschieden: Mikro- und Makrovariablen	167

Abb. 8.3	Mehrebenenanalyse – Interaktionseffekte: Mikro- und Makrovariablen	167
Abb. 8.4	Analyseebenen	169
Abb. 8.5	Individualdaten und aggregierte Individualdaten (Hofstede 1980, Abbildung aus Smith und Bond 1998: 49)	171
Abb. 8.6	Ökologischer und individualistischer Fehlschluss	172
Abb. 8.7	Itemauswahl für den Kulturvergleich	178
Abb. 8.8	Äquivalenzanforderungen beim Kulturvergleich	179
Abb. 8.9	Beispiele für digitale und analoge Handlungen und soziale Interaktionen, die mit digitalen Datenquellen erfasst werden können (Keusch und Kreuter 2022: 102)	186

Tabellenverzeichnis

Tab. 2.1	Kulturdefinitionen in Anlehnung an Berry et al. (1992)	10
Tab. 2.2	Ausschnitte aus Messinstrumenten zur Erfassung kulturbezogener Werthaltungen	12
Tab. 2.3	Analyseeinheiten in kulturvergleichenden Studien	13
Tab. 2.4	Sozialstruktur und Kultur in einem Mehrebenenmodell (vgl. ähnlich bei Otte 2018: 89 ff.)	19
Tab. 3.1	Der Emic-Ansatz und der Etic-Ansatz in der kulturvergleichenden psychologischen Forschung. (Nach Berry 1969)	49
Tab. 3.2	Konzepte und Bezeichnungen beider Varianten kulturvergleichender Forschung	57
Tab. 4.1	Ablaufmodell einer international vergleichenden Studie	64
Tab. 4.2	Äquivalenzbegriffe und Beispiele	75
Tab. 4.3	Die unterschiedliche Bezeichnung von Fehlerquellen	76
Tab. 5.1	Forschungsziel und Prinzip der Auswahl der Länder	91
Tab. 6.1	Kulturspezifische Varianten der Likert-Skalierung: deutsch – australisch	118
Tab. 7.1	Ebenen der Erfassung sozialer Kontexte	130
Tab. 7.2	Kategorien als Produkt der Output-Harmonisierung von Bildungsabschlüssen im Rahmen des ISCED-2011	134
Tab. 7.3	ISCED-2011 Output-Harmonisierung am Beispiel deutscher Schulabschlüsse	135
Tab. 7.4	Auszug aus der Zuordnung der deutschen Bildungsgänge zur International Standard Classification of Education 2011. (ISCED 2011, Quelle: Statistisches Bundesamt (2020). Bildungsfinanzbericht 2020: 90)	136

Tab. 7.5	Unterschiede in den Bildungswegen in drei europäischen Ländern	137
Tab. 7.6	OECD-Skala zur Berechnung des Nettoäquivalenzeinkommens	140
Tab. 7.7	Bruttonationaleinkommen (2020) im Vergleich (in Klammern die jeweilige Rangfolge)	151
Tab. 7.8	Makroindikatoren (2019) im Vergleich	151
Tab. 7.9	Wohlfahrtsmaße und Verteilungsmaße (2019) im Vergleich	154
Tab. 7.10	Freedom House Ratings (beobachteter Zeitraum 2020)	157
Tab. 8.1	Datenebenen im Kulturvergleich	164
Tab. 8.2	Möglichkeiten der Analyse auf der Mikro- und der Makroebene	165
Tab. 8.3	Ebenen von Äquivalenz	180

Exkurse

„Was war der Kulturvergleich, ehe es den Kulturvergleich gab?" 27
Ethnozentrismus und Kulturrelativismus 31
Die Nacirema 33
Familienformen bei den Inuit und den US-Amerikanern 35
Quantitative Forschung und Kontext – eine Kritik 41
Universalien trotz kultureller Relativität 43
Kann man Äpfel und Birnen vergleichen? 72

Definitionen

Ethnozentrismus 7
Universalismus 43
Identität, Äquivalenz und funktionale Äquivalenz 73
„overcoverage" und „undercoverage" 97
Kaufkraftstandards 141
Human Development Index (HDI) 152
Ökologischer Fehlschluss 173

Aus der Forschung

Konzeptspezifikation im Kontext der PISA-Studie 81
Beispiele international vergleichender Surveyprojekte 88
Die Grundgesamtheit und die Stichprobe der PISA-Studien 93
Probleme bei der Durchführung einer Wahrscheinlichkeitsauswahl in
Ländern mit wenig entwickelter Infrastruktur 96
Testentwicklung im Kontext der PISA-Studie 114
Kulturelle Kontexte und die Interpretation von Items 116
Zwölf Regeln zur Formulierung von Fragen 117
Konsistenz und Verlässlichkeit internationaler Kennzahlen 148
International comparisons of living standards – the need for
purchasing power parities 155
Freedom House – Freedom in the World Survey 157
Kultur und wirtschaftliche Entwicklung 170
Reliabilitäten einer Nationalismus-Kurzskala im Kulturvergleich 177
Die Konstruktvalidierung einer Nationalismus-Kurzskala 182

Einleitung 1

Vergleiche zwischen Ländern und Kulturen sind ein wesentliches Werkzeug sozialwissenschaftlicher Forschung. Nicht zuletzt die Covid-19 Pandemie hat die Relevanz dieser Perspektive gezeigt. „Die Pandemie hat der Welt und damit auch der Soziologie noch einmal deutlich vor Augen geführt, wie hoch die globalen Verflechtungen sind, wie schnell sich ein Virus durch die globale Mobilität ausbreiten kann und wie stark das Zurückfahren des sozialen und damit auch wirtschaftlichen Lebens in einem Staat andere Ökonomien in Mitleidenschaft ziehen kann. Gleichzeitig haben der Umgang mit dem Virus und seine Bekämpfung nationale Unterschiede zutage treten lassen. Dies beginnt bei der Frage, ob und wie viele Personen auf das Virus getestet werden, was einen erheblichen Einfluss auf die Messung nationaler Infektions- und virusbedingter Sterbequoten hat. Es geht weiter über die Herausforderung, wie man dem Virus begegnet (bekämpft man ihn durch Herdenimmunität oder setzt man auf #flattenthecurve) bis hin zur Frage, wie versucht wird, die ökonomischen Folgen abzufedern. Die Pandemie zeigt deutlich: national structures matter! Ob man als Erkrankter überlebt, hängt nicht nur von der eigenen Gesundheit, sondern in nicht geringem Maße vom nationalen Gesundheitssystem und seinen Kapazitäten ab; und darüber, ob kleine und mittelständische Unternehmen die Krise überleben, entscheiden nationale Hilfs- und Kreditförderungsprogramme" (Preunkert 2021: 151). Neben der Covid-19 Pandemie könnte man unzählige weitere Beispiele anführen, welche Relevanz spezifisch nationale Ausprägungen institutioneller Strukturen haben können. Zur Beforschung dieser Zusammenhänge sind kulturvergleichende Forschungsdesigns notwendig, die allerdings besondere konzeptionelle, methodologische und methodische Fragen aufwerfen. Diese Fragen stehen im Mittelpunkt dieses einführenden Buches.

Dabei hat die Beschäftigung mit dem Kulturvergleich eine lange Tradition. Das Vergleichen wird häufig als eine unvermeidliche und lebensnotwendige Praxis aller Gesellschaften gesehen, weil Gesellschaften mit- oder gegeneinander leben müssen. Wenn eine Kultur als fremd wahrgenommen wird, dann wird sie zum Bezugspunkt von Erzählungen und Deutungen, die auf Vergleichen beruhen und Urteile über die eigene wie über die als fremd gedeutete Kultur erzeugen (Tenbruck 1992: 23). Vordenker sehen Jahoda und Krewer (1997) bereits in der Antike. Eine wissenschaftliche Beschäftigung im engeren Sinne setzt im 19. Jahrhundert ein. Insbesondere die Feldstudien der Kulturanthropologie haben eine kritische Auseinandersetzung mit der Thematik in Gang gesetzt. Im 20. Jahrhundert erlebte die kulturvergleichende Forschung vor allem in den 1940er und 1950er Jahren einen Boom, danach verlor sich das Interesse für die folgenden Jahrzehnte. In den 1980er Jahren kam es zu einer Wiederbelebung dieser Forschungsperspektive. Aktuell erleben kultur- und ländervergleichende Studien erneut einen Boom: – die scheinbare Konfrontation zwischen unterschiedlichen Kulturen und Prozesse der Globalisierung sind Schlagworte, die die Relevanz dieser Forschungsrichtung unterstreichen (zur Geschichte und Bedeutung der kultur- und ländervergleichenden Forschung siehe auch Andreß et al. 2019: 3 f., Kosmützky 2017 sowie Schriewer 2021).

Zudem findet sich ein zunehmendes Interesse an Erkenntnissen über Unterschiede zwischen verschiedenen Kulturen, deren Ursachen und Folgen. Dieses Interesse kann ganz praktische oder politische Hintergründe verfolgen, z. B. wenn es darum geht, die Kommunikation zwischen verschiedenen Kulturen und deren Mitgliedern zu verbessern. Es besteht aber auch ein originär sozialwissenschaftliches Interesse an kulturvergleichenden Fragestellungen, z. B. wenn man verschiedene Kulturen als unterschiedliche Kontexte und Rahmenbedingungen auffasst, deren Wirkung auf soziale Sachverhalte untersucht werden können. Das Beispiel der PISA-Studie zeigt, wie verschiedene Ziele – bildungspolitische und sozialwissenschaftliche – im Rahmen kulturvergleichender Forschung auch gleichzeitig verfolgt werden können. Zum einen gewährt die PISA-Studie Einblick in den Leistungsstand von Schülern in verschiedenen Ländern und ermöglicht durch die relationale Sichtweise eine Einschätzung der Lage. Zum anderen können die unterschiedlichen Rahmenbedingungen in den Ländern zur Ursachenforschung herangezogen werden. So kann man untersuchen, ob unterschiedliche Schulsysteme oder Bildungsinvestitionen einen Einfluss auf den Leistungsstand haben und man kann überlegen, ob sich auf der Grundlage der Forschungsergebnisse politische Maßnahmen ableiten lassen. Kulturvergleiche bieten in besonderem Maße die Möglichkeit, den Einfluss sozialer Kontexte

1 Einleitung

zu analysieren, die gerade in den Sozialwissenschaften von besonderem Interesse sind.

Das Ziel dieses Buches ist es, eine Einführung in die Methoden kulturvergleichender Forschung, insbesondere der Surveyforschung vorzulegen, die eine Basis für einen kritischen Umgang mit kulturvergleichenden Studien, aber auch für die eigene Durchführung kulturvergleichender Forschung bieten kann. Die Zielgruppe des Buches sind dabei Fachwissenschaftler und Studierende sozialwissenschaftlicher Disziplinen insbesondere der Soziologie, Erziehungswissenschaft, Politikwissenschaft und Psychologie. Im Fokus des Buches steht das „Handwerkszeug" des kulturvergleichenden Forschers[1], die methodischen Grundlagen. Die Ergebnisse kulturvergleichender Studien werden beispielhaft behandelt.

Für das Verständnis der Inhalte des Buches sind basale Kenntnisse in den Grundlagen der empirischen Sozialforschung von Vorteil, aber nicht zwingende Voraussetzung. Im Kap. 2 wird der Leser mit dem Thema des Kulturvergleichs vertraut gemacht. Nach einer Präzisierung des Kulturbegriffs werden Themen und Ziele der kulturvergleichenden Forschung dargelegt. In Kap. 3 folgt eine methodologische Reflexion der Möglichkeiten und Grenzen des Kulturvergleichs, die aus der Sicht der Traditionen verschiedener sozialwissenschaftlicher Disziplinen, die sich mit dem Kulturvergleich beschäftigen, betrachtet werden. Kap. 4 befasst sich überblicksartig mit den Zielen und dem Ablauf kulturvergleichender Forschung. Dabei wird das im Kulturvergleich zentrale Problem der Äquivalenz in den verschiedenen Forschungsphasen diskutiert. In Kap. 5 wird ein genauerer Blick auf die Besonderheiten der Stichprobenziehung in der kulturvergleichenden Forschung gelegt. Auch hier ist das Problem der Äquivalenz der Stichproben von besonderer Bedeutung. In Kap. 6 werden die Anforderungen an die Fragebogenentwicklung im Kulturvergleich diskutiert. In dieser Phase der Konzeptspezifikation und Operationalisierung stehen Probleme der Äquivalenz der verwendeten theoretischen Konzepte und der Umsetzung in vergleichbare Messinstrumente im Vordergrund. In Kap. 7 werden die Möglichkeiten der Erfassung und Berücksichtigung sozialer Kontexte auf der Mikro- und Makroebene betrachtet. Neben der Darstellung von in der Surveyforschung bereits eingeführten Instrumenten zur Erfassung von Variablen auf der Mikroebene (z. B. Einkommen, Berufsstatus und Bildung), werden ergänzend die Möglichkeiten der Berücksichtigung von Kennziffern der Makroebene diskutiert, wie sie in amtlichen Statistiken zur Verfügung gestellt werden (z. B. das Bruttoinlandsprodukt).

---

[1] Aus Gründen der besseren Lesbarkeit wird in diesem Buch auf die gleichzeitige Verwendung der Sprachformen männlich, weiblich und divers verzichtet. Sämtliche Personenbezeichnungen gelten gleichermaßen für alle Geschlechter.

In Kap. 8 werden Datentypen und Analysemöglichkeiten in der kulturvergleichenden Forschung überblicksartig dargestellt. Neben grundlegenden Analysedesigns (z. B. Mehrebenenanalysen, Aggregatdatenanalyse), werden auch grundlegende Methoden der Äquivalenzprüfung vorgestellt. In Kap. 9 erfolgt ein kurzes Fazit der Möglichkeiten und Grenzen des Kulturvergleichs.

Für die zweite Auflage wurden die Inhalte und die Literatur überarbeitet und erweitert. Zu jedem Kapitel wurden Verständnisfragen eingefügt, um dem Leser eine Kontrolle des erworbenen Wissens zu erleichtern.

Für die dritte Auflage wurde neuere Literatur ergänzt, die weiterführenden Leseempfehlungen aktualisiert und Inhalte überarbeitet (u.a. wurde die Trennung zwischen Kultur und Struktur und die Debatte um den methodologischen Nationalismus stärker akzentuiert, zudem wurden neuere Entwicklungen bei der ex-post Harmonisierung und innovative Entwicklungen des Datenzugangs und der Datenanalyse aufgenommen und die Zusammenarbeit in international zusammengesetzten Forscherteams angesprochen)

Chemnitz und Hildesheim, im Mai 2022

Susanne Rippl und Christian Seipel

Online-Portale

- Centre for Cross-Cultural Research des Department of Psychology der Western Washington University Bellingham. https://wp.wwu.edu/cccr/
- Survey Research Center. Guidelines for Best Practice in Cross-Cultural Surveys. Ann Arbor, MI: Survey Research Center, Institute for Social Research, University of Michigan https://ccsg.isr.umich.edu/
- Online Readings in Psychology and Culture (ORPC) der International Association of Cross-CulturalPsychology https://scholarworks.gvsu.edu/orpc/

Why Culture Matters 2

Der Ausgangspunkt einer Beschäftigung mit dem Kulturvergleich ist die Auseinandersetzung mit dem Begriff der Kultur. So vielfältig wie seine Verwendung, so vielfältig und unklar sind auch die Bedeutungen, die mit diesem Begriff verbunden werden. Daher ist es nötig, die Begriffe „Kultur" und „Kulturvergleich" zu präzisieren. Was macht die Bedeutung des Faktors „Kultur" aus? Und was wird überhaupt darunter verstanden, wenn von „Kulturunterschieden" die Rede ist?

2.1 Die Relevanz der Kultur in sozialwissenschaftlichen Analysen

> „Das Ganze der Gesellschaft ist ... wie man mit Max Weber sagen könnte, eben kein dünner Mantel, den jeder nach Belieben jederzeit abwerfen könnte, sondern ein „stahlhartes Gehäuse", aus dem es kaum ein Entrinnen gibt. Das Handeln ist eben *nicht* nur durch die inneren Einstellungen, sondern auch durch die äußeren Bedingungen, durch den materiellen, institutionellen und kulturellen Kontext, bestimmt" (Esser 1999: 419).

Hartmut Esser unterstreicht in diesem Zitat die zentrale Rolle „äußerer Bedingungen" für das Handeln jedes Einzelnen. Der „kulturelle Kontext" ist dabei ein Faktor unter anderen, dem prägende Wirkung zugeschrieben wird. Nimmt man die Beschreibung des „stahlharten Gehäuses" von Weber auf, so wird Kultur als starke Restriktion verstanden, die den Möglichkeitsraum von Handeln in spezifischer Weise vorgibt. Auch wenn die „Härte" dieses Gehäuses unterschiedlich diskutiert wird, wird wohl kaum ein Sozialwissenschaftler daran zweifeln, dass der kulturelle Kontext die Lebensbedingungen des Einzelnen prägt. David Landes beginnt seinen Aufsatz *„Culture makes almost all the difference"* mit den Sätzen:

„Max Weber was right. If we learn anything from the history of economic development, it is that culture makes almost the difference" (Landes 2000: 2). Bereits *Max Weber* (2006, zuerst 1905) hat in seiner Studie „*Die protestantische Ethik und der Geist des Kapitalismus*" auf den besonderen Einfluss kultureller Faktoren für die ökonomische Entwicklung einer Gesellschaft hingewiesen. Auch *Emile Durkheim* (2006, zuerst 1897) hat in seinen frühen empirischen Studien zum *Selbstmord* Variationen in den Selbstmordraten europäischer Länder auf deren soziale Verhältnisse[1] zurückgeführt. In Diskussionen um die Rolle der Kultur hat *Samuel Huntington* (1993) deren Bedeutung unterstrichen. Er identifiziert acht „major civilizations", die auf primär „kulturellen" Unterschieden basieren, die in der jeweiligen religiösen Tradition verwurzelt sind: die westlichen Christen, die orthodoxe Welt, die islamische Welt, die konfuzianische Welt, die japanische Welt, die Welt der Hindus, die afrikanische Welt und die lateinamerikanische Welt. In deren kulturellen Differenzen sieht er den zentralen Konfliktstoff der Zukunft. Modernisierungstheoretiker angefangen mit *Karl Marx* bis heute, betonen hingegen die Bedeutung der ökonomischen Entwicklung als Motor kultureller Veränderungen. Forschungsarbeiten wie etwa die Studien von *Ronald Inglehart* (Inglehart 1997; Inglehart und Baker 2000) weisen tatsächlich auf einen relativ engen Zusammenhang zwischen bestimmten kulturellen Orientierungen und der ökonomischen Entwicklung hin. „Economic development is associated with shifts away from absolute norms and values towards values that are increasingly rational, tolerant, trusting, and participatory" (Inglehart und Baker 2000: 19). Auch wenn es unklar bleibt, was Ursache und Wirkung ist, muss man von deutlichen Wechselwirkungen zwischen kultureller und ökonomischer Entwicklung ausgehen. Kulturelle Faktoren stellen offenbar neben ökonomischen Aspekten wichtige Einflüsse für die gesellschaftliche Entwicklung dar. Dieser Befund findet sich in einer Vielzahl sozialwissenschaftlicher Studien wieder. Dennoch lassen sich auch unter ökonomisch ähnlich entwickelten Ländern deutliche kulturelle Unterschiede auffinden, die die Herstellung eines einfachen Zusammenhangs relativieren. Als Sozialwissenschaftler wissen wir, dass Erklärungen auf dem Gebiet der Sozialwissenschaft nicht mono-kausal verlaufen. Kulturelle und ökonomische Aspekte sind wichtige, aber nicht die einzigen Ursachen für bestimmte gesellschaftliche Entwicklungen.

Insbesondere das Herstellen von Zusammenhängen zwischen kulturellen Faktoren und einem normativen Begriff von Entwicklung bewegt sich auf einem

---

[1] Er fand dabei insbesondere einen Zusammenhang zwischen der Stärke der Einbindung in die Familie, die Religion und den Staat und der Selbstmordrate. Je stärker die soziale Integration eines Landes, desto geringer die Selbstmordrate.

schwierigen Terrain. *Sind einige Kulturen besser als andere?* Diese Frage wird in kulturvergleichenden Studien sehr offensichtlich, die ganz explizit westlich geprägte Entwicklungsbegriffe verwenden. So wird z. B. in der vergleichenden Demokratieforschung eine *Kultur der Demokratie* als „wichtiger Meilenstein in der weiteren Zivilisierung unserer Welt" (Lauth et al. 2000: 7) verstanden. Es ist erwiesen, dass Demokratien weniger kriegslüstern sind und menschlicher mit ihren Bürgern umgehen (Lauth et al. 2000). Trotzdem kann man die Idee der Demokratie als eine Erfindung des Westens verstehen, die zumindest nicht unkritisch als Maßstab für die Bewertung der Entwicklung aller Länder angesetzt werden kann (Derichs 1998).

▶ **Definition: Ethnozentrismus**

- Ethnozentrismus ist aus methodologischer Sicht eine wissenschaftliche Perspektive, die unreflektiert Kategorien, Standards, Annahmen und Wertungen der eigenen Kultur auf andere Kulturen überträgt. Das heißt konkret, dass die Kategorien, mit denen andere Kulturen beobachtet, beschrieben oder analysiert werden, nicht neutral sind, sondern von dem kulturellen Kontext des Forschers geprägt werden. Damit verbunden ist die Gefahr einer unreflektierten Übertragung eigener Kategorien und damit einer potenziell verzerrten bzw. fehlerhaften Wahrnehmung der jeweils fremden Kultur.

Diese Problematik ist auch unter dem Begriff des *Ethnozentrismus* (Berry et al. 1992) in der kulturvergleichenden Forschungsliteratur diskutiert worden. Sicherlich zielen die meisten Kulturvergleiche nicht darauf ab, solche Wertungen im Sinne von Diskriminierungen abzugeben. Es geht vielmehr darum, sozialwissenschaftliche Probleme oder Sachverhalte zu erklären und aufzuklären, warum Entwicklungen unterschiedlich verlaufen. Dennoch muss man sich – wenn man kulturvergleichend forscht – mit der Frage einer möglicherweise „imperialistischen" Konnotation oder gar eines Missbrauchs einer solchen Forschung auseinandersetzen. Wenn „Kultur" als erklärender Faktor verwendet wird, der als Antrieb oder Bremse bestimmter Prozesse wirken kann, ist eine normative Interpretation von Ergebnissen immer möglich, dies ist nicht nur evident, wenn man z. B. wie Welzel und Inglehart (1999, 2005) versucht, „Humanentwicklung" zu untersuchen, sondern auch dann, wenn man Unterschiede im Umweltbewusstsein, in Einstellungen zur Elternschaft und Erziehung oder ähnlichem untersucht. Empirisch entschärft wird der potenzielle Sprengstoff einer kulturbezogenen Interpretation von „Entwicklungsunterschieden" durch das Auffinden inhomogener Befunde und Ausnahmen. Landes betont daher: „… culture does not stand alone" (Landes 2000: 3). Die ökonomische Entwicklung verschiedener Staaten ist auch durch Faktoren wie deren geografische Lage, deren ökonomische und politische Abhängigkeiten im internationalen Machtgefüge, des Rassismus oder deren koloniale Geschichte geprägt. Die Variable „Kultur" ist ein Faktor der in Wechselwirkung zu anderen Rahmenbedingungen steht.

2.2 Was ist „Kultur"?

Kaum ein anderer Begriff der Sozialwissenschaften wird wohl so oft, so uneinheitlich und so diffus gebraucht, wie der Begriff der Kultur. Oftmals ist der Blickwinkel von Studien, die mit dem Begriff Kultur operieren, sehr weit gesteckt. Teilweise werden in so benannten Studien nicht nur kulturelle Aspekte, sondern auch andere Makrophänomene zur Erklärung von Unterschieden z. B. zwischen Ländern und deren Bevölkerungen herangezogen, die dann pauschal und undifferenziert als Kulturunterschiede bezeichnet werden. Ebenso kann man je nach wissenschaftstheoretischer Ausrichtung einen völlig unterschiedlichen Zugriff auf die Begrifflichkeit beobachten (hierzu ausführlich Seipel/Rippl 2013). Um diesen Nebel etwas zu lichten, beginnen wir mit dem Versuch, zu klären, was denn „Kultur" eigentlich ist. Ziel dieses Abschnittes ist es nicht, einen für alle verbindlichen Kulturbegriff festzulegen, sondern unterschiedliche Begriffsverwendungen zu reflektieren und eine Definition herauszuarbeiten, die für die empirische Sozialforschung brauchbar ist.

Kultur ist offenbar ein sehr weit gefasster Sammelbegriff. Lonner und Adamopoulos (1997) beklagen in einer Bilanz der kulturvergleichenden Psychologie, dass bis heute keine angemessene, einheitliche Definition vorliegt. Kroeber und Kluckhohn (1952) können bereits 1952 über 170 unterschiedliche Definitionen von Kultur ausmachen. Auch der Begriff der *kulturvergleichenden Forschung* ist ein ebenso weit gefasster Sammelbegriff. Nauck und Schönpflug (1997) konstatieren bei der Durchsicht des Programms der Kongresse der „Cross-Cultural Psychology", dass selbst monokulturelle Studien, wenn sie sich auf „fremde" Kulturen beziehen, in diesen Kontext einbezogen werden (z. B. Studien zu Anpassungsproblemen von marokkanischen Einwanderern in den Niederlanden oder zum Umgang mit AIDS in Sambia). „‚Kultur' wird also routinemäßig als relevantes Erklärungsmoment in Betracht gezogen, wenn (…Sachverhalte, die Verf.) … als fremd, ungewöhnlich, andersartig, exotisch, unalltäglich wahrgenommen werden …" (Nauck und Schönpflug 1997). Für Dinge, die fremd erscheinen und nicht mit den üblicherweise herangezogenen Theorien erklärt werden können, wird gerne der Kulturunterschied als erklärender Faktor herangezogen. Doch was wissen wir mehr, wenn wir wissen, dass hier Kulturunterschiede am Werke sind? Ein solch diffuser und umfassender Kulturbegriff ist wenig hilfreich. Betrachtet man die unterschiedliche Verwendung und Definition des Begriffs „Kultur", so wird offenbar, dass diese nach fachspezifischen Interessenfeldern und nach forschungspragmatischen Gesichtspunkten erfolgt. Sehr allgemein kann man in Anlehnung an eine Unterscheidung von Kroeber und Kluckhohn (1952) und Berry et al. (1992) mindestens sechs Kulturdefinitionen differenzieren (*vgl. Tab. 2.1*), wobei die jeweiligen Kriterien nicht trennscharf sind.

Vivelo (1981) kommt zu dem Schluss, dass die meisten Definitionen in eine von zwei allgemeinen Kategorien fallen: die *totalistische* und die *mentalistische* Betrachtungsweise. Bei der totalistischen Betrachtungsweise umfasst Kultur die gesamte Lebensweise eines Volkes, wie es ganz explizit bei den deskriptiven, aber auch in historischen, strukturellen oder genetischen Kulturbegriffen der Fall ist. Die mentalistische Betrachtungsweise versteht Kultur hingegen als ideenbildendes oder gedankliches System (Vivelo 1981: 51), wie es explizit in den subjektorientierten, aber auch in normativen Ansätzen der Fall ist. Mentalistische Begriffe haben den Vorteil, dass sie eine Unterscheidung zwischen Kulturellem und Sozialem oder Strukturellem vornehmen und somit eine differenziertere Analyse zulassen.

Die in der Tab. 2.1 aufgeführte Systematisierung verschiedener Kulturdefinitionen zeigt die große Heterogenität des Kulturbegriffs. Pragmatisch betrachtet brauchen die empirische Sozialforschung und besonders die Surveyforschung, die im Zentrum des Interesses dieses Buches steht, einen Kulturbegriff, der im Kontext ihrer Methoden verwendbar ist. Begriffe sind nominalistische Festlegungen (wie die Ausdifferenzierung in Tab. 2.1 zeigt), die den Vorteil haben, dass es für Dritte nachvollziehbar und damit kritisierbar ist, mit welchem mehr oder weniger zureichenden Begriff von Kultur operiert wird. In der kulturvergleichenden Umfrageforschung hat sich ein enger, subjektorientierter Kulturbegriff durchgesetzt, der in diesem Kontext auch handhabbar ist. Trommsdorff (1989) sieht als Inhalte von Kultur die von einer sozialen Gruppe verwendeten Deutungs- und Handlungsmuster, Wissen, Sprache und Techniken zur Bewältigung von Anpassungsproblemen im Umgang des Menschen mit seiner Umwelt. Mitglieder einer Kultur zeichnen sich somit durch eine gewisse Homogenität ihrer Einstellungsmuster und Handlungsweisen aus, die sie von anderen sozialen Einheiten unterscheiden. Deutungs- und Einstellungsmuster sind Konzepte, die der Umfrageforschung gut zugänglich sind. Der in der psychologischen kulturvergleichenden Forschung am häufigsten verwendete Kulturbegriff versteht Kultur noch enger als es bei Trommsdorff (1989) der Fall ist, nämlich als „System

Tab. 2.1 Kulturdefinitionen in Anlehnung an Berry et al. (1992)

Deskriptive Definitionen

Kultur wird hier als „a comprehensive totality" (Kroeber und Kluckhohn 1952) gefasst. Solche Definitionen sind sehr umfassend und sammeln alle Aspekte menschlichen Lebens unter diesen Begriff. Ein solcher Begriff findet sich häufig in anthropologischen oder ethnografischen Studien. So definiert Tylor (1871 zitiert nach Berry et al. 1992: 165) Kultur in einem weiten ethnografischen Sinne als „… that complex whole which includes knowledge, belief, art, morals, law, custom, and any other capabilities and habits acquired by man as a member of society". Ähnlich der Ethnologe Herskovitz (1955: 33), er beschreibt Kultur als: „der menschengemachte Teil der Umwelt".

Historische Definitionen

Historische Definitionen betonen Traditionen und kulturelles Erbe, als akkumuliertes „Gedächtnis" einer Gesellschaft. So definiert z. B. Linton (1938: 78) Kultur als: „the total social heredity of mankind", als Wissensbestände die von Generation zu Generation weitergereicht werden.

Normative Definitionen

Im Rahmen normativer Definitionen werden gemeinsame Regeln, Normen und Ideale betont, die eine Gruppe für sich festgelegt hat. Bezugspunkte sind hier z. B. Verfassungs- oder Gesetzestexte. Träger sind kollektive Akteure (Regierungen, Parteien, Organisationen). Diese Definition bezieht sich auf kodifizierte Regeln.

Subjekt-bezogene Definitionen

Subjekt-bezogene Definitionen stellen psychologische Merkmale ins Zentrum der Aufmerksamkeit, die als Ergebnis von Sozialisationsprozessen aufgefasst werden. Es interessieren dabei nicht individuelle Kognitionen oder Orientierungen, sondern solche die von Gruppen geteilt werden. Smith und Bond (1998:69) führen aus: „Cultures are systems of shared meanings". Das Konzept der „shared values" findet sich auch bei Schwartz (1992) und Hofstede (1980). Auch Huntington (2000: xv) folgert: „We define culture in purely subjective terms as the values, attitudes, beliefs, orientations, and underlying assumptions prevalent among people in a society".

Strukturelle Definitionen

Im Rahmen dieser Sichtweise von Kultur werden deren strukturelle Manifestationen in die Definition einbezogen. Dazu gehören spezifische Muster, Institutionen und Rollenarrangements, die die sozialen Beziehungen der jeweiligen Gruppe strukturieren. In dieser Form der Definition kommt es wie z. B. auch in deskriptiven Definitionen zur Sammlung mentaler, symbolischer und struktureller Elemente.

Genetische Definitionen

Kultur wird hier als Ergebnis menschlicher Anpassungsprozesse an die natürlichen Gegebenheiten verstanden. Daraus ergibt sich eine Umwelt, die nicht natürlich, sondern von Menschen gemacht ist. Kultur ist das Ergebnis kreativer sozialer Prozesse, die für die Menschen als Gattung typisch sind und die sie von anderen Gattungen unterscheiden.

von geteilten Werten" (z. B. Smith und Bond 1998; Schwartz 1992; Hofstede 1980). Werte werden dabei als Kriterien betrachtet, die Menschen zur Selektion, Evaluation und Rechtfertigung von Handlungen dienen (Schwartz 1992). Thome (2003) weist auf ein weiteres wichtiges Merkmal von Werten hin, die für ihre Verwendung zur „Operationalisierung" einer subjektbezogenen Definition von Kultur sprechen. Werte sind im Unterschied zu Bedürfnissen *gerechtfertigte* Ziele oder Wünsche (Thome 2003; Gerhards 2005). Sie stehen damit in einem deutlichen Zusammenhang zu sozial geteilten Wertvorstellungen. Man geht davon aus, dass grundlegende Werthaltungen im Sozialisationsprozess sehr viel früher entstehen als inhaltlich spezifischere Einstellungen und diesen somit kausal vorgelagert sind. Sozialisationsprozesse stellen eine Verbindung zwischen Kultur und Individuum dar (bereits bei Parsons 1951).

Insbesondere in der psychologisch orientierten kulturvergleichenden Forschung hat sich eine solche subjekt-bezogene Kulturdefinition durchgesetzt (für einen Überblick vgl. Helfrich 2019: 59 ff.). Hofstede (1980) und Schwartz (1994) haben Instrumente zur Erfassung zentraler Wertedimensionen vorgelegt, die in kulturvergleichenden Studien häufig verwendet werden (vgl. Tab. 2.2). Auch in den Politikwissenschaften und der Soziologie werden in vielen Studien solche werte-bezogenen Instrumente verwendet. Hier sind z. B. die Instrumente von Inglehart (1997) zu nennen, er erfasst kulturelle Orientierungen durch Systeme von Werthaltungen.[2]

2.3 Was sind „kulturvergleichende Studien"?

Dieser Abschnitt befasst sich mit einer Präzisierung dessen, was mit dem Begriff der „kulturvergleichenden Studie" gemeint ist. Zwei Aspekte erscheinen für Kulturvergleiche besonders relevant: die Betonung der Bedeutung von Kontextfaktoren und Makrophänomenen für die Erklärung sozialen Handelns und die methodische Relevanz vergleichender Forschungsmethoden.

Die Rolle, die die „Kultur" in kulturvergleichenden Studien spielt, ist wenig eindeutig, was wiederum mit der unklaren Definition und Verwendung des Begriffs zusammenhängt. Der Begriff des „Kulturvergleichs" oder der „kulturvergleichenden Studie" ist dementsprechend fast ebenso mehrdeutig, wie der Kulturbegriff selbst und häufig nicht auf einen engen Kulturbegriff bezogen, wie er in Abschn. 2.2 z. B. im Rahmen von subjekt-bezogenen Definitionen

---

[2] Zur Problematik der Erfassung von „Systemen geteilter Werte" durch Individualmessungen vgl. Kap. 8.

Tab. 2.2 Ausschnitte aus Messinstrumenten zur Erfassung kulturbezogener Werthaltungen

Universalism	
How important is it to you to have a job that leaves you sufficient time for your personal or family life? How important is it to you to have considerable freedom to adapt your own approach to the job?	Geert Hofstede
Traditional versus Secular-Rational Values	
Gott ist wichtig in meinem Leben Kinder brauchen starke Autoritäten Scheidung ist nicht zu rechtfertigen	Ronald Inglehart
Survival versus Self-Expression Values	
Wachstum ist wichtiger als Mitbestimmung Homosexualität sollte verboten werden Arbeit ist das Wichtigste in meinem Leben	
Self-Direction	
Thinking up new ideas and being creative is important to him. He likes to do things in his own original way It is important to him to make his own decisions about what he does. He likes to be free and not depend on others	Shalom Schwartz
Security	
It is important to him to live in secure surroundings. He avoids anything that might endanger his safety	

vorgestellt wurde. Es gibt keine klare Festlegung dazu, welche Analyseeinheit tatsächlich die Grundlage einer kulturvergleichenden Studie ist und auch nicht, welche Forschungsziele solche Studien typischer Weise verfolgen. Das Ziel dieses Abschnittes ist es nicht, den Idealtyp einer kulturvergleichenden Studie zu beschreiben, sondern den Begriff anhand seiner praktischen Verwendung in der Forschungsrealität einzugrenzen. Um dem Begriff der „kulturvergleichenden Studie" näher zu kommen, werden die folgenden Fragenkomplexe differenziert:

a. Was ist die Analyseeinheit in kulturvergleichenden Studien?
b. Auf welche Grundgesamtheit beziehen sich die Aussagen?
c. Anhand welcher Merkmale wird diese Grundgesamtheit abgegrenzt?
d. Wie werden „Stichproben" dieser Grundgesamtheit gezogen?
e. Welche Analyseziele verfolgen kulturvergleichende Studien?

2.3 Was sind „kulturvergleichende Studien"?

Betrachtet man die letzten Jahrgänge des „Journals of Cross-Cultural Psychology" oder des „International Journals of Comparative Sociology" so zeigt sich, dass in fast allen dort publizierten Studien Länder die Analyseeinheit sind; genauer gesagt die Bevölkerungen dieser Länder. Noch genauer gesagt, sind es nur kleine Substichproben der Bevölkerungen dieser Länder, die den Anspruch, der an repräsentative Studien gestellt wird, fast nie erfüllen. Anhand dieser Stichproben werden Aussagen z. B. zu Gerechtigkeitsvorstellungen, Risikoverhalten oder Stereotypen in den verschiedenen Ländern im Vergleich zu anderen Ländern untersucht. Diese Vorgehensweise ist sicherlich eine der häufigsten, wenn von kulturvergleichenden Studien die Rede ist. Es ist offensichtlich, dass diese Verwendung wenig Bezug zu einer klaren Kulturdefinition aufweist, wie wir sie eben in Abschn. 2.2 expliziert haben. Zumeist handelt es sich bei kulturvergleichenden Studien deshalb im strengen Sinne (wenn man die zugrunde liegenden Analyseeinheiten betrachtet), um ländervergleichende Studien. Damit werden in der Praxis der kulturvergleichenden Forschung die Begriffe „Land" bzw. „Gesellschaft" und „Kultur" faktisch häufig gleichgesetzt. Das ist nicht unproblematisch. Es ist durchaus denkbar und sogar wahrscheinlich, dass in einem Land Menschen mit unterschiedlichen kulturellen Orientierungen leben. Betrachtet man etwa die schwarze und weiße Bevölkerung Südafrikas oder die Bevölkerung eines so heterogenen Landes wie dem heutigen Russland, so kann man wohl kaum von einheitlichen kulturellen Orientierungen im Sinne geteilter Werte ausgehen. Selbst wenn man ein Land wie Deutschland betrachtet, sprechen viele Sozialwissenschaftler von unterschiedlichen Kulturen in Ost- und Westdeutschland oder differenzieren verschiedene soziale Milieus, die auch durch verschiedene „kulturelle Praktiken" beschrieben werden (vgl. Tab. 2.3).

Tab. 2.3 Analyseeinheiten in kulturvergleichenden Studien

Vergleichsebene	Merkmale	Mögliche Analyseeinheiten
Land	Territoriale Einheit: Ländergrenzen	z. B. Wohnbevölkerung
Gesellschaft	Institutionelle Einheit: Zugehörigkeit durch eine verbriefte Mitgliedschaft	z. B. Staatsbürger z. B. Mitglieder der evangelischen Kirche
Kultur	„Mentale" Einheit: geteilte Werthaltungen, „Mitgliedschaft im Geiste"	nur schwer ex ante zu bestimmen

Bereits Rokkan (1970) hat die Unterscheidung in international vergleichende, gesellschaftsvergleichende und kulturvergleichende Forschung angemahnt. Dennoch dominiert in der kulturvergleichenden Forschung bis heute eine undifferenzierte Begriffsverwendung – territoriale oder institutionelle bzw. staatliche Einheiten werden letztlich auch als kulturelle Einheiten gesehen. Analytisch betrachtet können diese Einheiten (Land, Gesellschaft, Kultur) deckungsgleich sein. Aber selbst für Deutschland ergeben sich höchstens Schnittmengen. Die Wohnbevölkerung ist nicht identisch mit den Staatsbürgern. Es gibt einen Bevölkerungsanteil von 13,1 % (Stand: 2021), der keine deutsche Staatbürgerschaft besitzt. Und selbst bei Personen mit Staatsbürgerschaft wäre der Frage nachzugehen, inwieweit geteilte Werthaltungen vorliegen. Dieser Mangel an Differenzierung hat rein praktische Gründe, insbesondere wenn repräsentative Stichproben gezogen werden sollen, muss eine abgrenzbare Grundgesamtheit (z. B. über Wohnort oder Staatsbürgerschaft) bestimmt werden, die der Stichprobenziehung zugänglich ist. „Mentale Gruppen" sind hier kaum eingrenzbar oder stichprobentechnisch fassbar.

Sicherlich gibt es Länder mit größerer und geringerer Überlappung dieser Bereiche. Allenfalls bei Ländern, bei denen man von einer relativ großen Überlappung sprechen kann, könnten die Ländergrenzen als „Operationalisierung" einer kulturellen Einheit herangezogen werden. Wobei diese Überlappung empirisch zu belegen wäre. Die Gleichsetzung von Land oder Gesellschaft und Kultur ist nur dann angemessen, wenn die jeweilige territoriale oder institutionelle Einheit dem Merkmal einer gewissen kulturellen Homogenität genügen kann, die z. B. unterstellt wird, wenn etwa subjektbezogene Kulturdefinitionen (shared values) verwendet werden. Smith und Bond (1998: 69) kommen optimistisch zu dem Schluss, dass Staaten häufig diese homogene Kultur aufweisen: „Nations are not necessarily mono-cultural, but many modern nation-states manage their internal diversity in ways that encourage the creation of national cultures". Auch Hofstede (2001: 10) schließt sich dieser Position an: „Even if a society contains different cultural groups (such as Blacks, Hispanics, Asians, and Caucasians in the United States), these usually share certain cultural traits with one another that make their members recognizable to foreigners as belonging to that society". Insbesondere in der aktuellen Diskussion um eine zunehmende Individualisierung und Globalisierung stellt sich verstärkt die Frage, inwieweit es sinnvoll ist, Länder als homogene Einheiten zu betrachten (vgl. Featherstone 1997; Hall 1999; Wimmer et al. 2002; Beck und Grande 2010; Bogusz 2018 vgl. auch Fußnote 9). Wenn davon ausgegangen wird, dass moderne Gesellschaften und moderne Politik nur als nationalstaatlich organisiert konzeptualisiert werden, dann sprechen Beck und Grande (2010: 189) in kritischer Absicht von einem

2.3 Was sind „kulturvergleichende Studien"?

methodologischen Nationalismus. Nationalstaaten werden dabei beschrieben „als abgegrenzte, unabhängige und relativ homogene Einheiten", die sich „durch nationale Grenzen, Institutionen und Gesetze" konstituieren. Werden Nationalstaaten als Gesellschaften im Sinne eines Container-Modells begriffen und diese Annahmen in der Forschungspraxis nicht reflektiert, sprechen Wimmer und Glick Schiller (2003) von einer Naturalisierung des Nationalstaats und einer Territorialisierung sozialer Tatbestände (Wimmer et al. 2002: 576). Dadurch könnte das Problem entstehen, dass neu entstehende soziale Praktiken und Beziehungen sowie Symbole, die in transnationalen Räumen eingebettet sind, nicht beobachtet werden können, da sie die konzeptualisierte Zuordnung von Staat und Territorium unterlaufen. Weiß und Nohl (2012: 64 f., Kursiv im Original) geben folgendes Beispiel: „Wie schon angesprochen, lassen sich nicht immer eindeutige Kausalbeziehungen zwischen einem nationalstaatlichen Kontext und einem sozialen Phänomen feststellen. Auch gibt es wichtige Kontexte, die sich nicht mit den Grenzen von Ländern zur Deckung bringen lassen. Beispielsweise kann der symbolische Status einer ethnischen Gruppe in „Europa" und „dem Nahen Osten" vollkommen verschieden sein, ohne dass dies das Ergebnis von unterschiedlichen Gesetzeslagen in Deutschland und Israel wäre". Stehen allerdings diese Fragen alternativer Kontextrelationen (Weiß und Nohl 2012: 58) nicht im Mittelpunkt kulturvergleichender Forschung, sondern werden Fragen nach den Wirkungen nationalstaatlich unterschiedlich ausgeprägter institutioneller Rahmenbedingungen untersucht, kann mit einem aufgeklärten und reflektierten methodologischen Nationalismus international vergleichende Forschung sinnvoll betrieben werden (vgl. auch Andreß et al. 2019).

Das Problem der Homogenitätsannahme wird dadurch etwas entschärft, dass diese Annahme relativ ist. Die zu vergleichenden Einheiten müssen anhand definierter Merkmale erkennbar und als unterschiedlich zu anderen zu identifizieren sein. Statistisch gesprochen soll die Binnengruppenvarianz geringer sein als die Varianz zwischen den Gruppen. Die Nützlichkeit der Definition eines Kulturbegriffes anhand spezifischer Merkmale, der dann territorialen Einheiten zugeschrieben wird, erweist sich dann letztlich auch empirisch. In einer 2021 publizierten Analyse belegen Akaliyski et al. die Prägung individueller Werte durch kollektive Einheiten wie Nationen. „Using data from the World Values Survey, we show that individual values cluster in concentric circles around their nation's cultural gravity center. We reveal the miracle of aggregation by demonstrating that nations capture the bulk of the variation in the individuals' cultural values once they are aggregated into lower-level territorial units such as towns and sub-national regions" (Akaliyski et al. 2021: 771). Findet sich allerdings in einer scheinbar abgrenzbaren Einheit eine sehr große Heterogenität, verlieren Durchschnittswerte und damit verbundene Analysen ihre Aussagekraft. Sind bestimmte Kulturdefinitionen und damit verbundene Operationalisierungen fähig, Unterschiede zwischen Ländern zu erklären? Ist das nicht der Fall, ist es fraglich, inwieweit überhaupt eine wie auch geartete „homogene" Kultur innerhalb der betrachteten Einheit besteht. Methodisch problematisch ist ein starker Mangel an Homogenität vor allem dann, wenn nicht-repräsentative Stichproben verwendet werden. Selektive Stichproben können in diesem Fall zu stark verzerrten Befunden führen.

Offenbar sind staatliche oder territoriale Einheiten die primäre Untersuchungseinheit von Kulturvergleichen. Damit wird dem Bereich der kulturvergleichenden Studien ein Areal möglicher Themen vorgegeben, der über die Untersuchung von Kulturunterschieden im engeren Sinne weit hinausgeht. In dieser Art definierte Kulturvergleiche betrachten neben der Kultur auch andere Merkmale (z. B. Ökonomie, Bildungssystem) der spezifischen Gesellschaft oder des Landes, um Unterschiede zwischen den Ländern zu erklären. Die Untersuchung von „Kulturen" im Sinne „geteilter Werthaltungen" ist somit nur der Gegenstand eines kleinen Bereichs der sogenannten kulturvergleichenden Forschung (vgl. insbesondere die Arbeiten von Inglehart (1997, Inglehart und Welzel 2005) oder Schwartz (1992, 2006). Sehr viel häufiger werden zwei oder auch mehrere Länder hinsichtlich der Ausprägung bestimmter psychischer oder sozialer Sachverhalte verglichen, wobei Mechanismen der Verursachung (z. B. Geburtenraten in Deutschland und der Türkei) oder Niveauunterschiede (Umweltbewusstsein in der europäischen Union) betrachtet werden. Die Variable „Kultur" wird dann meist als „erklärender Faktor" für gefundene Unterschiede herangezogen. Eine solche „Kübelvariable" wird oft nur interpretativ eingeführt, wobei ihre spezifischen Inhalte und Wirkungsweisen nicht weiter empirisch erklärt werden.

Viele kulturvergleichende Studien sind so konzipiert, dass so genannte Kulturunterschiede (eigentlich Länderunterschiede) in der jeweils abhängigen Variable durch potenziell alle länderspezifischen Merkmale erklärt werden (wie z. B. die politische Verfasstheit, das Erziehungssystem, ökonomische Faktoren, Werthaltungssysteme), die dann als „Kultur" dieses Landes verstanden werden. Auch in den sehr verbreiteten Lehrbüchern von van de Vijver und Leung (1997; 2021), in denen Kultur ähnlich einem „treatment" in Experimenten verstanden wird, dominiert diese Sichtweise (Kulturvergleiche werden hier auch als „Quasi-Experimente" bezeichnet). Unterschiede zwischen Ländern werden auf das „treatment" Kultur" zurückgeführt. Unter „Kultur" wird damit alles gefasst, was für Unterschiede zwischen den verglichenen Einheiten verantwortlich ist. Von einem „unpackaging of culture" sprechen die Autoren, wenn verschiedene

2.3 Was sind „kulturvergleichende Studien"?

Faktoren identifiziert werden, die für die Kulturunterschiede verantwortlich sind. Van de Vijver und Leung (1997; 2021) nennen diese Faktoren Kontextvariablen, diese können „culture-related" sein (z. B. Bruttosozialprodukt, Erziehungssysteme, staatliche Institutionen) oder „person-related" sein (Alter, Geschlecht oder psychologische Merkmale). Bei genauerem Hinsehen wird „cross-cultural" aus dieser Sicht mit Ländervergleich gleichgesetzt. Kultur ist gleich Kontext. Aus analytischer Sicht ist diese Einordnung aller Länderspezifika unter den Begriff der Kultur nicht sinnvoll. In dieser Situation ist wohl die Aussage Huntingtons (2000) zutreffend: „… if culture includes everything, it explains nothing" (Huntington 2000: xv). Dies spricht für eine enge Kulturdefinition. Ganz grundlegend sind *Kultur und Struktur* zu trennen. Kultur ist geprägt von kognitiven, evaluativen und symbolischen Elementen. Kroeber und Parsons (1958: 583) sprechen von „… patterns of values, ideas, and other symbolic-meaningful systems as factors in the shaping of human behaviour and the artifacts produced through behaviour". Hofstede (2001: 9) nennt das „the collective programming of the mind". Die Struktur hingegen ist gekennzeichnet durch materielle und institutionalisierte Elemente. Beide Sphären sind zwar aufeinander bezogen und voneinander beeinflusst, aber dennoch analytisch und somit (wenn nötig) auch empirisch zu trennen. Nauck (2007) macht darauf aufmerksam, dass sich diese Trennung bereits bei Parsons (1951) finden lässt. Die Verbindung von Kultur und sozialem System vollzieht sich über Prozesse der Institutionalisierung, die Verbindung zum Persönlichkeitssystem über Prozesse der Sozialisation.

Auch Rohner (1984) schlägt vor, Kultur und soziales System zu unterscheiden. Während Kultur als „shared meanings" verstanden wird, beinhaltet das „social system" „the behavior of multiple individuals within a culturally-organised population, including theirs pattern of social action and networks of social relationships (Rohner 1984: 127). Diese Unterscheidung ermöglicht die Analyse eines potenziellen Auseinanderfallens kultureller Bedeutungen und tatsächlicher Verhaltensweisen. Smith und Bond (1998) bringen hier das Beispiel des Weihnachtsfestes in seiner christlichen Bedeutung und seiner kommerziellen sozialen Praxis. Die Verwobenheit kultureller, sozialer und struktureller Aspekte kommt auch sehr deutlich in Rohners Definition von Gesellschaft zum Tragen. Gesellschaft ist: „… the largest unit of a territorially bounded, multigenerational population, recruited largely through sexual reproduction, and organised around a common culture and a common social system" (Rohner 1984: 131).

Für die Durchführung empirisch differenzierter Analysen erscheint es zusammenfassend betrachtet sinnvoll zu sein, einen relativ engen Kulturbegriff zu verwenden, der sich auf die Ebene des Mentalen und des Symbolischen bezieht. Eine solche Definition erweitert die Erkenntnismöglichkeiten und erlaubt die

Analyse von Wechselwirkungen zwischen den verschiedenen Bereichen. Eine engere Definition des Kulturbegriffs ist zudem einer operationalen Umsetzung zugänglicher. Vergleicht man also Länder, was – wie wir herausgearbeitet haben, der dominante Fall in der sogenannten kulturvergleichenden Forschung ist – so kann nicht nur die Kultur als Kontextphänomen betrachtet werden, sondern auch andere Phänomene der Makro- und Mesoebene, die dann aber auch analytisch und empirisch zu trennen sind (vgl. dazu auch Seipel 2011).

Otte (2018: 78 f.) kommt bei seiner Systematisierung der unterschiedlichen Möglichkeiten Kultur zu definieren im Rahmen eines strukturell-individualistischen Programms der Sozialwissenschaften zu einem ähnlichen Ergebnis, wie wir dies in Tab. 2.1 und den anschließenden Überlegungen ausgeführt haben. Auch für Otte ist die Trennung zwischen Sozialstruktur und Kultur von entscheidender Bedeutung, sie eröffnet differenzierte Analysemöglichkeiten. Er geht – bezugnehmend auf Rössel (2009) – von einem handlungstheoretischen Programm zur Analyse der Sozialstruktur aus: „In leicht modifizierter Form lässt sich die Sozialstruktur demnach als Verteilung der Ressourcen, Opportunitäten, Positionen und Handlungspartner in der Bevölkerung einer raumzeitlich abgegrenzten Einheit verstehen (vgl. Rössel 2009, S. 19). Mit Ressourcen sind die Fähigkeiten, Objekte und Leistungsansprüche gemeint, die unter Kontrolle eines Akteurs stehen. Dazu gehören ökonomisches und Humankapital, aber auch kulturelles, soziales, rechtliches und körperliches Kapital. Opportunitäten sind das äußere Bedingungsgefüge, das in einer Situation spezifische Handlungsalternativen gewährt. Dazu gehören die Infrastruktur, Marktangebote und -preise sowie Kontaktmöglichkeiten. Positionen sind „Leerstellen" der Sozialstruktur, die Akteure oft längerfristig einnehmen, etwa als Arbeitsstelleninhaberin, Lebenspartner oder Elternteil. Zu den Handlungspartnern zählt die Gesamtheit der Personen, mit denen ein Akteur in persönlichem Kontakt steht, also sein soziales Netzwerk" (Otte 2018: 82 f.). Zur Erfassung von Kultur greift Otte zunächst auf eine personenbezogene Konzeptualisierung zurück und empfiehlt die Erhebung evaluativer und deskriptiver Überzeugungen. Mit evaluativen Überzeugungen bewerten Akteure die Welt und bringen ihre Handlungsziele in eine Rangordnung, dies geschieht über Werte sowie über Einstellungen. Für die deskriptiven Überzeugungen hält Otte die Analyse des Wissens für entscheidend, um Bedeutungszuschreibungen zu analysieren. Um die Makroebene abzubilden und Kultur als Kollektivphänomen zu konzipieren untersucht Otte (2018: 89) die Kontextmerkmale, die das Handeln der Akteure beeinflussen. Hier sieht er soziale Normen und Ideologien als zentral an, da die Akteure zur Begründung ihrer evaluativen Überzeugungen darauf zurückgreifen. Kultur wird auf der kollektiven Ebene dementsprechend als Verteilung deskriptiver und evaluativer

Tab. 2.4 Sozialstruktur und Kultur in einem Mehrebenenmodell (vgl. ähnlich bei Otte 2018: 89 ff.)

	Sozialstruktur	Kultur
Makro/kollektive Phänomene	Opportunitäten	Diskurse
	Netzwerke	Ideologien
	Materielle Gegebenheiten	Normen
Mikro/Akteure	Ressourcen	Wissen
	Positionen	Einstellungen
		Werte

Überzeugungen gefasst. Empirisch erfasst werden diese Überzeugungen in Bevölkerungsumfragen über Werte, Einstellungen, Stereotype oder Lebensstile (Otte 2018: 93). Tab. 2.4 gibt einen Überblick zur Konzeptualisierung von Otte.

Aus dieser Konzeptualisierung ergibt sich, so Otte, die Möglichkeit, Kultur ähnlich der Sozialstruktur als wesentlichen Bestandteil aller Gesellschaften terminologisch zu parallelisieren. Damit verbunden ist der Anspruch ähnlich der Sozialstrukturanalyse die Kulturanalyse im Sinne einer speziellen Soziologie als wesentliches Feld der soziologischen Forschung zu etablieren. Damit werden Phänomene wie Hierarchien und symbolische Grenzen, Integration und Konflikt von Kulturen über den Rekurs auf die Verteilung zentraler kultureller Merkmale erklärbar und systematisch erforschbar. Das Mehrebenenmodell erlaubt einen differenzierten Blick auf die Erklärung sozialer und kultureller Sachverhalte.

2.4 Das Mehrebenen-Modell im Kulturvergleich am Beispiel der „Value of Children (VOC)" Studie

Die mehrstufige Erklärung sozialer und kultureller Phänomene wird im Folgenden am Beispiel der international-vergleichenden Studie „Value of Children" (VOC) zur Erklärung unterschiedlicher Geburtenraten in verschiedenen Ländern aus verschiedenen Kulturkreisen (Nauck 2007, 2010; 2021) erläutert (vgl. Abb. 2.1)[3]. Die unterschiedliche Geburtenrate in verschiedenen Ländern stellt in diesem Fall das zu erklärende kollektive Explanandum da, das als Resultat des absichtsvollen Handelns von individuellen Akteuren rekonstruiert wird. Für die Rekonstruktion

---

[3] Dieser Abschnitt bezieht sich sehr stark auf Seipel und Rippl (2019): 111–118. Vgl. für weitere Anwendungen das Sonderheft „Cross-National Comparative Research" der Kölner Zeitschrift für Soziologie und Sozialpsychologie (Andreß et. al. 2019).

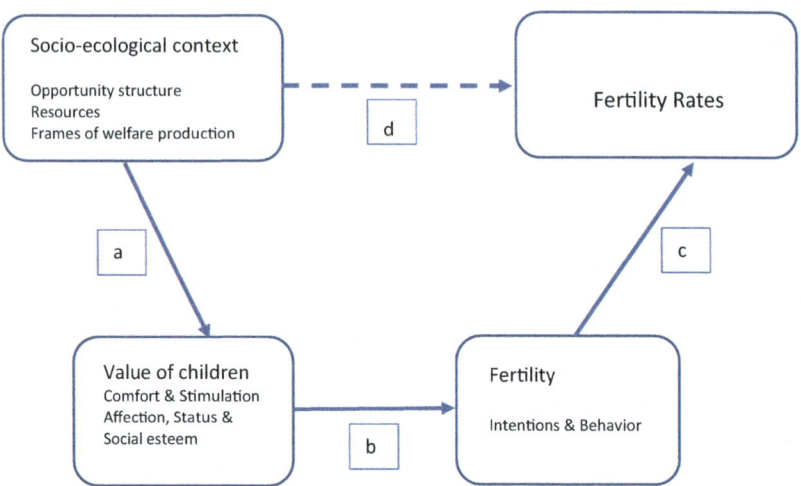

Abb. 2.1 Die mehrstufige Erklärung sozialer Sachverhalte (Nauck 2014: 1802, Pfade a, b, c, d ergänzt durch die Autoren)

sind drei Schritte nötig: die Beschreibung der „Logik der Situation", die über die Formulierung von Brücken- bzw. Kontexthypothesen eine Verbindung zwischen der sozialen Situation und dem Akteur herstellt (Pfad a in der Abb. 2.1). Relevant ist hierbei die Frage, wie der sozio-ökologische Kontext von den Akteuren subjektiv wahrgenommen wird und welche Auswirkungen verschiedene Makrokontexte auf die Wahrnehmung des Nutzens von Kindern ausüben. Dann erfolgt die eigentliche Handlung, hier die Entscheidung für oder gegen Kinder sowie über die Anzahl der Kinder (Fertilität), die in der „Logik der Selektion" (Pfad b) eine Erklärung des Handelns aufgrund der situational gegebenen Bedingungen ermöglicht. Schließlich die Überführung der individuellen Effekte dieses Handelns in das interessierende kollektive Explanandum (durchschnittliche Geburtenrate pro Land, (Pfad c in der Abb. 2.1). Dies erfolgt über Transformationsregeln, die sogenannte „Logik der Aggregation".

Die Unterschiedlichkeit der Geburtenrate in den verschiedenen Ländern ist durch Theorien auf der Individualebene nicht zu erklären, hierzu muss der Länderkontext systematisch mitberücksichtigt werden. Unterschiedliche Geburtenraten ergeben sich nach der Theorie der „Value of Children" (VOC) dadurch, dass der Nutzen von Kindern vom jeweiligen Tempo des gesamtgesellschaftlichen Wandels und vom sozio-kulturellen Kontext des jeweiligen Landes abhängig ist (vgl. dazu und im Folgenden Nauck, 2007a, b; 2010; 2014). Zunächst ist es deshalb notwendig zu prüfen, wie die Logik der Situation die Fertilitätsentscheidungen der Akteure und daraus resultierende Geburtenraten beeinflusst. Diese wird beeinflusst durch verschiedene Aspekte:

- die institutionelle Struktur eines jeden Landes (über dominierende Codes, Normen und Wertvorstellungen)
- die Aspekte der Sozialstruktur (z. B. ob sich ein Land im demografischen Übergang befindet) und
- die jeweiligen Restriktionen und Opportunitäten (z. B. die Bildungsbeteiligung und die Erwerbstätigkeit von Frauen in den Ländern).

Die Fertilitätsrate einer Population eines Landes wird als Aggregat des Fertilitätsverhaltens auf individueller Ebene rekonstruiert. Dabei sind zwei Dimensionen von Bedeutung: zum einen der ökonomisch-utilitaristische Wert von Kindern (also Beiträge zur Alterssicherung, zum Familienhaushalt durch Einkommen und durch Arbeit) und der psychologisch-affektive Wert von Kindern (also die expressive Stimulation durch den Umgang mit Kindern und die Stärkung der affektiven Gruppenbindung). Bezogen auf den Arbeitsnutzen zeigen sich in Gesellschaften, die die Produktion aus familialen und verwandtschaftlichen Beziehungen herleiten, Kinder von großem Vorteil, sofern es die Möglichkeit gibt, durch unqualifizierte Arbeit ein Einkommen zu erzielen und die Bildungsinvestitionen und der Zeitraum der Investition gering sind. Diese Gelegenheiten verringern sich, je weiter Gesellschaften sich funktional differenzieren. Der Versicherungsnutzen von Kindern kann jedoch auch in funktional differenzierten Gesellschaften hoch sein und zwar in Abhängigkeit davon, ob in diesen Gesellschaften öffentlichen oder privatwirtschaftlichen Absicherungen von Lebensrisiken mehr vertraut wird als familialen oder verwandtschaftlichen Beziehungen. Wenn der Versicherungsnutzen noch vorhanden ist, obwohl der Arbeits- und Einkommensnutzen schon verschwunden ist, dann sollte man hohe Erträge durch hohe Investitionen in das Humankapital des Nachwuchses erzielen. Da soziale Wertschätzung eher kurzfristig realisiert wird, wird der Kontexteffekt von Nauck (2010: 222) ähnlich eingeschätzt wie der für den Arbeits- und Einkommensnutzen. Analog hierzu müssen die Opportunitätskosten, insbesondere der Frauen in Abhängigkeit von den Möglichkeiten einer beruflichen Karriere je Land abgewogen werden. Diese und weitere Annahmen wurden so dann empirisch geprüft. Hierzu wurden Daten in der Volksrepublik China, Indien, Indonesien, Südafrika, Ghana, Israel, Palästina, der Türkei, Russland, der Tschechischen Republik, den Vereinigten Staaten und Deutschland zwischen 2002 und 2006 erhoben. Diese Länder unterscheiden sich sowohl hinsichtlich ihres Fertilitätsniveaus als auch bezüglich ihres Wohlfahrtsniveaus und des Modernisierungsgrades sowie der institutionellen Strukturen des Familien- und Verwandtschaftssystems (vgl. Tab. 2 in Nauck 2010: 224). Die empirischen Ergebnisse sind mit den theoretischen Annahmen weitgehend zu vereinbaren. So sind in Indonesien, Indien, Südafrika, Ghana und Palästina, in denen es die geringsten Alternativen zur Absicherung der Lebensrisiken durch die Verwandtschaft gibt, die Fertilitätsraten höher als in Gesellschaften mit hoher Wohlfahrtsvorsorge wie es in Israel, der Tschechischen Republik und Deutschland der Fall ist.

Mit dieser Vorgehensweise wird nicht das komplette Modell mehrstufiger Erklärungen operationalisiert. Die länderspezifischen Ausbildungs- und Erwerbsmöglichkeiten der Frauen, die Form der Institutionalisierung von Familien- und Verwandtschaftsstrukturen oder der Ausbau staatlicher Sozialversicherungssysteme, sowie die geteilten kulturellen Überzeugungen zur Position von Kindern fließen nicht als direkte Indikatoren in die statistischen Analysen ein. „Stattdessen werden die Länder jeweils als Konglomerat der variierenden nationalen Kontextbedingungen begriffen. Sie werden entsprechend skizziert und mit erwarteten Wirkungsweisen verknüpft, deren Prüfung dadurch erfolgt, dass neben den Individualvariablen, die Länderzugehörigkeiten in Form von Dummy-Variablen in die Berechnungen eingehen" (Nauck und Klaus 2007: 299). Es wird dann empirisch versucht, den Effekt dieser Dummy-Variablen systematisch durch das Einbeziehen verschiedener substanzieller Faktoren (z. B. Erwerbsquote von Frauen, dominierende Geschlechterrollenbilder oder ähnliches) im Modell zu partialisieren (vgl. Nauck 2007b: 624), um länderspezifische strukturelle und kulturelle Einflüsse zu trennen. Ein weiteres Problem im Modell besteht darin, dass alle dort getroffenen Annahmen zu Fertilitätsentscheidungen auf einem impliziten Rational-Choice Modell beruhen. Es zeigt sich jedoch, dass in vielen gesellschaftlichen Kontexten unterschiedliche Geburtenraten auch auf kulturell gestützten institutionalisierten Routinelösungen beruhen und damit keiner situationsspezifischen rationalen Kalkulation unterliegen. Diese theoretische Herausforderung wird im Weiteren durch die Einführung des Framing-Modells gelöst, indem zwischen zwei Modellen der Situationsdefinition durch die Akteure unterschieden wird: einem rational kalkulierenden Modus und einem „spontanen" konventionellem Modus. Hier muss dann betrachtet werden, wann der kulturelle Kontext so stark ist, dass der spontane konventionelle Modus greift (vgl. dazu Nauck 2010: 235)[4].

---

[4] Für eine kritische Sicht auf die Anwendung eines Rational-Choice Modells zur Erklärung des Fertilitätsverhaltens siehe z. B. Heimerl und Hofmann (2016). Zur Kritik der Logik

Trotz aller Probleme liegt das Potenzial mehrstufiger Erklärungen für den interkulturellen Vergleich darin, dass damit Kontexte systematisch eingebunden und sowohl die Dimensionen Kultur und Struktur (Kontext) konzeptualisiert werden können. Denn mit dem Modell der mehrstufigen Erklärung kollektiver sozialer Prozesse lässt sich die Entstehung sozialer Strukturen und Institutionen selbst zur Untersuchungsfrage machen. Die Dimension Kultur wird im Rahmen mehrstufiger Erklärungen nicht nur als „Agency" angesehen, sondern ist selbst auch das Resultat vorausgegangener Handlungen, die die Opportunitätsstruktur für zukünftige Handlungen verändert (Nauck 2007a: 417). Damit wird es möglich „[...] zu klären, unter welchen kontextuellen Bedingungen kulturelle Regelungen institutionalisiert werden, und andererseits, wie diese institutionellen Regelungen auf das Handeln der Akteure zurückwirken" (Nauck 2007a: 419). Auf der individuellen Ebene lässt sich die Wirkung von „Kultur" als das Repertoire an Brückenhypothesen modellieren, das den Akteuren zur Verfügung steht. Auf der relationalen Ebene stehen solche Aspekte von Kultur im Vordergrund, die in Alltagstheorien z. B. etwa über das Funktionieren des Zusammenlebens thematisiert werden. Auf der Ebene sozial-ökologischer Kontexte stellen sich sozialräumliche Variationen von Opportunitätsstrukturen als vorangegangene kulturell selegierte Handlungen dar. Auf der Ebene der Gesamtgesellschaft legen kulturelle Kontexte fest, welche Handlungsziele mit unterschiedlichen gesellschaftlichen Institutionen verfolgt werden können. In einem solchen Mehrebenenmodell können die kulturellen Kontexte explizit in die Modellannahmen eingeführt werden.

2.5 Fazit

Zusammenfassend lässt sich resümieren, dass der Bereich der kulturvergleichenden Forschung durch Begriffsverwirrungen und Mehrdeutigkeiten geprägt ist. Das betrifft die Verwendung des Begriffs der Kultur und damit verbunden auch die Überdehnung des Begriffs des Kulturvergleichs oder der kulturvergleichenden Studie. Wir haben in den vorliegenden Überlegungen keinen Versuch unternommen, diesen terminologischen Unklarheiten durch Festlegungen unsererseits zu begegnen, da dies nichts an der Forschungspraxis oder Verwendungspraxis ändert.

---

einer erklärenden Soziologie und des Framing-Modells siehe auch Corsten (2020: 283–310), der als Beispiele Entscheidungen im Bildungs- und Familienverlauf anführt und die Rational-Choice Modellierung als begrenzt erklärungskräftig ansieht, denn: „Die Rational-Choice-Theorie scheint mir daher keine gute Erklärung dafür zu haben, dass wir leicht in Verlegenheit geraten und uns schwer tun mit Verlegenheiten „rational" umzugehen (Corsten 2020: 309).

Uns erschien es vielmehr sinnvoller, vorhandene Begriffsverwendungen zu systematisieren und auf in der empirischen Forschung gebräuchliche Kulturbegriffe hinzuweisen. Der Begriff des Kulturvergleichs wird daher auch von uns weiterhin weitgefasst, um hier kein künstliches Forschungsfeld zu definieren, das es in der Forschungspraxis nicht gibt. Allerdings wurde auf die Probleme und Beschränkungen der einen oder anderen Verwendungsweise hingewiesen. Insbesondere in der international vergleichenden Forschung erweist sich ein mentalistischer Kulturbegriff als sinnvoll und handhabbar, zudem ermöglicht er differenzierte Ursachenanalysen zu verschiedenen Kontextvariablen.

Kontrollfragen

- *Inwiefern ist Ethnozentrismus ein Problem in kulturvergleichenden Studien?*
- *Ist dieses Problem lösbar?*
- *Nach welchem groben Kriterium lassen sich Kulturdefinitionen unterscheiden?*
- *Sind kulturvergleichende Studien sinnvoll, die Länder als Untersuchungseinheit heranziehen?*
- *Welcher Zusammenhang besteht zwischen dem verwendeten Kulturbegriff und der Stichprobenziehung?*
- *Was sind die wichtigsten Analyseziele kulturvergleichender Studien?*

Literatur zur Vertiefung und zum Weiterlesen

Akaliyski, P. / Welzel, C./ Bond, M.H. und Minkov, M. (2021). On "Nationology": The Gravitational Field of National Culture. Journal of Cross-Cultural Psychology, 52 (8-9): 771–793.

Beck, U./ Edgar G. (2010). Jenseits des methodologischen Nationalismus. Soziale Welt, 61, 187-216.

Seipel C./Rippl, S. (2013). Grundlegende Probleme des empirischen Kulturvergleichs. Ein problemorientierter Überblick über aktuelle Diskussionen. Berliner Journal für Soziologie 23: 257-286.

Seipel, C./Rippl, S. (2019). Individuelles Handeln im kulturellen Kontext: Interkultureller Vergleich als Anwendungsfall des Mehrebenenmodells, S. 110–128 in: Morgenroth, O./Kindervater, A. (Hg.), Kultur, Psyche & Gesundheit: Lengerich: Pabst.

Methodologische Debatten 3

Unterschiedliche Wissenschaftsdisziplinen haben sich mit der Frage nach den Möglichkeiten und Grenzen von Kulturvergleichen auseinandergesetzt. In diesem Kapitel werden einige wichtige Etappen dieser Entwicklung nachgezeichnet, um damit ein Fundament zu legen, auf dessen Boden die aktuellen Debatten verständlich werden. Vorrangig werden die im Kulturvergleich besonders aktiven Wissenschaftsdisziplinen – die Ethnologie, die Soziologie, die Politikwissenschaft und die Psychologie näher betrachtet.

Über die Ursprünge des Kulturvergleichs gibt es in der Literatur unterschiedliche Auffassungen. Tenbruck (1992) sieht im Kulturvergleich eine unvermeidliche und lebensnotwendige Praxis aller Gesellschaften, weil Gesellschaften mit- oder gegeneinander leben müssen. Deshalb haben sich Kulturen bereits miteinander verglichen, bevor die Wissenschaft mit ihrem Kulturvergleich begann. Und die Behauptung, der Kulturvergleich sei von der Wissenschaft erst spät im 19. Jahrhundert entdeckt worden, verstellt nach Tenbruck (1992) den Blick, denn es sei daran zu erinnern, dass „der gelegentliche Kulturvergleich von Anfang an zur theologischen und historischen Literatur gehörte und als systematisches Anliegen seine bedeuteten Vorläufer hatte, die sich bei uns über *Marx, Toqueville, Herder, Montesquieu* oder *Vico* bis auf *Herodot* zurückverfolgen lassen, sich aber auch anderswo finden, so im Islam bei *Ibn Chaldun* oder *Al Biruni*" (Tenbruck 1992: 15, kursiv im Original). Jahoda und Krewer (1997) verweisen ebenfalls auf Vordenker kulturvergleichender Forschung und beginnen in der Antike und dem Mittelalter, um dann über die Renaissance und der Aufklärung zu den eigentlichen Vorläufern kulturvergleichender Psychologie zu kommen. Wichtig ist in diesem Zusammenhang die Unterscheidung in eine gesellschaftliche, unreflektierte Praxis des Kulturvergleichs und einer wissenschaftlichen Zugangsweise, die sich zunehmend der Problematik einer möglichst objektiven und wertfreien

Betrachtung anderer Kulturen bewusst wurde. An der Frage, inwieweit dies möglich ist, spannt sich die zentrale Debatte einer Methodologie des Kulturvergleichs auf.

Stein Rokkan (1970) verweist darauf, dass jede These in den Sozialwissenschaften irgendeine Form von Vergleich impliziert. „Man behauptet, dass Kinder eine Reihe von Stadien in ihrer intellektuellen Entwicklung durchlaufen. Um das zu prüfen, klassifiziert man eine Anzahl Personen nach Alter und vergleicht die Altersgruppen in Bezug auf einige Variablen. Man behauptet, dass Männer mit größerer Wahrscheinlichkeit soziale Normen missachten als Frauen. Man sammelt alle erreichbaren Daten, um Indikatoren für Konformität oder abweichendes Verhalten aufzustellen, und vergleicht dann die Punktwerte für beide Geschlechter. ... In diesem trivialen Sinne ist alle Sozialwissenschaft vergleichend" (Rokkan 1970: 7). Rokkan bemängelt, dass der größte Teil der sozialwissenschaftlichen Forschungen auf Vergleiche innerhalb einzelner Gesellschaften beschränkt bleibt und differenziert verschiedene Einheiten auf die Vergleiche bezogen sein können. Er führt hierzu Überlegungen ein, die uns auch in der weiteren Darstellung der Debatten immer wieder begegnen werden. „Je weiter das Spektrum der erfassten Kulturen, Gesellschaften oder politischen Systeme ist, desto größer sind auch die Möglichkeiten zur Theoriebildung. Viele Sozialwissenschaftler zögern, den ganzen Weg zu gehen: sie fühlen sich innerhalb ihrer eigenen Kultur, Gesellschaft oder Nation auf festerem Grund und ziehen es vor, in dieser einzelnen Umgebung Techniken zu entwickeln und Hypothesen zu erproben. Andere verspüren zwar die Versuchung, über die eine Umgebung hinauszugehen, beschränken ihre Vergleiche dann aber auf Sätze strukturell ähnlicher Kulturen, Gesellschaften, politischer Gemeinwesen: die melanesischen Kulturen, feudale Gesellschaften, die entwickelten westlichen Nationen, die „angelsächsischen" Demokratien. Die ehrgeizigsten (oder törichtsten) Komparatisten erhoffen eine universale Wissenschaft der Variationen menschlicher Institutionen und gesellschaftlicher Arrangements; sie versuchen, Fundamente für Vergleiche über alle bekannten Einheiten hinweg zu errichten, seien es primitive Kulturen, Gesellschaften im Übergangsstadium oder komplexe Imperien oder Nationalstaaten" (Rokkan 1970: 8). Auch Melvin Kohn (1996) hält vergleichende Analysen sehr verschiedener kultureller Kontexte für notwendig, um die Allgemeingültigkeit und Validität von Befunden abzusichern, die in monokulturellen Studien gewonnen wurden: „In no other way can we be certain that what we believe to be social-structural regularities are not merely particularities, the product of some limited set of historical or cultural or political circumstances" (Kohn 1996: 28).

3 Methodologische Debatten

Exkurs: „Was war der Kulturvergleich, ehe es den Kulturvergleich gab?"
Tenbruck (1992) weist darauf hin, dass der Kulturvergleich für die Sozialwissenschaften und insbesondere für die Soziologie zum integralen Bestandteil des eigenen Wissenschaftsverständnisses gehörte und auch noch gehört. Problematisch ist für Tenbruck (1992) der Aspekt einer Berufung auf das Konzept einer „Gesellschaftsgeschichte", in der „Gesellschaften" als selbständige Gebilde konstruiert wurden, die sich nach ihren eigenen Gesetzen aus sich selbst heraus verändern und entwickeln, wie dies insbesondere in den soziologischen Werken von Comte, Spencer und Durkheim zum Ausdruck kommt. Tenbruck (1992) kritisiert dieses „Dogma der internen Verursachung" und kann zeigen, dass die Entwicklung von Gesellschaften wesentlich durch zwischengesellschaftliche Verhältnisse, also der gegenseitigen Wahrnehmung und Durchdringung und der Auseinandersetzung mit anderen Kulturen bedingt ist (er zeigt dies am Beispiel des römischen Imperiums, der Entwicklung in China und in Nordamerika). Zudem wendet sich Tenbruck (1992) gegen die Darstellung, dass die Soziologie den Kulturvergleich „für ihre ureigenste und erstmalige Erfindung" (Tenbruck 1992: 14) hielt, denn für Tenbruck (1992: 14 und 17) steht fest, dass der Kulturvergleich eine unvermeidliche und lebensnotwendige Praxis aller Gesellschaften gewesen ist, weil diese Gesellschaften mit- oder gegeneinander leben müssen und deshalb stets miteinander rechnen müssen. Wenn man sich beim Kulturvergleich nur an rein methodische Überlegungen gebunden fühlt übersieht man dabei, dass der Kulturvergleich eine universale und unvermeidliche soziale Praxis darstellt und die Kulturen sich miteinander vergleichen bevor die Wissenschaft mit ihrem Kulturvergleich beginnt. In der „Gesellschaftsgeschichte" wird also grundsätzlich die Kulturbegegnung ausgeklammert, obwohl für Tenbruck (1992) evident ist, dass die Entwicklung von Gesellschaften nur über die Kulturbegegnung zu denken ist, sie „ist das wahre Feld und die große Triebkraft aller Geschichte" (Tenbruck 1992: 23). Der Kulturvergleich im 19. Jahrhundert wurde auch deshalb zum Pflichtprogramm der Sozialwissenschaften erhoben, da er „als Mittel der internationalen Volksaufklärung gedacht" war. Tenbruck (1992) weist auf den Widerspruch hin, dass der damaligen Sozialwissenschaft zwar die ständige soziale Praxis des Kulturvergleichs bewusst war, wodurch Völker übereinander urteilten, diese Praxis aber nicht in ihrem eigenen Konzept berücksichtigten wollte. Den Grund sieht Tenbruck (1992) darin, dass aus

der Sicht der damaligen Sozialwissenschaftler, die wechselseitige Beurteilung der Völker nur die subjektive Stellungnahme der Betroffenen sei. Aufgabe der Wissenschaft sollte es dagegen sein, aus der Position eines unabhängigen und neutralen Beobachters Kulturen objektiv zu beurteilen und damit „die Anarchie einer gesellschaftlichen Praxis zu beenden, welche nur verschiedene, ja meist gegensätzliche „Vorurteile" der Kulturen übereinander produziere" (Tenbruck 1992: 19). Das Ziel des wissenschaftlichen Kulturvergleichs lag also auch darin, nationale Kulturrivalitäten beizulegen. Tenbruck (1992) schließt seine Überlegungen mit der Überzeugung, dass die Wissenschaft über Kulturvergleiche zwar die Selbst- und Fremdvorstellungen der Völker beeinflussen kann, aber niemals einen bindenden Kanon schaffen kann. Die Entstehung eines solchen Kanons könnte laut Tenbruck (1992) nur das Resultat einer Vereinheitlichung der Kulturen mittels der Sozialisation einer internationalen Kulturintelligenz sein.

3.1 Ethnologie

Die Ethnologie, Anthropologie bzw. die Kulturanthropologie[1], versteht sich als die Wissenschaft vom Fremden (Wulf 2004). Setzt man sich mit den Entstehungsbedingungen kulturvergleichender Forschung in der Ethnologie auseinander, so wird offenbar, dass die Ethnologie westlicher Herkunft ist und sich deshalb mit ihren für selbstverständlich gehaltenen kulturellen Konzeptualisierungen auseinandersetzen muss. Dieser Prozess war nicht selbstverständlich, ging doch die Ethnologie zu Beginn ihrer institutionellen Entwicklung noch von einem unhinterfragten Ethnozentrismus aus, in dem von der Überlegenheit der westlichen Kultur gegenüber den „anderen" Kulturen ausgegangen wurde. Die geringe Reflektion über diese Problematik wird auch daran deutlich, dass in der Anfangsphase des Kolonialismus und des Imperialismus der Begriff des Ethnozentrismus noch unbekannt war. Er wurde von Sumner erst 1906 in seiner Monografie „Folkways" in die sozialwissenschaftliche Debatte eingebracht (vgl. zur Kritik an der Rezeption des Begriffs Ethnozentrismus Tenbruck 1992: 21 und 28 f.). Die Überlegenheitsthese der westlichen Kultur war jedoch in dieser Zeit eine solche

---

[1] Die Ethnologie wird länderspezifisch unterschiedlich bezeichnet. In den USA heißt sie Kulturanthropologie, in Großbritannien Sozialanthropologie, in Frankreich einfach Anthropologie (vgl. Wulf 2004: 83). Zum Verhältnis der Disziplinen Soziologie und Anthropologie sowie ihrer institutionellen und fachlichen Entwicklung vgl. Bogusz 2018.

Selbstverständlichkeit, dass sie nicht problematisiert wurde. Vielmehr herrschte die Auffassung vor, als fremd verstandene Kulturen gelte es zu beschreiben, zu analysieren und zu kategorisieren. Angeleitet wurde diese Vorgehensweise durch den Gründervater der europäischen Anthropologie Edward Burnet Tylor (1832–1917)[2], der eine Theorie der menschlichen Entwicklung vorlegte, die sich an der Frage nach dem Ursprung der Religion orientierte in der von einer fortschreitenden linearen Entwicklung von Gesellschaften ausgegangen wird. Versuche, unterschiedliche Kulturen ins Verhältnis zueinander zu setzen, waren in der Anthropologie des 19. Jahrhunderts geläufig.[3] Einer der ersten Feldforscher, L.H. Morgan, erforscht die Irokesen und interpretiert seine Felderfahrungen so, „... dass die Entwicklung der Menschheit vom Zustand der Wildheit über die Barbarei zur Zivilisation vorangeht" (Wulf 2004: 84).

Da die meisten der zu untersuchenden Kulturen nicht über eine schriftliche Überlieferung verfügten, waren die Ethnologen darauf angewiesen, das alltägliche und rituelle Leben der Angehörigen dieser Kulturen durch Beobachtung zu erfassen. Der Begriff „fieldwork" wurde alsbald zum professionellen Markenzeichen der Disziplin (Siddique 1992: 38). Es war insbesondere Bronislaw Malinowski (1884–1942), der nach dem Ausbruch des 1. Weltkrieges, in seiner Untersuchung unter den Trobriandern, die Feldbeobachtung als Methode entwickelte, anwandte und eine funktionale Erklärung für kulturelle Phänomene vorlegte.[4] Er behauptete, dass die Mythen der Trobriander deren gesellschaftliches Leben bestimmen und die Funktion haben, die Solidarität innerhalb der

---

[2] E. B. Tylor verdanken wir die berühmte „klassische" Definition von Kultur: „Culture or Civilization in its widest ethnographic sense, is that complex whole which includes knowledge, belief, art, morals, law, custom, and any other capabilities and habits acquired by man as a member of society. The conditions of culture among the various societies of mankind, in so far as it is capable of being investigated on general principles, is a subject apt for the study of laws of human thought and action" (Tylor 1871/1958: 1 zitiert nach Jahoda und Krewer 1997: 18, vgl. auch Tab. 2.1).

[3] vgl. auch Tenbruck (1992: 33), der auf den langen und erbitterten Streit im 16. Jahrhundert hinweist, indem es um die Frage ging, ob die „fremdartigen" Völker in Südamerika als Menschen zu betrachten seien und den die katholische Kirche mit der Bulle „Sublimis Deus" von Paul III. schließlich positiv entschied.

[4] Malinowskis bekannteste Studie, die er mit teilnehmender Beobachtung durchführte, entstand aus einem Zufall. Er war 1914 zu den Trobriand-Inseln in der Südsee gereist, zu Beginn des 1. Weltkriegs. Malinowski hatte einen Pass der kaiserlich-königlichen Doppelmonarchie Österreich-Ungarn und wurde von der britischen Kolonialmacht als Kriegsgegner zwar nicht interniert, aber dennoch an der Rückreise gehindert – allerdings war er zu dieser Zeit genau an dem Ort, an dem er sowieso seine Feldforschung betreiben wollte. Er musste sich gelegentlich bei einem britischen Kolonialbeamten melden und konnte sonst unbehelligt seine Forschungen verfolgen, die insgesamt dreieinhalb Jahre dauerten (vgl. Kohl 1990).

Gesellschaft immer wieder zu etablieren und zu bekräftigen. Eine deutliche Wende in der Herangehensweise der Ethnologen geht auf Franz Boas (1858–1942) zurück. Der deutschstämmige US-Amerikaner erforschte die Lebensweise der indigenen Bevölkerung Nordamerikas. Im Unterschied etwa zu Morgan, der „… von einer in den Völkern unterschiedlich weit erfolgten Gesamtentwicklung der Menschheit ausging, war Boas … davon überzeugt, dass jede Kultur einen besonderen Charakter habe. Nicht die Parallelität, sondern die Partikularität jeder Kultur sei zu erforschen" (Wulf 2004: 84). Es entwickelte sich aber insbesondere in der britischen Anthropologie eine andere Sichtweise, die sich auf Konzepte des strukturellen Funktionalismus nach Durkheim bezieht und die versucht, universelle Zusammenhänge aufzudecken. Ein wichtiger Vertreter dieser Position ist Radcliffe-Brown. Auch Claude Levi-Strauss (1988) untersuchte universelle Zusammenhänge, wenn er z. B. den Aspekt der Reziprozität bei der Analyse von Verwandtschaftsbeziehungen und Heiratsregeln in verschiedenen Kulturen identifizierte (zur strukturalen Anthropologie von Claude Lévi-Strauss vgl. Kauppert und Funcke 2008).

Eine zunehmende Hinwendung zur Partikularität jeder Kultur spiegelt sich in der Anwendung des „fieldwork" als Methode. In der Literatur wird dabei auf die heute naiv anmutende Vorgehensweise von Margaret Mead (1901–1978) verwiesen, der in ihrer Doktorarbeit über die Friedfertigkeit von Naturvölkern auf Samoa (1928) vorgeworfen wurde, dass sie das Feld selektiv wahrnahm. Begründet wurde dies mit den Argumenten, sie habe nur eine relativ kurze Zeit in Samoa verweilt (sechs Monate in den Jahren 1925/1926), die Sprache unzureichend beherrscht und während ihres Aufenthaltes bei einer amerikanischen Familie gewohnt und daher mit den dargestellten Zusammenhängen zwischen sexueller Freizügigkeit und der Abwesenheit von Aggressionen ein verzerrtes Bild der Kultur auf Samoa entworfen (vgl. Diekmann 2013: 53; Freeman 1983; Feinberg 1988; Schweizer 1990). Diese und weitere Auseinandersetzungen führten in einem länger andauernden Prozess schließlich zu einer methodischen Kritik am „fieldwork". Diese Kritik äußerte sich zunächst in der Forderung, dass die Differenz zwischen Feldforscher auf der einen Seite und fremdkulturellen Informanten auf der anderen Seite im Forschungsprozess reflektiert werden müsse. Die Auseinandersetzung konzentrierte sich noch ganz auf die reliable und valide Erfassung der subjektiven Evidenzerlebnisse und Deutungen der Angehörigen der als fremd gedeuteten Kultur und der anschließenden Transformation dieser Daten in eine objektive ethnologische Analyse dieser Kulturen, und übersah dabei, dass auch in dieser Perspektive eine Überlegenheitsannahme enthalten war (Siddique 1992: 39).

> **Exkurs: Ethnozentrismus und Kulturrelativismus**
> Ethnozentrismus kann als die Tendenz bezeichnet werden, die eigene Kultur als Mittelpunkt von allem zu sehen und als Maßstab heranzuziehen. Ein starker Ethnozentrismus wurde insbesondere der frühen Ethnologie und ihrer Methode vorgeworfen. Die Antwort auf den Ethnozentrismus ist der Kulturrelativismus, der die Verschiedenartigkeit von Kulturen behauptet, verbunden mit der Forderung, diese Verschiedenartigkeit weder als besser noch als schlechter zu bewerten. Vivelo (1981) gibt einige Beispiele: Bei den Trobriandern ist ein enges Verhältnis zwischen Bruder und Schwester Sünde. Bei Amerikaner und Europäern ist ein gutes Verhältnis zur Schwiegermutter erwünscht, bei den indigenen Völkern Australiens wird dies als geschmacklos empfunden. In vielen Kulturen ist eine polygame Lebensweise erlaubt. „Der Kulturrelativismus sieht diese Bräuche nicht als moralische Probleme, sondern als Antwort auf Probleme, mit denen Menschen konfrontiert werden…" (Vivelo 1981: 46 f.). Diese Haltung ist aus Sicht Vivelos keine Anleitung zur Gleichgültigkeit, aber die Wertung muss von der Analyse getrennt werden. Bezugnehmend auf das Buch „Stranger and Friend" von H. Powdermaker kommt er zu dem Schluss: „Bewußtes Engagement stellt für die Sozialwissenschaft kein Nachteil dar. Unbewußtes ist dagegen stets gefährlich" (Vivelo 1981: 47).

Diese Position wurde alsbald verändert, als sich das Bewusstsein schärfte, dass der Ethnologe kein passiver Beobachter sein konnte, sondern selbst aktiv und die Situation beeinflussend in die Ereignisse eingebunden ist, die er versucht aufzuzeichnen. Heute gehört die Ansicht, dass der Informant und der Feldforscher im Feld interagieren, zu den akzeptierten Wissensbeständen. Der selbstkritische Ethnologe muss (sich) heute Rechenschaft darüber ablegen, dass er seine Felddaten „schafft" bzw. dass die Daten für ihn „geschaffen" werden. Ein sehr prägnantes Beispiel ist der von dem britischen Sozialanthropologen Percy Smith im ausgehenden 19. Jahrhundert entwickelte „great-fleet-myth" der Maori-Kultur, der die Besiedlung Neuseelands durch die Maori beschreibt und der sich aus heutiger Sicht als eine „europäische Kulturerfindung darstellt", die bis in die 1970er Jahre von den Maori selbst an ihre Kindern weitergegeben wurde (vgl. Siddique 1992: 40; TE ARA, Encyclopedia of New Sealand).[5] An diesem Beispiel wird die Problematik des Kulturvergleichs deutlich und es stellt sich die Frage, ob die von

---

[5] https://teara.govt.nz/en

Ethnologen zusammengestellten Informationen und Fakten als „Wissen" über die jeweilige kulturelle Wirklichkeit gelten können.

Mit der Problematisierung der Herangehensweisen von kulturvergleichend arbeitenden Forschern wurde zunehmend auch nach Lösungsmöglichkeiten für das Problem des Ethnozentrismus gesucht und dabei die Position des kulturellen Relativismus entwickelt. Hier geht man davon aus, dass unterschiedliche Kulturen nicht analysiert werden können, indem man die Werte der einen Kultur zum Maßstab der Beurteilung der anderen Kultur heranzieht. Mit der Einnahme der Position des kulturellen Relativismus sind weitreichende Konsequenzen für den Kulturvergleich verbunden. Wenn man theoretisch der Überzeugung ist, dass alltägliches Handeln, Einstellungen, Handlungs- und Deutungsmuster gesellschaftlich geprägt und relativ zu einer gegebenen Kultur sind, dann folgt daraus, dass die Bedeutung eines Teils der Kultur nicht ohne Bezug auf ihr Ganzes verstanden werden kann und umgekehrt, dass das Ganze nicht ohne Bezug auf seine Teile verstanden werden kann.

Viele sehen in Clifford Geertz einen exemplarischen Vertreter einer kulturrelativistischen Position. Im Sinne einer ganzheitlichen Betrachtung anderer Kulturen entwickelte Clifford Geertz (1983) das Konzept der dichten Beschreibung („thick description"), wonach es die Aufgabe des Wissenschaftlers ist, einfache Handlungen der Akteure zu beobachten, um auf dieser Grundlage die Bedeutung sozialer Ereignisse zu erfassen. Die Dichte einer Beschreibung erschöpft sich nicht in ihrem Reichtum an Details, vielmehr muss der Forscher versuchen, auch das konzeptuelle System der Untersuchten zu berücksichtigen. Diese Herangehensweise wird auch als emische Analyse bezeichnet (vgl. Wolff 1992, 2000). „Geertz versucht, jene symbolischen Elemente einer Kultur zu isolieren, welche die grundlegenden Erfahrungs- und Orientierungsweisen dieser Kultur in exemplarischer Weise zum Ausdruck bringen (ein nach seinen Worten kaum planbarer, sehr von Zufällen, aber auch von disziplinierter Intuition abhängiger Prozess; ...). Diese zentralen Symbole liest Geertz als „metasoziale Kommentare" (Wolff 2000: 89).[6] Mit dieser Interpretation der Überlegungen von Geertz (1983) ist eine weitere Konsequenz verbunden. Geertz (1983) scheint der Ansicht zu sein, dass man nicht bestimmte herausgehobene Handlungs- und Deutungsmuster der einen Kultur mit ausgewählten Handlungs- und Deutungsmuster der anderen Kultur vergleichen kann. Mithin sehen interpretative Ethnologen ihre Aufgabe darin, Kulturen zu beschreiben, zu protokollieren und als „Interpreten" dieser

---

[6] Das können zum Beispiel Rituale wie der Hahnenkampf oder Begräbniszeremonien in Bali, marokkanische Märkte oder auch bestimmte paradigmatische Personen sein (vgl. Wolff 2000: 89 ff.).

Kulturen aufzutreten, indem sie insbesondere die Bedeutung von Kontextualität hervorheben. Der Kulturvergleich scheint somit ausgeschlossen zu sein, da man keine über die beschriebenen Kontexte hinausgehenden vergleichenden Aussagen treffen kann und auch nicht treffen will (Siddique 1992: 41).

Wolff (2000) kommt bei seiner Darstellung des Forschungsstils und der Ziele von Geertz zu einer anderen Einschätzung: „Die Darstellungspraxis der interpretativen Ethnologie beschränkt sich aber nicht auf dichte Beschreibungen. In einem dritten Schritt gilt es, aus einzelnen dicht beschriebenen Gegenständen analytisch gehaltvolle Schlussfolgerungen zu ziehen. ... Hier geht es um die Feststellung dessen, was das so erworbene Wissen uns über die spezifische Gesellschaft sagt, in der sie gewonnen wurde. Darüber hinaus interessiert aber auch, was sich daraus im Hinblick auf die Beantwortung allgemeinerer, vom konkreten Forschungsfeld gänzlich unabhängiger gesellschaftstheoretischer Fragestellungen erschließen lässt" (Wolff 2000: 91). Wolff (2000: 94) geht sogar so weit, Geertz als Anti-Relativisten zu bezeichnen, da Geertz den Relativismus als methodische Strategie einsetze und nicht als eine erkenntnistheoretische Position verstehe, wie es aber die Kritiker von Geertz tun. Dies zeigt sich auch daran, dass Geertz nicht nur das Dortige mit dem Hiesigen, sondern auch verschiedene Kulturen miteinander vergleicht. Dennoch wird auch Geertz vorgeworfen, die eigene Konstruktionsleistung bei der Beschreibung kultureller Praktiken zu wenig zu reflektieren (Wulf 2004).

Innerhalb der Ethnologie gibt es also sowohl Vertreter für einen kulturimmanenten Ansatz wie auch für einen kulturübergreifenden Ansatz. Die Identifikation gemeinsamer Prinzipien steht im Funktionalismus und im Strukturalismus im Vordergrund. Kulturrelativismus, Neoevolutionismus und Kulturökologie betonen die Einzigartigkeit und Unvergleichbarkeit von Kulturen. Der US-amerikanische Kulturanthropologe Vivelo (1981) sieht in seinem Handbuch der Kulturanthropologie keinen Widerspruch zwischen Kulturrelativismus und der vergleichenden Methode. Er hält es für eine Notwendigkeit, Ähnlichkeiten und Differenzen zu identifizieren, um dadurch zu allgemeinen Aussagen zu gelangen (Vivelo 1981).

> **Exkurs: Die Nacirema**
> Horace Miner (1956) berichtet über die ausgefeilten Körperrituale der Nacirema: „Dem ganzen System scheint der Glaube zugrunde zu liegen, dass der menschliche Körper hässlich und in naturgegebener Weise dem Verfall und der Krankheit preisgegeben ist. Eingekerkert in einem solchen Körper ist es des Menschen einzige Hoffnung, diese Zustände durch die

machtvolle Wirkung von Ritual und Zeremonie abzuwehren. In jedem Haushalt sind diesem Zwecke eine oder mehrere Kultstätten gewidmet. ... Den Mittelpunkt der Kultstätte bildet eine in die Wand eingebaute Kiste oder Schachtel. In dieser Kiste werden die zahlreichen Amulette und Zaubertränke aufbewahrt, ohne die kein Eingeborener glaubt, überleben zu können. Man bekommt diese bei verschiedenen spezialisierten Heilkundigen. Deren mächtigste sind die Medizinmänner, deren Beistand mit beträchtlichen Gegengaben entgolten werden muss. Die Medizinmänner übergeben allerdings nicht selbst die heilsamen Zubereitungen an die Ratsuchenden; sie entscheiden nur über deren Ingredienzien und schreiben diese in einer uralten und geheimen Sprache nieder. Diese Schrift wird allein von den Medizinmännern und den Kräuterkundigen verstanden, die gegen ein weiteres Geschenk, das verlangte Zaubermittel zur Verfügung stellen. Die Nacirema betrachten den Mund voll Faszination und mit fast krankhafter Furcht; sie glauben sein Zustand hätte einen übernatürlichen Einfluss auf alle sozialen Beziehungen. Gäbe es nicht ihre Mundrituale, dann, so glauben sie, würden ihre Zähne ausfallen, ihr Zahnfleisch bluten, ihre Kiefer schrumpfen, ihre Freunde sie verlassen und ihre Liebhaber sie zurückweisen. Sie glauben an einen engen Zusammenhang zwischen dem Oralen und dem Moralischen. So gibt es etwa für Kinder rituelle Waschungen des Mundes, von denen man annimmt, dass sie die moralische Substanz stärken. Das von jedermann ausgeführte tägliche Körperritual schließt auch einen Mundritus ein. Obwohl es diese Leute mit der Pflege ihres Mundes so genau nehmen, gehört zu diesem Ritus ein Verfahren, das den uneingeweihten Fremden mit Ekel erfüllt. Man hat mir berichtet, dass bei diesem Ritual ein kleines Bündel von Hundehaaren in den Mund gesteckt wird, gemeinsam mit bestimmten Zauberpulvern; das Haarbündel wird dann in einer Serie von hoch-formalisierten Gesten bewegt" (Miner 1956; zitiert nach Giddens 1999: 26).

Wer sind diese Nacirema? Liest man das Wort rückwärts, so kann man sie identifizieren. Das Beispiel zeigt, dass jedes menschliche Handeln an einen Kontext gebunden ist, und dass es unverständlich wird, wenn man es völlig aus diesem Kontext löst. Kennt man die Kultur und Lebensweise der US-Amerikaner lässt sich das beschriebene Verhalten leicht einordnen – kennt man dieses nicht, so öffnet sich ein weiter Interpretationsspielraum.

Bogusz verweist auf eine weitere Lesart: „Die Kritik am methodologischen Nationalismus findet ihren Ausgangspunkt in der Tatsache,

> dass die unterstellte Unterscheidung zwischen dem globalen Norden und dem globalen Süden immer einherging mit der Unterscheidung zwischen dem »Wilden« und dem »Zivilisierten«, dem »Ursprünglichen« und dem »Künstlichen«, den »Naturvölkern« und den »Industrienationen « – kurz: mit der Unterscheidung zwischen Natur und Gesellschaft. Horace Miners Beschreibung der Körperrituale der Nacirema Mitte der 1950er Jahre zeigt, dass nicht nur die Soziologie, sondern auch die internationale Anthropologie noch lange an dieser Unterscheidung festhielt" (Bogusz 2018: 145).

Die holistische Perspektive, die er als ein Hauptmerkmal der Anthropologie bezeichnet, betrachtet die menschliche Kultur als ein Ganzes, in welchem einzelne Kulturen miteinander verbunden sind. Es gibt universelle Probleme aller Menschen, die gelöst werden müssen (Versorgung, Sozialisation, Sicherheit, Aufrechterhaltung von Ordnung etc., vgl. Exkurs). Die Art der Lösungen variiert je nach den Kontexten, in denen sie gesucht werden. „Die Vergleichbarkeit zu verneinen und die Einzigartigkeit hervorzuheben, bedeutet die Leugnung der Möglichkeit gültiger Allgemeinaussagen und daher des wissenschaftlichen Verständnisses menschlicher Wesen und ihres Verhaltens" (Vivelo 1981: 39).

> **Exkurs: Familienformen bei den Inuit und den US-Amerikanern**
> In einem Beispiel macht Vivelo (1981) deutlich, dass auch Dinge, die auf den ersten Blick nur Differenz offenbaren bei genauerem Hinsehen Ähnlichkeiten beinhalten. So beschreibt er Ähnlichkeiten zwischen der modernen amerikanischen Familie und der Inuitfamilie. In beiden Kulturen dominiert die Form der Kernfamilie, die Monogamie wird praktiziert. Ältere Familienmitglieder werden primär als Handicap bei der Selbstversorgung gesehen und bei nachlassender Produktivität weitgehend sich selbst überlassen. Diese Ähnlichkeiten in der Lebensform schreibt er der in beiden Gesellschaften starken Anforderung an räumlicher Mobilität zu. „Für die Eskimos ermöglicht diese Mobilität die Jagd nach Nahrung; was die Amerikaner betrifft, ist es vielleicht die Jagd nach Arbeitsplätzen und nach sozialem Aufstieg, die eine mobile Form der Familieneinheit verlangt" (Vivelo 1981: 248).

Der offensichtlich auch innerhalb einer Disziplin unterschiedliche Umgang mit Differenz und Ähnlichkeit wird in der Zusammenfassung zu diesem Kapitel nochmals abschließend diskutiert. Die kontroversen Haltungen dazu charakterisieren die methodischen Debatten zum Kulturvergleich in allen Disziplinen, die sich mit dem Kulturvergleich befassen. Allerdings wird häufig eine unterschiedliche Terminologie zur Bezeichnung der Sachverhalte verwendet.

3.2 Soziologie

In der Geschichte der Soziologie lassen sich unterschiedliche wissenschaftstheoretische Strömungen und theoretische Positionen unterscheiden, von denen insbesondere zwei Richtungen für die Beschäftigung mit dem Kulturvergleich relevant erscheinen. Zum einen die Tradition, die in der Soziologie eine kritischrationale Wissenschaft sieht, deren Erkenntnisziel es ist, allgemeingültige und universelle Theorien menschlichen Handeln zu entwickeln (erklärende Soziologie) und zum anderen die stärker geisteswissenschaftlich ausgerichtete Tradition, in der es um das nachvollziehende und erfahrungsbegründete Verstehen der von den Akteuren geschaffenen sozialen Wirklichkeit und deren Falleigentümlichkeit geht (verstehende Soziologie, vgl. auch: Patzelt 2005: 17 f.). Die erste Position wurde von *Emile Durkheim* begründet (vgl. zur Geschichte der Soziologie Korte 2004, zum Programm des Vergleichs bei Durkheim Matthes 1992) und von Hartmut Esser zum Modell der soziologischen Erklärung weiterentwickelt (1999, 2006). Methodisch ist diese Sichtweise in der Regel mit einer Bevorzugung quantitativer empirischer Methoden verknüpft. Dem Vergleich wird dabei eine zentrale Rolle zugesprochen, dies kommt schon in der klassischen Formulierung von Durkheim zum Ausdruck: „Die vergleichende Soziologie ist nicht etwa nur ein besonderer Zweig der Soziologie; sie ist soweit die Soziologie selbst, als sie aufhört, rein deskriptiv zu sein und danach strebt, sich über die Tatsachen Rechenschaft abzulegen" (Durkheim 1976: 216).[7] Die Erklärung von Sachverhalten auf der Basis von universellen Gesetzen, die über singuläre Ereignisse hinausgehen, wird als Ziel der Sozialwissenschaften gesehen. Dabei werden die singulären Ereignisse als Bestandteile einer Erklärung oder Prognose nicht in ihrer Individualität an sich erklärt, sondern stellen konkrete Fälle einer Klasse von Ereignissen dar (vgl. Stegmüller 1974: 337; Hempel

---

[7] Für Tenbruck (1992) steht dabei fest, dass sich Durkheim bei der Ausarbeitung der Regeln der soziologischen Methode und insbesondere des Vergleichsaspekts der soziologischen Forschung auf Tylors 1889 veröffentlichten Artikel „On the method of investigating the development of institutions" bezog.

3.2 Soziologie

1977: 139). So sind der Feldzug Napoleons gegen die Preußen, der Auftritt von Janis Joplin in Woodstock, die Stimmabgabe des Arbeitnehmers Müller bei der Bundestagswahl zwar individuell und einzigartig, aber sie können potenziell durch Gesetze erklärt werden, deren Objektbereich (z. B. feudale Herrscher, Rockmusikerinnen, Arbeitnehmer) diese Individuen einschließt und die Feldzüge, Konzerte und Stimmabgaben als Dann-Komponente enthalten (Schnell et al. 2018). Ein Erkenntnisfortschritt innerhalb der Sozialwissenschaften kann nur erfolgen, indem man sich auf eine Vielzahl von Forschungsergebnissen bezieht und diese vergleicht, um Ähnlichkeiten und Differenzen festzustellen. Dabei ermöglicht es der Kulturvergleich, Ähnlichkeiten und Differenzen auf historische, soziale oder kulturelle Umstände zurückzuführen. Diese prinzipielle Annahme von Erkenntnisgewinn durch Vergleichbarkeit und Universalität hat auch für das methodische Vorgehen Konsequenzen. Die intersubjektive Nachvollziehbarkeit und die Vergleichbarkeit der einzelnen Untersuchungen soll durch die Verwendung standardisierter Konzepte und Messverfahren hergestellt werden. Diese standardisierte und variablenzentrierte Vorgehensweise ist problembehaftet und hier setzt die Kritik der verstehenden Soziologie an. Im Kontext kulturvergleichender Forschung wird der Vorwurf formuliert, dass quantitative Forschung völlig losgelöst von den zu untersuchenden Kulturen betrieben wird. Diese Kritik an der erklärenden Soziologie wird insbesondere durch interaktionistische Richtungen soziologischen Denkens vorgetragen. Dieses Programm ist eng verknüpft mit Forschern wie *Max Weber* (1864–1920), *Alfred Schütz* (1899–1959) und *Harold Garfinkel* (1917). Sie versuchen die Perspektive der beteiligten Akteure stärker in den Fokus der Analysen zu stellen. Konzepte wie die „Alltagswelt", das „Alltagswissen" und die „Lebenswelt" stellen Versuche dar, das sinnhafte Handeln der Akteure zu verstehen und die Konstruktionen erster Ordnung, die die Akteure vorlegen, durch Konstruktionen zweiter Ordnung zu rekonstruieren (vgl. ausführlicher: Seipel und Rieker 2003: 50–66). Diese Debatten über die Zielsetzung und die erkenntnistheoretische, methodologische sowie methodische Ausrichtung der Soziologie sind bis heute nicht abgeschlossen (vgl. z. B.: Diaz-Bone 2019; Knoblauch et al. 2018; Albert 2005; Greshof 2006; Esser 1991, 2006, 2010; Srubar 1992, 2005 sowie die Debatte um die Gründung der Akademie für Soziologie in 2017: vgl. dazu Esser 2018; Akademie für Soziologie 2022; zur Kritik Strübing 2017; Hirschauer 2018) und bilden auch in der Behandlung der Frage nach der Vorgehensweise beim Kulturvergleich eine Trennlinie.

Siddique (1992) weist darauf hin, dass sich die interaktionistische Perspektive zumeist auf westliche Gesellschaften beschränkte und sich überwiegend mit der Analyse des Alltagsdenkens und des Alltagshandelns in westlichen Kulturen beschäftigte und eine vergleichende Betrachtung eher die Ausnahme ist. Zudem ist „die Suche nach „Bedeutungen" und nach der gesellschaftlichen „Konstruktion" von Bedeutungen (…) nicht selten zum Selbstzweck geworden" (Siddique 1992: 44). Gleichwohl sieht Siddique (1992) in der Anwendung interaktionistischer Theorien eine Möglichkeit zur Überwindung bisheriger Schwierigkeiten in der kulturvergleichenden Forschung, da das Verhältnis zwischen Alltagswelt und Alltagswissen als „indexikal" (Garfinkel 1984) bestimmt wird, also die Bedeutungen von Begriffen sich aus dem Kontext ergeben. Beim interkulturellen Verstehen wie beim Verstehen von Handlungen und Prozessen in einem dem Forscher vertrauten Kulturkreis geht es um die Vermittlung fremden Sinns, die sich als Grundproblem jeder Hermeneutik stellt. Im interkulturellen Fremdverstehen verstärkt sich dieses Grundproblem des Verstehens, da Personen „sehr unterschiedlicher konjunktiver Erfahrungsgemeinschaften miteinander kommunizieren – mit Begriffen, die eine differente Füllung von indexikalen Bedeutungen haben" (Kruse 2009). Es erscheint aus dieser Sicht sinnvoll z. B. das von Fritz Schütze (1983) entwickelte Verfahren des narrativen Interviews auch für kulturvergleichende Forschungen heranzuziehen, da man davon ausgeht, dass Erzählungen als eine Art Fenster in die Welt des Alltagswissens angesehen werden können. Aus individuellen Erzählungen, die eine interaktiv gebildete und geteilte Erfahrung wiedergeben, können dann auch Versuche unternommen werden, das „Allgemeine" an sozialer Erfahrung abzulesen. (vgl. auch Srubar 2005 für einen phänomenologisch orientierten Ansatz zum Kulturvergleich, der an die pragmatische Lebenswelttheorie im Anschluss an Alfred Schütz anknüpft. Weitere methodologische Überlegungen zu einer kulturvergleichenden qualitativen Forschung finden sich bei Baur et al. 2021; Cappai 2010; Hummrich und Rademacher 2013; Kruse und Schmieder 2012; Seipel und Rippl 2013).

Zudem gibt es auch in der bundesrepublikanischen soziologischen Forschung den Versuch, den Kulturvergleich nun auch stärker auf die eigene Kultur anzuwenden, da man nicht mehr ohne weiteres von einer homogenen Wert- und Vorstellungswelt der Gesellschaftsmitglieder ausgehen kann und der fremde Blick auf die eigene Kultur und das interessierende Phänomen dazu anhalten, das eigene fraglose Wissen zu befremden und zu explizieren, um es dann methodisch zu kontrollieren. Amann und Hirschauer (1997: 20) begreifen Ethnografien deshalb als mimetische Formen empirischer Sozialforschung, die nicht kanonisiert werden können. Die methodische Vorgehensweise der Ethnografie lässt sich dabei häufig von der Frage leiten: „What the hell is going on" (vgl. Amann und Hirschauer 1997: 20).

3.2 Soziologie

Reckwitz (2008) beantwortet die Frage nach der analytischen Abgrenzbarkeit von Kulturen anhand spezifischer Träger im Modell kultureller Interferenzen negativ. Mit einem bedeutungsorientierten Kulturbegriff wird nach Reckwitz (2008: 71) in hochmodernen Gesellschaften die Identifikation zwischen übersubjektiven Sinnsystemen und Gruppen oder Gemeinschaften zugunsten kultureller Hybridität aufgelöst. Akteure sind Träger völlig unterschiedlicher, zum Teil konkurrierender Wissensordnungen. Die Kopplung von Kultur an ein Kollektivsubjekt wird im bedeutungsorientierten Kulturbegriff aufgegeben. Die sozialkonstruktivistische Fassung des Kulturbegriffs löst den Kultur- vom Gemeinschaftsbegriff. Das Subjekt nimmt gleichzeitig an mehreren unterschiedlichen Wissensordnungen teil, die es zu unterschiedlichen Interpretationen seiner Lebensführung führt.

Sollte diese multikulturelle Interferenz der Normalfall sein, wird die Abgrenzung von Gruppen über ihre kulturelle Zugehörigkeit unmöglich, unterschiedliche Sinnhorizonte interferieren innerhalb des lebensweltlichen Wissens des Einzelnen. Offen bleibt die Frage, wie und warum Kollektive dann doch zu kollektiven Selbstzuschreibungen kommen und sich als Gruppe wahrnehmen, die von anderen unterschieden wird. Schwinn (2006: 215 f.) etwa bezweifelt die „Hybridisierbarkeit" aller Bereiche des Lebens. So legt er dar wie die Hybridisierung von ästhetischen Geschmackspräferenzen sehr gut denkbar ist, was hingegen für Normen aus seiner Sicht nicht der Fall ist. Ebenso schätzt er die Möglichkeit eine hybride Identität zu leben unter Verweis auf die Befunde der Migrationsforschung eher kritisch ein, da selbst bei der Kombination verschiedener kultureller Praktiken ein Bewusstsein der Einheit dominiere.[8].

Auch Schittenhelm (2005: 693 ff.) bezieht sich auf einen ähnlichen Kulturbegriff und plädiert dafür, die eigene Kultur zu befremden.[9] Schittenhelm (2005)

---

[8] Am einfachen Beispiel der Nudel zeigt er, dass diese zwar aus China stamme, heute aber zur italienischen Alltagskultur gehöre, ohne dass deren Ursprünge noch präsent wären. So überwiege ein Bewusstsein der Einheit gegenüber der Wahrnehmung der heterogenen Ursprünge (Schwinn 2006: 216).

[9] Im Anschluss an neuere Überlegungen zur postmodernen Konstruktion des Kulturbegriffs (Featherstone 1995) argumentieren Srubar et al. (2005: 8) in ähnlicher Weise: „... nationalstaatlich hervorgebrachte Einheitskulturen (Hall 1999) (zerfallen) in eine Heterogenität von multikulturellen Lebensformen, wodurch der Gegenstand des Vergleichs von der Totalität homogener Sinnwelten auf die Ebene transitorischer, lokaler bzw. regionaler Synkretismen verlagert wird, die sich aus einem nunmehr medial zugänglichen kulturellen Lagerhaus der Weltgesellschaft nähren". Auf der Grundlage einer solchen Position wird häufig die Auffassung eines radikalen Relativismus vertreten. Die Position des radikalen Relativismus speist sich auch durch den Vorwurf der Nostrifizierung (vgl. Matthes 1992). Damit ist die nichtaufhebbare Zirkularität des Verstehens gemeint, in der Unvertrautes in Vertrautes überführt wird.

legt diesen sinnrekonstruktiven Forschungsansatz zu Grunde, um etwas über den Ausbildungseinstieg junger Migrantinnen, vorwiegend türkischer Herkunft, im Vergleich mit einheimischen jungen Frauen zu erfahren. Während Schittenhelm (2005) sich in ihrer Stichprobe auf ein Land konzentriert und sich auf Frauen aus Berlin bezieht, die sich durch ihren autochthonen und Migrationsstatus unterscheiden, vergleichen andere qualitativ orientierte Sozialforscher mehrere Kulturen miteinander (vgl. Berg-Schlosser 2005 und die Beiträge in Hummrich und Rademacher 2013 sowie Kruse und Schmieder 2012, für einen Überblick). Die eben erwähnten qualitativ orientierten Forscher sind offenbar der Auffassung, dass Personen und Kulturen durchaus Kategorien zugeordnet und damit Fälle abgegrenzt werden können, ein interkulturelles Fremdverstehen also grundsätzlich möglich ist, schließlich haben sie selbst entsprechende vergleichende Studien durchgeführt.

Anknüpfend an die Kritik am methodologischen Nationalismus versuchen neuere qualitative Studien den Begriff des Raums und die Beziehung zwischen dem Fall und dem Kontext neu zu denken und zu konzeptualisieren. So gehen Theoretiker heute von multiplen sozio-räumlichen Gegebenheiten (global, transnational, national und lokal) aus und ziehen daraus theoretische und methodische Konsequenzen. Wenn es vorab keine klare Beziehung zwischen Fall und Kontext gibt, dann besteht das Ziel beispielsweise in der Migrationsforschung nun darin den untersuchten Fall in vielfältigen Kontexten und/oder einem transnationalen sozialen Feld zu verorten, um in einer analytischen Bewegung die Beziehung zwischen Fall und Kontext über „bottom-up" und „top-down" Strategien zu erschließen. Dies wird bei Weiß und Nohl am Beispiel hoch qualifizierter Migranten erläutert, es wird untersucht, ob und wie das erworbene kulturelle Kapital über Grenzen transportiert und bei der Integration in nationale Arbeitsmärkte (Deutschland, Kanada, Großbritannien und Türkei) eingesetzt werden kann (Weiß und Nohl 2012: 60). Ob die von den Autoren analysierten Beziehungen zwischen Fall und Kontext und dem Vergleich typologisch situierter Fallgruppen tatsächlich zu einer Lösung der Probleme des methodologischen Nationalismus beitragen, wird von den Autoren selbst kritisch beurteilt:

In unserem Zusammenhang bedeutet dies also das Verstehen und Erklären einer fremden Kultur durch Kategorien, die der eigenen westlichen Wissenschaftstradition entstammen. Dieser Vorwurf mündet schließlich in der Behauptung, dass interkulturelle Vergleiche ausgeschlossen sind. Demgegenüber gibt es andere Vertreter einer verstehenden Soziologie, die versuchen, andere Methoden für einen interkulturellen Vergleich zu entwickeln, die die Probleme der Zirkularität des Verstehens im Kulturvergleich methodisch reflektiert berücksichtigen (vgl. zur Debatte z. B. Baur et al. 2021; Srubar 2005; Straub und Shimada 1999; Straub 2003).

"Leider ist das Problem des methodologischen Nationalismus damit nicht völlig gelöst; vielmehr stehen wir vor mindestens zwei weiteren Herausforderungen: Zum einen hatten wir vorgeschlagen, Kontexte „top-down" vorzudefinieren und derartige Definitionen von Kontexten nicht auf den Nationalstaat zu beschränken. Daran schließt sich aber unmittelbar weiterer Klärungsbedarf an: Welche nicht-nationalen Kontexte könnten für ein vergleichendes Vorgehen interessant sein? Diese Frage ist deshalb schwierig zu beantworten, weil sehr wenige Kontexte einen derartig starken Institutionalisierungsgrad wie der Nationalstaat aufweisen. Gerade wenn es darum geht, die konstitutiven Bestandteile eines anderen Kontextes zu definieren, geraten wir in Schwierigkeiten: Bei schwach institutionalisierten Kontexten ist es problematisch, die – möglicherweise veränderlichen – Grenzen des Kontextes zu bestimmen und ihm Fälle präzise zuzuordnen. Diese Problematik wird an der Theoriebildung zu transnationalen sozialen Feldern und Räumen gut deutlich: Folgt man Levitt und Glick Schiller (2004), so entwickeln sich transnationale soziale Felder auf der Grundlage konkreter sozialer Netzwerke, sind aber auch durch symbolische Bezüge und soziale Institutionen gekennzeichnet. Das bedeutet, dass eine Person „Teil" eines transnationalen sozialen Feldes sein kann („ways of being"), ohne ihm symbolisch „anzugehören" („ways of belonging"). Auch das Argument, dass transnationale soziale Felder oder Räume stabiler als Netzwerke sein und transnationale Institutionenbildung (im weiten Sinne) umfassen sollten (Faist 2000; Pries 2008a), klärt nicht wirklich, wie man Fälle eindeutig in einem solchen transnationalen „Kontext verorten kann" (Weiß und Nohl 2012: 71).

Ähnlich wie in der gleich noch darzustellenden indigenous psychology, wird in der Literatur darauf verwiesen, dass viele soziologischen Konzepte aus einer „global North-oriented, male, white, middle-class position" (Amelina 2021: 365) entwickelt wurden. Diese Beobachtung sowie der Verweis auf die komplexen und miteinander verwobenen Prozesse führen zu der Empfehlung, rekonstruktive und induktive Forschungsstrategien zu nutzen und zudem immer die Positionalität des jeweiligen Forschers kritisch zu reflektieren (vgl. zur Bedeutung von soziologischen Differenzierungstheorien und ihren Bezug zu transnationalen und cross-border Studien Weiß (2021) und zur Nutzung des Begriffs der Collage/des Verschnitts (concept of assemblage) und methodischen Hinweisen Amelina (2021).

> **Exkurs: Quantitative Forschung und Kontext – eine Kritik**
> Am Beispiel der Untersuchungen zu religionssoziologischen Fragen verdeutlicht Siddique (1992: 42) die Kritik an der Vorgehensweise der erklärenden Soziologie. Um die Frage zu beantworten, ob die Religion in westlichen Gesellschaften an Bedeutung gewinnt oder verliert, wird auf

die Häufigkeit des Kirchenbesuchs zurückgegriffen. Mithilfe der Häufigkeit und der Streuung des Kirchenbesuchs soll nun entscheiden werden, ob die Bedeutung der Religion abnimmt (sinkender Kirchenbesuch) oder aber zunimmt (steigender Kirchgangbesuch). Dieses Vorgehen mutet in den Augen vieler Ethnologen naiv an. Denn bei dieser Vorgehensweise berücksichtigt der Forscher nicht die Sichtweise der beteiligten Akteure vielmehr wird Religion über die Art und Weise der vom Forscher vorgenommenen Operationalisierung definiert. Noch problematischer wird der Versuch, verschiedene Religionen miteinander zu vergleichen, wenn man etwa versucht, Kirchenbesuche in christlichen Religionen mit Tempelbesuchen im Buddhismus oder mit dem Aufsuchen der Moschee im Islam zu vergleichen. Das Problem besteht darin, dass weder Kirchen, Tempel oder Moscheen als religiöse Institutionen unmittelbar vergleichbar sind, noch der Besuch als vergleichender Indikator für Frömmigkeit zu gebrauchen ist (Siddique 1992: 42). Siddique (1992) erklärt diesen Umstand über das weit verbreitete Verständnis einer wertfreien Formulierung soziologischer Begriffe und Forschungsmethoden, die deren kulturelle Implikationen eher verschleiern. Der Ethnozentrismus komme nun in der Form der „wissenschaftlichen Methode" daher, in der es um Koeffizienten und nicht um Kontext gehe.[10]

Die Einnahme der Position eines radikalen Relativisten würde im Gegensatz dazu zu einer Aneinanderreihung von Beschreibungen singulärer, unvergleichbarer Sachverhalte führen, indem ein interkulturelles (Fremd-)Verstehen und damit ein Vergleich zwischen Kulturen und zwischen Individuen hinweg nicht möglich wären. Aus der Sicht der erklärenden Soziologie entsteht dadurch eine Vielzahl von Wissensfragmenten, die wenig zu einem allgemeineren Verständnis der menschlichen Existenz beitragen können.

Weder rein universalistische noch strikt kulturrelativistische Positionen werden dem Anspruch kulturvergleichender Forschung gerecht. Ein purer Universalismus verhindert den kultursensitiven Blick auf das Fremde und tendiert zur

---

[10] „The typical crudity of categorization contrasts sharply with the elaborated mathematical testing of ‚data' thus arrived at: science lies in coefficients and chi-squares, in method and not content" (McVey 1981: 266 zitiert nach Siddique 1992).

Vereinheitlichung, wohingegen ein strikter Relativismus in einer Differenzperspektive stecken bleibt, die die wissenschaftliche Kumulation von Erkenntnissen unmöglich macht.

▶ **Definition: Universalismus**

- Der Universalismus stellt eine philosophische Sichtweise dar, die die Bedeutung des Ganzen gegenüber dem Einzelnen hervorhebt. Während universalistische Positionen davon ausgehen, dass es allgemein gültige Phänomene und Gesetzmäßigkeiten gibt, die für alle Menschen und Situationen unabhängig vom Kontext gelten, sieht der Kulturrelativismus eine Kontextabhängigkeit aller Phänomene, die dementsprechend auch nicht unabhängig vom Kontext betrachtet und verstanden werden können.

Betrachtet man die Argumente der beiden theoretischen Strömungen, so bleibt festzustellen, dass beide wichtige Erkenntnisse für die kulturvergleichende Forschung liefern. Jan van Deth (2013) kommt zu der Schlussfolgerung, dass die Schwierigkeiten des Kulturvergleichs es erfordern, in vergleichenden Studien die Grenzen zwischen qualitativer und quantitativer Forschung zu überschreiten. Eine quantitativ orientierte soziologische Forschung kann die Idee der Singularität nur begrenzt akzeptieren. Sicherlich muss eine Sensibilität dafür bestehen, dass Konzepte und Indikatoren an ihren jeweiligen kulturellen Kontext gebunden sind. Sachverhalte können in verschiedenen Kulturen ähnlich sein, aber niemals identisch (van Deth 2013).

> **Exkurs: Universalien trotz kultureller Relativität**
> Kluckhohn macht den Zusammenhang zwischen kultureller Relativität und universellen Prinzipien deutlich: „In principle ... there is a generalized framework that underlies the more apparent and striking facts of cultural relativity. All cultures constitute so many somewhat distinct answers to essentially the same questions posed by human biology and by the generalities of the human situation. ... Every societies patterns for living must provide approved and sanctioned ways for dealing with such universal circumstances as the existence of two sexes; the helplessness of infants; the need for satisfaction of the elementary biological requirements such as food, warmth, and sex; the presence of individuals of different ages

and of differing physical and other capacities" (Kluckhohn 1962: 317–318). Lonner (1980) unterscheidet drei verschiedene Formen universeller Handlungsmuster:

1. einfache universelle Handlungsmuster („simple univerals") z. B. die Tatsache menschlicher Sexualität
2. variierende universelle Handlungsmuster („variform universals") z. B. das Auftreten von Aggression, die aber von Kultur zu Kultur unterschiedlich ausgeprägt und geäußert wird
3. funktionale universelle Handlungsmuster („functional universals") z. B. Theorien, die erklären können, warum bestimmte Phänomene in einzelnen Kulturen variieren z. B. Theorie sozialer Produktionsfunktionen, Kosten/Nutzen-Ansätze

Der Universalismus geht davon aus, dass es von allen Menschen geteilte Funktionen und Prozesse – anthropologische Konstanten – gibt, deren Ausprägung und Form allerdings von den jeweiligen Umwelten geprägt werden und sich somit in ihren Manifestationen des Handelns kulturspezifisch unterscheiden. Funktionale Aspekte wie die Vermeidung von Hunger, Durst, körperlichem Schmerz oder das Bedürfnis nach Schutz oder sozialer Organisation sind als solche Universalien zu sehen, die die menschliche Spezies teilt, die aber in verschiedenen Kontexten in unterschiedlicher Weise befriedigt werden. Ebenso gilt die Tatsache, dass es überhaupt interkulturelle Verständigung und internationalen Austausch gibt, als ein Beleg für eine gegenseitige gemeinsame Basis des „Verstehens". „Menschen sind sich insgesamt kognitiv ähnlich und können sich interkulturell durch Logik, Argumentation und einen gemeinsamen Kern menschlicher Vernunft verständigen" (Sukopp 2005: 146). Auch Antweiler (2009) argumentiert anhand empirischer Befunde aus verschiedenen sozialen und politischen Bereichen für eine universalistische Sichtweise, allerdings warnt er vor einem absoluten Universalismus. Dieser mache die Beschäftigung mit anderen Kulturen überflüssig – alles andere würde nur zu einer Variante des Eigenen und verstelle den Blick auf die kulturelle Vielfalt (unter http://zeus.zeit.de/zeit-wissen/2009/06/universalienlisten.pdf finden sich einige bekannte Universalienlisten, die Antweiler zusammengestellt hat).

Im Kulturvergleich geht es dann darum, festzustellen, inwieweit Unterschiede relevant oder irrelevant für das Forschungsziel sind. Sachverhalte werden dann als ähnlich gesehen, wenn sie in verschiedenen Kontexten die gleiche *Funktion* haben. „It is the *similarity* of the relevant properties of *different* phenomena that lies in the centre of the idea of equivalence in comparative research … The idea

3.2 Soziologie

of functional equivalence is based on the relevance of relationships instead of intrinsic properties of concepts" (Hervorhebung im Original, van Deth 2013: 5). Die Frage nach der Vergleichbarkeit oder der funktionalen Äquivalenz beinhaltet die Frage danach, ob es kulturübergreifende menschliche Universalien gibt.

Ein Beispiel für funktionale universelle Handlungsmuster findet sich in der schon erwähnten Value of Children Studie (VOC) von Nauck und Kollegen, an der man erkennen kann, dass für universelle Probleme in unterschiedlichen Kontexten unterschiedliche Lösungen (distinct answers) gefunden werden können. So wird im Rahmen der theoretischen Überlegungen der VOC Studie (Nauck 2007) die menschliche Reproduktion (Zahl der Kinder) mithilfe eines Kosten/Nutzen-Modells in den jeweiligen kulturellen Kontexten spezifiziert, indem durch ein „Verstehen der anderen Kulturen" nachvollzogen wird, wie Kosten und Nutzen von Kindern je nach Kontext variieren. Fraglich ist, inwieweit die „Lösungen" für universelle Probleme in anderen Kulturen für uns tatsächlich nachvollziehbar und verstehbar sind. Die Frage der Möglichkeit des Fremdverstehens wird mit einer Verkleinerung der zu vergleichenden Einheiten wie z. B. bei Schittenhelm (2005) nicht grundsätzlich gelöst. Wenn Fremdverstehen zwischen den Kulturen als problematisch angesehen wird, stellt sich die Frage des Fremdverstehens auch bei dem Versuch, Menschen aus anderen Milieus ein und derselben Gesellschaft zu verstehen. Ist aber das Verstehen von Menschen aus anderen Milieus in einer Gesellschaft möglich, so spricht nichts dagegen, auch Menschen aus anderen Kulturen zu verstehen. Auch hier gibt es Möglichkeiten, die Kenntnisse über diese Kultur zu vertiefen und ein Fremdverstehen zu erleichtern.

Die Kritik an der variablenzentrierten Vorgehensweise der quantitativen Methode kann an dieser Stelle nicht vertieft werden. Allerdings soll auch hier nochmals auf die unterschiedlichen Erkenntnisinteressen (Beschreibung, Theorieprüfung) hingewiesen werden, die je unterschiedliche Zugänge benötigen. Ebenso verschweigt eine vereinfachte Kritik an dem quantitativen Ansatz der kulturvergleichenden Sozialforschung (wie bei Siddique 1992) die methodischen Bemühungen, die zur Validierung der Ergebnisse von Kulturvergleichen herangezogen werden (vgl. zum Stichwort Indigenizing Abschn. 3.4.1). Statt hier auf die Möglichkeiten einzugehen, verweisen wir auf die unterschiedlichen Kapitel dieses Buches, in denen jeweils problembezogen Antworten auf die Frage der Angemessenheit der quantitativen Methoden gegeben werden.

Auch die qualitative Vorgehensweise steht vor weitreichenden Problemen. Das Problem des Fremdverstehens, bleibt sowohl für den quantitativen Survey- wie auch für den qualitativen (Feld-)forscher bestehen. Die Differenz zwischen Forscher und Lebenswelt der Beforschten ist nicht aufzuheben. Auf ein weiteres Problem weist Wulf (2004) bezüglich der Frage nach der Repräsentativität der

Beobachtungen des Feldforschers hin. „In der teilnehmenden Beobachtung entsteht eine holistische Momentaufnahme, der die historische Dimension fehlt" (Wulf 2004: 89). Und auch die Übersetzung der Beobachtungen in einen Text, der der Wissenschaftlergemeinde zugänglich wird, sieht Wulf als einen in hohem Maße konstruktiven Akt, der anfänglich wenig reflektiert wurde. Opp (2014) unterstreicht, dass sich auch der verstehende Soziologe auf implizite Theorien (gespeist aus seiner Forscher- oder Lebenserfahrung) beziehen muss, um Beobachtetes einzuordnen. Opp (2014) verweist auf Möglichkeiten eines kontrollierten Umgangs mit dem Problem des Ethnozentrismus in einer erklärenden Soziologie, in dem man mit expliziten Theorien arbeitet.

3.3 Politikwissenschaft

In der Politikwissenschaft findet sich ebenfalls eine lange Tradition vergleichender Forschung, es ergeben sich deutliche Parallelen zu den Traditionen in der Soziologie, zumal sich beide Disziplinen zum Teil auf gleiche Gründerväter berufen. Auch in der Politikwissenschaft spielt die Unterscheidung zwischen qualitativen Ansätzen (eher auf die Eigenarten des Einzelfalles orientiert) und quantitativen Ansätzen (eher auf das Aufspüren von generalisierbaren Gesetzen orientiert) und damit die Frage über das Ziel und die Durchführung der vergleichenden Methode eine wichtige Rolle (Patzelt 2005; Jahn 2005; Pickel 2015). Minkenberg und Kropp (2005: 8 f.) stellen in diesem Zusammenhang sowohl in der US-amerikanischen wie in der deutschen vergleichenden Politikwissenschaft eine zunehmende Parzellierung, Diffusion und Spezialisierung der Methodendiskussion fest. Diese führt teilweise zu einer Abschottung und zu Missverständnissen, die nicht selten mit einer mangelnden Bereitschaft gepaart sind, auf die Argumente der Gegenseite einzugehen. Im Unterschied zur Soziologie und der Psychologie ist in der Politikwissenschaft meist die Makroebene von Interesse, es geht sehr häufig um den Vergleich von politischen Systemen, von ökonomischen und soziokulturellen Subsystemen oder Politikfeldern (z. B. Gesundheitspolitik, Bildungswesen). Als Klassiker einer vergleichenden Politikwissenschaft ist John Stuart Mill zu nennen, der 1843/1976 (A system of logic) mit seiner Unterscheidung in Konkordanz- und Differenzmethode einen wichtigen Grundstein für die systematisch vergleichende Politikwissenschaft gelegt hat. Ziel dieser auf deterministische Kausalbeziehungen orientierten Verfahrensweisen ist das Aufspüren bzw. der Test von allgemein-gültigen Gesetzmäßigkeiten. Im ersten Fall werden möglichst ähnliche Fälle paarweise verglichen, um die entscheidende Differenzvariable zu finden. Im zweiten Fall wird im Vergleich

3.3 Politikwissenschaft

verschiedener Fälle versucht, einen Kernbereich von Ähnlichkeit herauszuarbeiten (Przeworski und Teune 1970; Berg-Schlosser und Müller-Rommel 1997; Pickel 2015). Diese und darauf aufbauende Verfahren der vergleichenden Politikwissenschaft, die primär auf der Makroebene angesiedelt sind, trifft das Problem der relativ kleinen Fallzahlen (bezogen auf die verglichenen Einheiten, zumeist Länder), die herangezogen werden (Lieberson 1992) und die Frage, wie eine adäquate Auswahl dieser Einheiten getroffen werden kann. Verbunden damit ist die Frage, inwieweit Verallgemeinerungen von Ergebnissen auf der Basis kleiner Fallzahlen zulässig sind. Lijphart (1971) bezeichnet das prinzipielle Problem der vergleichenden Politikwissenschaft mit wenigen Worten: „many variables, small number of cases". Sogar Fallstudien werden zu diesem Bereich vergleichender Studien gerechnet, wenn sie den ausgewählten Fall auf eine allgemeine Theorie beziehen (S. Pickel 2003). Die inzwischen vorhandene Verfügbarkeit von Makrodaten über eine Vielzahl von Ländern erlaubt es zunehmend, Makroanalysen mit größeren Fallzahlen durchzuführen, wie etwa Vanhanens (2000, 2003) vergleichende Demokratieforschung zeigt. Trotz einer Dominanz von Fragestellungen, die auf die Makroebene konzentriert sind, spielt auch die Umfrageforschung in der jüngeren Zeit zunehmend eine Rolle. Besonders bekannt sind dabei die Studien von Inglehart (1997) im Kontext des World Value Survey, in denen häufig eine Mischung von aggregierten Individualdaten und Makrodaten analysiert wird. Dennoch herrscht im Mainstream der Politikwissenschaft eine gewisse Skepsis hinsichtlich der Aussagekraft von Individualdaten vor, obwohl sich zunehmend auch eine Sichtweise durchsetzt, die diese subjektive Seite der Politik (Easton 1965) als relevant erachtet (Pickel 2003). Insbesondere mit der Entwicklung einer politischen Kultur- und Werteforschung etablierte sich dieses Forschungsfeld. Als Klassiker sind hier die Studien „The Civic Culture" von Almond und Verba (1963), die „Political Action-Studie" von Barnes und Kaase (1979) und die Wertewandel Studien von Inglehart (1977, 1997) zu nennen.

Jahn (2005) konstatiert die bis heute sehr große Bedeutung kontrastierender Untersuchungen (idiografische Vorgehensweise) in der vergleichenden Politikwissenschaft (Lichbach und Zuckermans 1997), verbunden mit einer auch historischen Betrachtungsweise von Makroeinheiten. Es geht aus dieser Perspektive primär darum, einen Fall in seiner Ganzheit darzustellen und seine Eigenarten im Vergleich zu anderen herauszuarbeiten (z. B. der europäische versus den japanischen Feudalismus). Dabei werden eher die Grenzen von Theorien bzw. die Abweichungen in den Fokus gestellt.

Zusammenfassend betrachtet dominieren in der vergleichenden politikwissenschaftlichen Forschung Fragestellungen, die auf der Makroebene angesiedelt sind.

Damit rückt das Problem der kleinen Fallzahlen in den Mittelpunkt methodischer Auseinandersetzungen. Aber auch aus dieser Perspektive kommt der Frage nach den Möglichkeiten und Grenzen der Verallgemeinerbarkeit große Bedeutung zu. Des Weiteren stellt sich auch auf der Makroebene das Äquivalenzproblem. Für politikwissenschaftliche Fragestellungen der Mikroebene, die mit Umfragedaten arbeiten und die für den vorliegenden Band von besonderer Bedeutung sind, ergeben sich sehr ähnliche Problemlagen und Fehlerquellen, wie sie für die Umfrageforschung in den folgenden Kapiteln diskutiert werden und die sich methodisch um die Fragen der Vergleichbarkeit und der Äquivalenz drehen.

3.4 Psychologie

Auch in der Psychologie findet sich eine ähnliche Auseinandersetzung, die jedoch mit anderen Begrifflichkeiten geführt wird. In der Literatur über den Kulturvergleich in der Psychologie leitet die Unterscheidung zwischen den Begriffen Emic und Etic die Überlegungen an. Vertreter des Emic-Ansatzes gehen davon aus, dass sich soziales Handeln sowie Einstellungen und Werte von Akteuren nur kulturimmanent beschreiben lassen, während Vertreter des Etic-Ansatzes davon ausgehen, dass es Universalien menschlicher Handlungen gibt. Diese Begriffe sind ursprünglich in der strukturalistischen Linguistik entwickelt worden und entstammen deren Teildisziplinen „phonemics" und „phonetics" (Pike 1967). Während sich die „phonemics" mit den lautlichen Besonderheiten innerhalb einer speziellen Sprache beschäftigen, machen die „phonetics" die lautlichen Gemeinsamkeiten aller Sprachen zum Ausgangspunkt der Forschung (vgl. Berry et al. 1992: 232; Boehnke und Merkens 1994: 213). Berry (1969) hat versucht diese Unterscheidung für kulturvergleichende (psychologische) Forschung nutzbar zu machen und dabei das folgende Schema entwickelt (vgl. Tab. 3.1). Im Emic-Ansatz versucht man die Phänomene und ihre Beziehungen durch die Augen der an der Interaktion und dem Handlungsvollzug beteiligten Akteure zu erfassen. Dabei sollen Konzepte, die aus dem kulturellen Umfeld des Forschers kommen, nicht auf die zu untersuchende „neue" Kultur übertragen werden. Es werden also keine a priori formulierten Variablen, Konzepte oder Theorien für die untersuchte Kultur übernommen.

Nach Auffassung von Berry et al. (1992: 233) wird diese Sichtweise auf die Durchführung kulturvergleichender Forschung durch die Überlegungen in der Kulturanthropologie gestiftet, da man in dieser Forschungstradition über die

3.4 Psychologie

Tab. 3.1 Der Emic-Ansatz und der Etic-Ansatz in der kulturvergleichenden psychologischen Forschung. (Nach Berry 1969)

Der Emic-Ansatz (kulturimmanenter Ansatz)	Der Etic-Ansatz (kulturübergreifender Ansatz)
Erforschung des Handelns innerhalb eines Systems	Erforschung des Handelns durch eine von außen an das System herangetragene Sichtweise
Untersucht nur eine Kultur	Untersucht und vergleicht viele Kulturen
Die Struktur wird von dem Forscher entdeckt	Die Struktur wird von dem Forscher entwickelt und auf die Kulturen angewendet
Die entwickelten Kriterien sind relativ zu den vorhanden kulturspezifischen Charakteristika gültig	Die Kriterien sind absolut bzw. werden als universell gültig angesehen

teilnehmende Beobachtung versucht, die Normen, Werte, Motive und Handlungsweisen der Akteure durch die Augen der Mitglieder der untersuchten speziellen Gemeinschaft zu sehen.

Im Etic-Ansatz wird von der Zielsetzung ausgegangen, universell gültige Gesetze und Theorien zu entwickeln und zu prüfen, wobei die Erforschung von Einstellungen, Werten und Deutungs- und Handlungsmustern in der Regel durch eine von außen an das System herangetragene Sichtweise angeleitet wird. Wenn Variablen, Konzepte und Theorien von außen an das Feld herangetragen werden, dann birgt diese Vorgehensweise (Etic-Ansatz), Gefahren für die Validität der Ergebnisse, da die Theorien und Konzepte, die der Forscher auf die ausgewählten und zu untersuchenden Kulturen anwendet, durch den eigenen kulturellen Hintergrund beeinflusst sind. Berry (1969: 124) spricht in diesem Zusammenhang von „imposed etics", Triandis et al. (1972: 6) sprechen von „pseudo etics". Das Ziel kulturvergleichender Forschung sollte nun darin liegen, diese „imposed etics" so zu verändern, dass sie die kulturspezifischen Aspekte der jeweiligen Kultur (Emic-Ansatz) auch tatsächlich erfassen. Diese schrittweise Veränderung der „imposed etics" sollte dann idealerweise zur Formulierung kulturübergreifender Theorien führen, die als „derived etics" bezeichnet werden (Berry 1989). In der Abb. 3.1 findet sich ein modifiziertes Ablaufmodell. Berry (1989) geht schrittweise vor, in dem der Forscher zunächst die eigene Kultur unter der jeweiligen Fragestellung betrachtet und die Ergebnisse seiner Überlegungen dann in einem zweiten Schritt auf die andere, ihm zumeist fremde, Kultur überträgt. Diese Übertragung wird – wie bereits erwähnt als „imposed etic" bezeichnet. Dann wird die Kultur B unter zur Hilfenahme der aus Kultur A herangezogenen Theorie und die

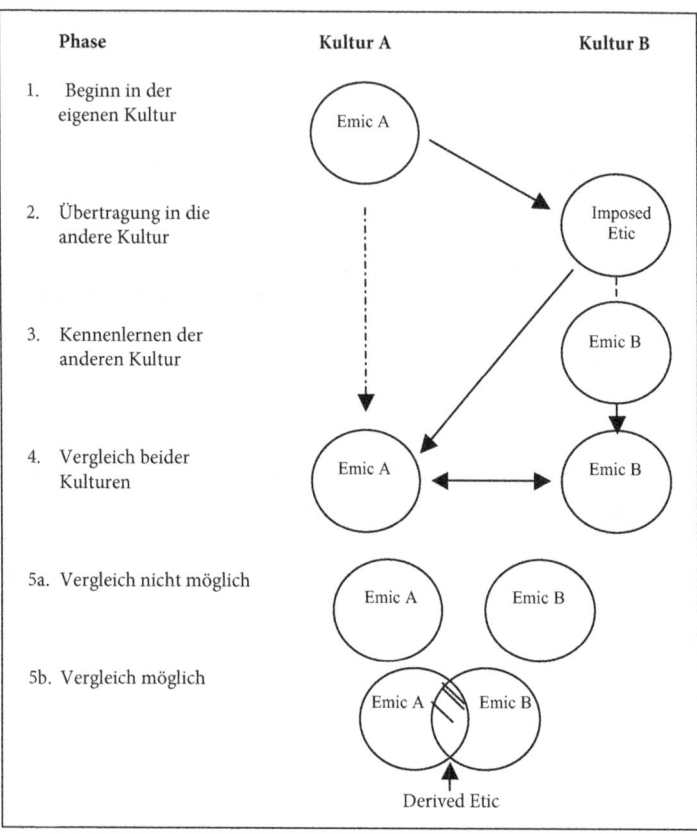

Abb. 3.1 Die Verbindung des Emic-Ansatzes und des Etic-Ansatzes als Forschungsstrategie des „derived etic". (Nach Berry 1989)

durch die Kultur B hervorgerufenen Modifikationen an dieser Theorie mit dem Emic-Ansatz untersucht. Im vierten Schritt, wird die Kultur A (eigene Kultur) und die Kultur B (fremde, andere Kultur), die innerhalb des Emic-Ansatzes analysiert wurden, miteinander verglichen. Aus diesem Vergleich können sich zwei Ergebnisse ergeben:

1. ein Vergleich zwischen den beiden Kulturen ist nicht möglich;

2. ein Vergleich der beiden Kulturen A und B ist möglich und es ergibt sich ein Überschneidungsbereich der Ergebnisse, der in den beiden Kulturen durchgeführten Analysen, die dem Emic-Ansatz folgten. Dieser Überschneidungsbereich wird als „derived etic" bezeichnet.[11]

Dieses Ablaufmodell (vgl. Abb. 3.1) von Berry (1989) birgt verschiedene Schwierigkeiten. Zum einen enthält es eine Vermischung der erkenntnistheoretischen und der methodischen Ebene. Wenn die hier vorgestellte Explikation des Emic-Etic-Ansatzes von Berry (1989) richtig ist, dann bezieht sich diese Unterscheidung zunächst auf die erkenntnistheoretische Ebene. Wenn man die Position des Emic-Ansatzes einnimmt, dann folgt daraus im Prinzip eine Ablehnung kulturvergleichender Forschung, da die jeweiligen Mechanismen menschlicher Handlungsmuster nur in der jeweils untersuchten Kultur gefunden und beschrieben bzw. verstanden werden können. Was Berry (1989) in seinem Ablaufschema aber beschreibt, ist eher auf der methodischen Ebene angesiedelt. Es geht ihm darum, zu zeigen, wie man von einer kritisch-rationalen Wissenschaftsauffassung ausgehend, Theorien entwickeln und testen kann, die sich auf der empirischen Ebene in den einzelnen untersuchten Kulturen unterschiedlich äußern, auf einer konzeptionellen Ebene aber identisch sind.

Was bei Berry (1989) als Emic-Ansatz bezeichnet wird, ist eigentlich der Versuch, auf methodischer Ebene, zu einer funktional äquivalenten Messung eines als universell gültig angenommenen Konzeptes zu kommen.[12].

Diese kurzen Hinweise sollten genügen, um einige Probleme der Emic-Etic-Debatte anzureißen. Im Grunde genommen sollte man dem Vorschlag von Jahoda

---

[11] Allerdings haben Öngel und Smith (1994) in einer Inhaltsanalyse von 721 Artikeln, die in den ersten 24 Jahren im „Journal of Cross-Cultural Psychology" veröffentlicht wurden, festgestellt, dass nur sieben Artikel explizit dem „derived etic" Ansatz gefolgt sind.

[12] Einen weiteren Vorschlag zur Integration des Emic- und des Etic-Ansatzes wird von Helfrich (1999) vorgelegt (vgl. zur Diskussion dieses Ansatzes Berry 1999; Lonner 1999). Helfrich entwickelt ein triadisches Modell, dass sie als „principle of triarchic resonance" bezeichnet. „Applied as a metaphor to human beings, *resonance* here suggests that every individual has a biological ‚endowment' whose characteristics can be amplified or suppresses by external forces ... The external forces can be described as the totality of experiences to which the individual has been exposed. Categorized in a simplified manner, the exponents of these experiences are the situational demands or *task* and the traditional ... patterns, that is, the *culture*" (Helfrich 1999: 138 f.). "The principle of triarchic resonance provides a universal framework for studying cultural variability. In this sense, it is an etic approach. Yet, in order to explain an observed behavior as a product of the interaction between culture, individual and task, both etic and emic approaches are needed. The comparisons require an etic view but the comparability can only be assured through incorporation of the emic view" (Helfrich 1999: 143).

(1977, 1983) folgen und die Emic-Etic Unterscheidung fallen lassen, da sie mehr Verwirrung als Klarheit stiftet. Jahoda (1977, 1983) kann zeigen, dass die Begriffe Emic und Etic in der Kulturanthropologie als übergeordnete Forschungsorientierungen („research orientations") aufgefasst werden, während in der „crosscultural psychology" das Interesse primär auf die Messung von Variablen und der Erfassung der Zusammenhänge dieser Variablen ausgerichtet ist. Forschungsorientierungen mit den gleichen Begriffen zu belegen, die für unterschiedliche Typen von Variablen benutzt werden, stiftet Verwirrung. Jahoda (1977, 1983) ist der Auffassung, dass auf einer empirischen Ebene die Unterscheidung zwischen kulturimmanentem Ansatz („culturespecific") und kulturübergreifendem Ansatz („universal") vollkommen ausreicht und keine zusätzlichen und unnötigen Konnotationen mit sich trägt. Leider hat sich dieser Vorschlag in der „scientific community" (bisher noch) nicht durchgesetzt.[13].

Während in der Phase der institutionellen Etablierung der „cross-cultural psychology" kulturübergreifende Ansätze dominant waren, gibt es in jüngster Zeit vermehrt Ansätze, die den kulturimmanenten Ansatz bevorzugen, und unter dem Namen „cultural psychology" mittlerweile auch einen festen Bestandteil von Lehrbüchern darstellen (vgl. z. B. Berry et al. 1997 und darin das Kapitel von Greenfield 1997). Zudem wird der in der kulturvergleichenden Psychologie vorherrschende Kulturbegriff als anachronistischer Begriff kritisiert und der Versuch unternommen, einen zeitgemäßen Kulturbegriff für die Psychologie zu etablieren (vgl. Straub 2003).

3.4.1 Cross-cultural psychology, cultural psychology und indigenous psychology

Eine zunehmende Bedeutung in der Debatte um die Möglichkeiten des Kulturvergleichs in der Psychologie erlangen Ansätze, die eine stärker kontextbezogene Sichtweise in der kulturvergleichenden Psychologie favorisieren, aber nicht prinzipiell eine Vergleichbarkeit infrage stellen (Kim et al. 2006).

---

[13] Insofern ist Stein Rokkan zuzustimmen, der mit Bezug auf die von ihm eingeführten terminologischen Unterscheidungen „cross-cultural" (interkulturell), „cross-societal" (intergesellschaftlich) und „cross-national" (international) ausführte: „Letztlich werden die wissenschaftlichen Handbücher über die konkurrierenden Konventionen des Dialogs entscheiden" (Rokkan 1970: 27). Für die quantitative Soziologie scheint sich der Begriff der international vergleichenden Forschung (Cross-National Comparative Research) durchgesetzt zu haben (siehe Andreß et al. 2019).

3.4 Psychologie

Sozialwissenschaftliche Forschung war und ist bis heute von den Forschungstraditionen der westlichen Industrieländer und insbesondere der US-amerikanischen Forschung geprägt. Konzepte und Theorien werden dabei zumeist mehr oder weniger unreflektiert auf andere Nationen und Kontexte übertragen. Ab den 1970er Jahren wurde diese Vorgehensweise in der Psychologie zunehmend kritisiert und es wurden Bestrebungen nach sogenannten „indigenous psychologies" laut (Chakkarath 2012). Hauptanliegen war der im Prinzip schon alte Vorwurf, dass kulturspezifische Aspekte trotz einer Reflektion der Problematik in der westlichen scientific community durch die vorherrschenden ethnozentrischen Vorgehensweisen weiterhin systematisch ausgeblendet werden. Dies geschieht nicht nur durch ein „imperialistisches Verhalten" der westlichen Forschung, sondern und dies ist einer der wichtigsten Ansatzpunkte der „indigenous psychologies" – auch durch die starke Orientierung der je einheimischen Wissenschafter der nicht-westlichen Länder an den USA. Mit deutlichen Parallelen zur Auseinandersetzung um nomothetische oder idiografische Herangehensweisen in den gesamten Sozialwissenschaften, hat sich in den letzten 20 Jahren in der Psychologie eine kontroverse Debatte über den Stellenwert der Kultur in der vergleichenden Forschung entwickelt, in der sich eine eher universalistisch orientierte cross-cultural psychology und eine relativistisch orientierte cultural psychology gegenüberstanden. Neuerdings wird zunehmend versucht, beide Perspektiven zu integrieren (Sinha 1997; Chakkarath 2005). Aus integrativer Perspektive wird der Nutzen konkurrierender indigener Theorien und Hypothesen für die Weiterentwicklung universeller Theoriegebäude hervorgehoben. Dabei werden die US-amerikanischen Konzepte ebenfalls als indigene Ansätze aufgefasst. Indigene Perspektiven können zu valideren Interpretationen vorhandener, eventuell paradoxer, Forschungsergebnisse führen und universellen Konzepten eine breitere Basis verleihen. Chakkarath (2005) zeigt dies am Beispiel Indiens. Hofstede (2001) klassifiziert Indien in seiner Studie als das individualistischste Land Asiens. Chakkarath (2005) bezweifelt die Validität dieser Aussage, er zeigt, dass hier eine differenzierte Analyse nötig ist, die den kulturellen und religiösen Hintergrund einer hinduistisch geprägten Gesellschaft berücksichtigt. Auf einer motivationalen Ebene ist es das Ziel eines Hindu, im fortgeschrittenen Lebensverlauf weltliche Beziehungen aufzugeben, sich zu distanzieren und sich in Meditation zurückzuziehen, mit dem Ziel der Befreiung von der Wiedergeburt. Dieser Lebensphase geht im Lebensverlauf ein Abschnitt voran, in dem der Erfüllung sozialer Verpflichtungen besondere Bedeutung zukommt. Auf der Verhaltensebene bleibt zeitlebens eine starke Eigengruppenorientierung bestehen. Ähnliche Passungsprobleme identifiziert Chakkarath (2005) z. B. für die Bindungstheorie. In einem hinduistisch geprägten Land haben die Mütter andere subjektive Theorien über die kindliche Entwicklung als dies im Westen der Fall ist. Die Kindheit spielt in dem hinduistisch geprägten Entwicklungsmodell im Gegensatz zum Modell der Bindungstheorie eine untergeordnete Rolle. Die intellektuelle und kognitive Entwicklung beginnt in dieser Konzeption erst mit der Schulfähigkeit. Zudem wird „detachment" und Distanz weniger negativ bewertet und im späteren Lebensverlauf als wichtige Rahmenbedingung für die geistige Befreiung verstanden. Vor diesem kulturellen Hintergrund zeigen sich die frühen Mutter-Kind-Beziehungen in anderen Formen als in westlichen Ländern.

Um den Grad von „indigenization" quantitativ zu erfassen, haben verschiedene Autoren Forschungspublikationen nach dem Ausmaß indigener Inhalte analysiert. Sinha (1997) zeigt anhand einer Durchsicht indischer Forschungsjournals, dass es sich bei dem Großteil der Publikationen um Replikationen westlicher Studien handelt. Im Gegenzug werden aber die Befunde der indischen Psychologie, auch wenn sie in englischer Sprache publiziert wurden, in den USA nahezu überhaupt nicht wahrgenommen. Öngel und Smith (1999) finden ähnliches für die Türkei. Als Beispiel vorhandener „indigenization" nennen sie Russland. Dort wurde „indigenization" bereits in Sowjetzeiten quasi aus ideologischen Gründen betrieben. Smith und Bond (1998) kommen bei einer Analyse des Journal of Cross-cultural psychology über einen Zeitraum von 24 Jahren zu dem ernüchternden Ergebnis, dass nur sieben Artikel mit kulturspezifischen indigenen Methoden und Instrumenten gearbeitet haben. Auch die verwendeten Theorien stammen zu einem Großteil aus den USA. Dennoch ist in den letzten Jahren eine zunehmende Sensibilisierung für das Thema festzustellen (vgl. auch die homepage der Task Force on Indigenous Psychology).

Inzwischen liegen verschiedene Positionen zur Frage der Indigenization vor, die hinsichtlich ihrer wissenschaftstheoretischen Grundlagen sehr unterschiedlich sind und vom Universalismus bis zum Kulturrelativismus reichen. Sinha (1997) vertritt eine eher gemäßigte universalistische Position und definiert indigenous psychology wie folgt: „Indigenous psychology refers to a psychology that is generated and develops in a particular culture and utilizes its collective creations, constructs, and categories ... (Indigenization) refers to a process of the transformation of the imported elements of modern psychology to make them appropriate to the sociocultural setting" (Sinha 1997). Enriquez (1987) unterscheidet „indigenization from within" und „indigenization from without", womit er zwei unterschiedliche Vorgehensweisen meint. Zum einen die Entwicklung von Theorien und Methoden originär aus dem jeweiligen kulturellen Kontext (within) und zum anderen die Möglichkeit importierte Konzepte und Methoden an den kulturellen Kontext anzupassen und zu modifizieren. Allerdings sehen viele

3.4 Psychologie

Vertreter der indigenous psychologies die without-Strategie als Form der Kolonialisierung (vgl. Enriquez 1987), auch wenn eine gewisse Sensibilisierung für kulturspezifische Aspekte vorliegt. Kim (1990) hält allein einen cross-indigenous approach, also den Vergleich von Ergebnissen, die durch indigenization from within gewonnen wurden, für einen fruchtbaren Ansatz, um universelle Sachverhalte zu erforschen. Das Auffinden universeller Sachverhalte liegt damit auch im Fokus indigener Strategien, allerdings sind die Wege, um dies zu erreichen, grundsätzlich aus den Kulturen heraus zu beschreiben. Sinha (1997) bezeichnet es als ein wesentliches Missverständnis, zu glauben, indigenous psychology sei immer verbunden mit einer kulturrelativistischen Position. Er sieht im Gegenteil, in der Entdeckung universeller Prinzipien ein Hauptziel der indigenous psychology. Die indigenous psychology kritisiert Ansätze, die die Universalität von Zusammenhängen auf der Basis einseitiger, meist westlicher Forschungsansätze behauptet. Während eine sehr strikte Haltung einer reinen „within indigenization" durchaus mit kulturrelativistischen Positionen verbunden sein kann, finden sich in der Literatur auch weichere Positionen bis hin zu einer problemorientierten Form der Mischung von „within" und „without" Strategien, die mit einem universalistischen Wissenschaftsverständnis vereinbar sind, wobei der Austausch von Wissenselementen keine Einbahnstraße sein darf (Cheung et al. 2011, 2013; Fetvadjiev et al. 2021).

Sinha (1997) unterscheidet verschiedene Ebenen von indigenization:

1. structural
2. substantive or content-indigenization – method indigenization
3. theoretical or conceptional indigenization

Die Form der content indigenization findet sich im aktuellen Forschungskontext bereits häufiger. So kann etwa in dem Beispiel von Chakkarath (2005) die Neu-Interpretation der Ergebnisse von Hofstede zu Modifikationen der Theorie führen. Ähnlich kann das Auffinden von ergänzenden Persönlichkeitsfaktoren in asiatischen Kulturen von Cheung et al. (2001; Cheung und Cheung 2003) zu einer Differenzierung der Theorie der Big Five führen. Die Vorgehensweisen entsprechen der Strategie der „imposed etics" die bereits Berry vorgeschlagen hat (Berry 1989). Empirische Beispiele für eine conceptual indigenization finden sich in der Literatur jedoch selten.

In jüngerer Zeit gibt es zunehmend Ansätze, die die Gegenüberstellung von universellen und kulturspezifischen Perspektiven überwinden wollen, um die Validität kulturvergleichender Forschung zu verbessern:

„For a long time, a major distinction in the field was between universality and cultural specificity, widely referred to with the terms "etic" and "emic" (e.g. Berry 1989) and associated with quantitative and qualitative research methods. These now tend to be seen not as mutually exclusive, but as complementary (e.g. Reichardt und Rallis 1994). There is an increasing advocacy for mixed methods (e.g. Creswell 2009) and "consilience" (Leung und Van de Vijver 2008) as a strategy to strengthen the validity of cross-cultural inferences. This implies that findings are more convincing when they are based on diverse sources of data and different research methods, provided the research is designed with a view to explicit refutation of alternative interpretations (Berry et al. 2011)" (Fischer und Poortinga 2018: 703).

3.5 Fazit

Die bisherige Darstellung hat die am Anfang des Kapitels vorgestellte Einschätzung von Stein Rokkan (1970) unterstützt. Die Auseinandersetzung mit der Frage nach der richtigen epistemologischen, methodologischen und methodischen Vorgehensweise kulturvergleichender Forschung wurde und wird in den hier berücksichtigten wissenschaftlichen Disziplinen vornehmlich durch zwei Unterscheidungen angeleitet: dem Ansatz einer kulturspezifischen Betrachtungsweise und dem Ansatz einer kulturübergreifenden Betrachtungsweise. In der Diskussion werden je nach Disziplin unterschiedliche Begrifflichkeiten verwendet (vgl. Tab. 3.2) und zum Teil auch methodologische und methodische Aspekte vermischt. Um die Unterschiede zwischen den beiden Positionen und um die Verbindungen zu einer allgemeineren Debatte über das Verständnis wissenschaftlichen Arbeitens herzustellen, wird auf die in diesem Kapitel schon angesprochene Unterscheidung zwischen der idiografischen und der nomothetischen Forschungsperspektive (Seipel und Rippl 2013) angeknüpft.[14]

---

[14] Diese Unterscheidung geht auf den Philosophen Windelband (1915) zurück. „So dürfen wir sagen: Die Erfahrungswissenschaften suchen in der Erkenntnis des Wirklichen entweder das Allgemeine in der Form des Naturgesetzes oder das Einzelne in der geschichtlich bestimmten Gestalt; sie betrachten zu einem Teil die immer sich gleichbleibende Form, zum anderen Teil den einmaligen, in sich bestimmten Inhalt des wirklichen Geschehens. Die einen sind Gesetzeswissenschaften, die anderen Ereigniswissenschaften; jene lehren was immer ist, diese was einmal war. Das wissenschaftliche Denken ist – wenn man neue Kunstausdrücke bilden darf – in dem einen Falle nomothetisch, in dem anderen idiografisch. Wollen wir uns an die gewohnten Ausdrücke halten, so dürfen wir ferner in diesem Sinne von dem Gegensatz naturwissenschaftlicher und historischer Disziplinen reden, ..." (Windelband 1915: 145).

3.5 Fazit

Tab. 3.2 Konzepte und Bezeichnungen beider Varianten kulturvergleichender Forschung

Bezugsebene	Kulturimmanenter Ansatz	Kulturübergreifender Ansatz
Wissenschaftstheorie	Konstruktivismus Relativismus	Kritischer Rationalismus Universalismus
Erkenntnismodus	Idiografisch Verstehen: Rekonstruktion 2. Ordnung Methodologischer Situationalismus Emic	Nomothetisch Erklären: deduktiv-nomologisches Modell Methodologischer Individualismus Etic
Forschungslogik	Theoriegenerierend und Entwicklung von Typologien	Theorietest
Schlussverfahren	Induktiv und abduktiv	Deduktiv
Methoden/Instrumente	Un- und teil-standardisiert	Standardisiert
Vergleichsobjekte: was ist der Fall?	Transnationale Räume Methodologischer Kosmopolitismus	Ländervergleich Methodologischer Nationalismus
Gemeinsamkeit	Analyse des Zusammenspiels und der Verschränkung von Makro-, Meso- und Mikroebene	

Der kulturimmanente Ansatz knüpft dabei an die deskriptive idiografische Tradition an, in der von der Einzigartigkeit und der nur über die angemessene Berücksichtigung der spezifischen kulturellen Settings beschreibbaren Handlungsmuster ausgegangen wird. Im nomothetischen Ansatz, wird ebenso wie im kulturübergreifenden Ansatz davon ausgegangen, dass das Ziel wissenschaftlichen Arbeitens darin besteht, allgemeingültige und kausale Erklärungen zu entwickeln. Diese Unterscheidung kann bis auf die erkenntnistheoretischen Grundposition verfolgt werden, denn mit der Entscheidung für eine bestimmte Position, verbinden sich in der Regel auch Vorlieben der Forscher für bestimmte methodologische und methodische Vorgehensweisen. So lässt sich konstatieren, dass Forscher, die den kritischen Rationalismus als erkenntnistheoretisches Programm wählen, sich vorwiegend am nomothetischen Ansatz orientierten, während Forscher, die

---

Patzelt weist auf die folgende wichtige begriffliche Unterscheidung hin: „Der in der Literatur statt „Idiographie" oder „idiografisch" leider bisweilen verwendete Begriff „Ideografie" oder „ideografisch" wird oft mit jenem ersteren verwechselt. Letzterer meint die Beschreibung von Ideen, nicht von Falleigentümlichkeiten" (Patzelt 2005: 19).

eine Variante des (Sozial)-Konstruktivismus als erkenntnistheoretische Position wählen, in der Regel den idiografischen Ansatz wählen.

Welche Konsequenzen ergeben sich nun, wenn man auf einer erkenntnistheoretischen Ebene entweder mit einer relativistischen Position (dem kulturimmanenten Ansatz) oder mit einer naturalistischen Position (dem kulturübergreifenden Ansatz) kulturvergleichende Forschung betreibt? Eine Reflektion über die eigene Rolle als Forscher im Forschungskontext gehört heute zur Grundhaltung jedes Wissenschaftlers. Das Ethnozentrismusproblem ist damit zwar nicht gelöst, aber zumindest erkannt und es wird in beiden Wissenschaftstraditionen ein Umgang damit gefunden. Die Wissenschaftler unterscheidet ihr Umgang mit Differenz. Cappai (2005) unterscheidet drei Formen des Umgangs mit Differenz. Wenn man die oben genannten Positionen als Extreme eines Kontinuums sieht, gibt es offenbar Wege dazwischen.

1. Im Kontext eines kritisch-rationalen Umgangs mit Differenz wird die Differenz als Ergebnis von Vergleichen als sekundäres Element gesehen, da sie keinen Anschluss für Generalisierungen bietet. Differenz wird als Idiosynkrasie oder Falsifikation gesehen. Die Differenz kann auf höherer Ebene auch ein spezieller Aspekt von Regelmäßigkeit sein (Przeworski und Teune 1970; Kohn 1996). Dann muss die Abweichung im Rahmen einer allgemeinen Theorie als Folge einer Spezifik der Gesellschaft verstanden werden, wobei diese Spezifik keine Idiosynkrasie der jeweiligen Gesellschaft darstellt, sondern eine Ausprägung einer theoretisch gefassten Kontextvariable. Abweichungen werden wieder zu Ähnlichkeiten, wenn Gesellschaften mit ähnlichem Kontext betrachtet würden. So erfüllen unterschiedliche Familienformen an ihren Kontext angepasste Versorgungsfunktionen (Großfamilie in der Türkei und die Kleinfamilie in Deutschland). Die spezielle Form der Familie ist kontextbedingt, die soziale Tatsache der Familie lässt sich aber theoretisch durch ihre äquivalente Funktion wieder in eine allgemeine Theorie einordnen. Hier findet sich auf der Theorieebene und zumeist auch auf der Methodenebene eine verallgemeinernde Herangehensweise. Vertreter dieser Sichtweise verwenden überwiegend quantitative Forschungsansätze.
2. Bei der zweiten Form des Umgangs mit Differenz wird die Gleichrangigkeit von Unterschieden und von Ähnlichkeiten betont. Dies ähnelt der Position der Anthropologie. Hier finden sich Positionen, die auf theoretischer Ebene von Universalien ausgehen, die aber in ihrer ganz unterschiedlichen Ausprägung nur im Kontext der jeweiligen Kultur erfasst werden können. Es dominiert eine ganzheitliche Vorgehensweise. Methodisch dominieren qualitative und ethnografische Zugänge.

3.5 Fazit

3. Im Rahmen der dritten Position wird die Feststellung von Differenz zum autonomen Forschungsziel. Eine extreme Variante dieser Position ist der radikale Kulturrelativismus oder radikaler Skeptizismus. Eine Vergleichbarkeit ist nicht mehr gegeben. Selbst auf der Theorieebene wird nicht von Ähnlichkeiten ausgegangen. Es fehlt jegliche Basis des Vergleichs. Auch hier dominieren qualitative und ethnografische Zugänge.

Zunächst einmal erscheint es so, dass für Forscher die eine strikt relativistische Position einnehmen – im Sinne von Cappai (2005), Kulturvergleiche per se ausgeschlossen sind.

Wichtige Vertreter des Kulturrelativismus sind Franz Boas (1858–1952), sowie die Schülerinnen von Boas: Margaret Mead (1901–1978) und Ruth Benedict (1887–1948). Franz Boas (1896) formulierte diese Position schon sehr früh und prägnant: Kulturen können nur aus sich heraus als singuläre Ganzheiten verstanden werden. Damit wird die Möglichkeit des Fremdverstehens negiert und der Suche nach Universalien oder nach funktionalen Äquivalenzen eine Absage erteilt (vgl. Nauck und Schönpflug 1997: 9). Denkt man Boas (1896) konsequent zu Ende, dann scheint es so, dass jede Kultur sich jeweils nur selbst verstehen kann bzw., dass eigentlich nur die Mitglieder der jeweiligen Kultur diese Kompetenz haben.

Zieht man die neueren sozialwissenschaftlichen Debatten über Kultur heran (vgl. Beck und Grande 2010; Featherstone 1995; Reckwitz 2008; Srubar et al. 2005; Straub 2003), dann lässt sich jedoch auch dieser Ansatz nicht mehr aufrechterhalten. Wenn es stimmt, dass es auch in durch nationale Grenzen bestimmbaren Territorien unterschiedlichste kulturelle Selbstdarstellungen und -praktiken gibt, dann wären diese im Sinne von Boas (1896) auch nicht versteh- und beschreibbar. Zwar sind die zum Verstehen bereitwilligen Akteure Mitglieder des national begrenzten Territoriums, aber gleichsam auch Fremde in den Sinnprovinzen, zu denen sie dann eigentlich keinen Zugang haben, sich ihn aber wünschen. Eine solche Zuspitzung wird in der aktuellen Debatte nicht geteilt. Vielmehr gehen Forscher, die die Verfremdung der eigenen Kultur (Amann und Hirschauer 1997) oder der sozialwissenschaftlichen Hermeneutik (Soeffner 2000, 2003) nahestehen, sehr wohl von der Möglichkeit des Fremdverstehens aus und wenden diese Methode auch in sozialwissenschaftlichen (interkulturellen) Studien an (vgl. Schittenhelm 2005; Honer 2000; Berg-Schlosser 2005, vgl. auch die Beiträge in Baur et al. 2021). Forscher, die eine universalistische Position einnehmen, gehen davon aus, dass Kulturvergleiche unter Berücksichtigung methodologischer und methodischer Regeln durchgeführt werden können.

Als Forscher steht man nun vor der Frage, welche Position man einnehmen sollte. Um sich für eine Position zu entscheiden, ist es sinnvoll sich mit den Gemeinsamkeiten und den Unterschieden der beiden Positionen auseinander zu setzten. Gemeinsam ist beiden Auffassungen, dass sie den erkenntnistheoretischen Fundamentalismus, den die Positivisten pflegen, nicht teilen. Sowohl Relativisten wie auch Universalisten sind danach der Auffassung, dass es keinen privilegierten Zugang zur Welt geben kann, der über die Beobachtung Theorien als wahr auszeichnen kann. Zudem können beide Positionen nicht bewiesen werden, da sie selbst auf metaphysischen Annahmen basieren (vgl. Mitterer 1999). Weiterhin wird eine Generalisierung der gefundenen Ergebnisse sowohl bei dem kulturimmanenten Ansatz wie bei dem kulturübergreifenden Ansatz angestrebt. Nur die Reichweite der Generalisierung ist unterschiedlich: im kulturimmanenten Ansatz wird auf der Grundlage der in einer Stichprobe gefundenen Ergebnisse auf die Verhältnisse vor Ort geschlossen (also auf nicht untersuchte Personen ähnlichen Alters, die ähnliche Lebensgewohnheiten, Normen, Werte und Handlungsvollzüge aufweisen), während beim kulturübergreifenden Ansatz das Ziel verfolgt wird, über die an einem bestimmten Ort und in einer bestimmten Kultur gefundenen Ergebnisse hinauszugehen und universell gültige Theorien zu entwickeln, die für die anderen nicht untersuchten Kulturen auch Gültigkeit beanspruchen. Der kulturimmanente Ansatz beschränkt sich in der Generalisierung der Ergebnisse auf die lokale Ebene, während der kulturübergreifende Ansatz global generalisiert.

Trotz dieser Gemeinsamkeiten gibt es Argumente die gegen die Einnahme einer relativistischen Position sprechen. Erstens ist bisher noch nicht schlüssig dargelegt worden, „warum Eigenverstehen a priori zu gültigeren Erkenntnissen führt als Fremdverstehen" (Nauck und Schönpflug 1997: 10). Ebenso ist nicht wirklich überzeugend zu Ende gedacht, warum Fremdverstehen unmöglich sein soll. Dem Wissenschaftler stehen viele Methoden offen, andere Milieus und ebenso auch andere Kulturen zu rekonstruieren.

Zweitens verfangen sich Anhänger des Kulturrelativismus im relativistischen Selbstwiderspruch (vgl. Schofer 2000: 711), und zwar dadurch, dass die Selbstanwendung den Anspruch des Kulturrelativismus ad absurdum führt. Wenn alles Wissen kontextbezogen ist, dann gilt dies auch für die Position des Relativisten. Deshalb kann er für die eigene Position auch nur den Anspruch auf kontextgebundene relative Gültigkeit erheben und somit für diese Position keinen privilegierten Status und eine absolute Sondergültigkeit reklamieren. Der Relativist muss den Anspruch der Allgemeingültigkeit (also der universell gültigen Theorie des Relativismus) von seinen eigenen Prinzipien her verneinen.

Drittens erlaubt es die vergleichende Methode, zu Erkenntnisfortschritten zu gelangen und nicht in der Beschreibung idiosynkratischer Aspekte einzelner

3.5 Fazit

Kulturen zu verharren. Insbesondere qualitative Forschungsmethoden wie die Feldforschung unterliegen der Gefahr, nicht repräsentative Momentaufnahmen als Beschreibungen einer Kultur zu verallgemeinern.

Vielleicht kann man sich abschließend der bereits dargelegten Position von Jan van Deth (2013) anschließen, und schlussfolgern, dass die Schwierigkeiten des Kulturvergleichs es erfordern, in vergleichenden Studien die Grenzen zwischen qualitativer und quantitativer Forschung zu überschreiten. Damit sind Strategien verbunden wie sie etwa in der neueren Diskussion um „Indigenization" propagiert werden.

Auf der Grundlage dieser Ausführungen, nehmen die Verfasserin und der Verfasser dieses Buches eine kritisch-rationale Position ein. Gleichwohl verbietet sich eine naive Vorstellung von einer unproblematischen Möglichkeit des Kulturvergleichs – darauf werden wir in den folgenden Kapiteln immer wieder hinweisen.

Kontrollfragen

- *Was versteht man unter Kulturrelativismus und welche Antwort gibt diese Sichtweise auf das Problem des Ethnozentrismus im Prozess des Fremdverstehens?*
- *Welche Hauptunterschiede trennen kulturrelativistische und universalistisch orientierte Forschungsperspektiven?*
- *Inwieweit löst das „derived etic"-Modell von Berry das Problem des Ethnozentrismus in Rahmen universalistisch orientierter Forschungsansätze und welche Probleme bleiben bestehen?*
- *Sind aus der Sicht des Kulturrelativismus überhaupt sinnvolle Kulturvergleiche denkbar?*
- *Welche Ziele verfolgen Forscher im Kontext des kulturrelativistischen bzw. universalistischen Paradigmas, wenn sie fremde Kulturen beforschen?*

Literatur zur Vertiefung und zum Weiterlesen

Aschauer, W. (2021). The Re-Figuration of Spaces and Comparative Sociology: Potential New Directions for Quantitative Research [61 paragraphs]. Forum Qualitative Sozialforschung/Forum: Qualitative Social Research, 22(2), Art. 21.

Cappai, G. (2010). Die unbewältigten Aufgaben der Kulturforschung. Ein handlungstheoretischer Aufriss. S. 11–38 in: Cappai, G./Shimada, S./Straub, J. (Hg.), Interpretative Sozialforschung und Kulturanalyse. Hermeneutik und die komparative Analyse kulturellen Handelns Bielefeld: transcript.

Kruse, J./Schmieder, C. (2012): In fremden Gewässern. Ein integratives Basisverfahren als sensibilisierendes Programm für rekonstruktive Analyseprozesse im Kontext fremder Sprachen. S. 248–295 in: Kruse, J. et al. (Hg.): Qualitative Interviewforschung in und mit fremden Sprachen. Weinheim: Juventa.

Kroneberg, C. (2019). Theory Development in Comparative Social Research. S. 29–51 in Andreß, H. J./Fetchenhauer, D./Meulemann, H (Hg.): Cross-national comparative research. Kölner Zeitschrift für Soziologie und Sozialpsychologie, Sonderheft 59. Wiesbaden: Springer.

Seipel C./Rippl, S. (2013): Grundlegende Probleme des empirischen Kulturvergleichs. Ein problemorientierter Überblick über aktuelle Diskussionen. Berliner Journal für Soziologie 23: 257–286.

Ziele und Ablauf kulturvergleichender Studien 4

Der vorliegende Band konzentriert sich auf kulturvergleichende Forschung, die ihr empirisches Material primär durch standardisierte Befragungsverfahren erhebt und auf einen mentalistischen und subjektorientierten Kulturbegriff rekurriert (vgl. Kap. 2). Dementsprechend konzentriert sich die folgende Darstellung auf standardisierte Befragungsmethoden und ihre Probleme. Zudem folgt der Band dem Wissenschaftsverständnis der erklärenden Sozialwissenschaften. Die wissenschaftstheoretischen Grundlagen dieser Position wurden in Kap. 3 bereits dargelegt. So konzentrieren wir uns auf quantitative Befragungsverfahren. Das nun folgende Kapitel gibt einen Überblick über den Ablauf und die Probleme eines kulturvergleichenden Forschungsprojektes. Dabei wird das zentrale Problem solcher Studien, nämlich die Frage der Vergleichbarkeit bzw. der Äquivalenz diskutiert.

In Anlehnung an, Schnell, Hill und Esser (2018: 3) lassen sich die in der Tab. 4.1 dargestellten typischen Arbeitsschritte eines empirischen Forschungsprojektes unterscheiden. Im Unterschied zu den Anforderungen monokultureller Studien, die für kulturvergleichende Studien auch gelten, ergeben sich zudem Anforderungen und Probleme, die entstehen, wenn eine Vergleichbarkeit der Studien hergestellt werden soll. „A major source of criticism directed at cross-cultural survey research, in fact, has been the uncritical adoption of the highly successful techniques developed for monocultural surveys. The simple application of this technology in cross-cultural settings usually and unfortunately makes gross assumptions regarding the equivalence of concepts and measurement" (Johnson 1998: 1).

Dieses *Postulat der Vergleichbarkeit* muss auf allen Ebenen der Durchführung einer kulturvergleichenden empirischen Studie berücksichtigt werden (Johnson und Braun 2016; He und van de Vijver 2012). Ergänzt wird das Ablaufmodell

Tab. 4.1 Ablaufmodell einer international vergleichenden Studie

Phasen	Spezielle Aufgaben
1. Auswahl des Forschungsproblems	• Welchen Einfluss hat „Kultur"? Inwieweit wird „Kultur" als differenzierende, als unabhängige oder erklärende Variable verstanden?
2. Theoriebildung/Konzeptspezifikation	• Prüfung der Äquivalenz der Theorien und Konzepte in den verschiedenen Kulturen
3. Auswahl des Erhebungsdesigns Reflektion von Vor- und Nachteilen	• a) Primärerhebung vs. b) Sekundäranalyse • Wenn a) Replikation vs. Neuentwicklung von Instrumenten • Wenn Replikation: identisch vs. modifiziert • Wenn Neuentwicklung: sequenziell (zuerst in einer Kultur) oder parallel (durch eine multikulturelle Forschergruppe) oder simultan (in den zu vergleichenden Kulturen, mit späterem matching) • Wenn b) Auswahl eines passenden Datensatzes
4. Operationalisierung	• Liegen äquivalente Messinstrumente vor? • Werden die Indikatoren gleich verstanden? • Werden andere Bedeutungen evoziert? • Übersetzungsprobleme
5. Stichprobenziehung	• Äquivalenz der Stichprobenverfahren • Äquivalenz der Feldzugänge • Unterschiedliche Coverage Probleme
6. Datenerhebung/Datenerfassung	• Äquivalenz der Rahmenbedingungen der Stichprobenziehung • Kulturspezifische Nonresponse • Unterschiedliche Forschungsinfrastruktur • Unterschiedliche Vertrautheit mit Stimulus- und Antwortvorgaben • Unterschiede in sozialer Erwünschtheit • Unterschiedliche Antwortstile • Unterschiedliche Interviewereffekte
7. Datenanalyse	• Aufdeckung von Äquivalenzproblemen • Item- und Skalenanalysen • Konstruktvalidierung im Vergleich
8. Dokumentation/Publikation	• Mehrsprachige Publikationen

einer empirischen Studie daher durch die Darstellung von Besonderheiten, die in jedem Arbeitsschritt auftreten, wenn Vergleichbarkeit angestrebt wird.

4.1 Auswahl des Forschungsproblems – Ziele

Die Auswahl eines Forschungsproblems kann auf unterschiedliche Motive zurückgehen. Im Falle der Auftragsforschung gibt der Auftraggeber seine Ziele vor. Im Bereich der rein wissenschaftlichen Forschung kann die Lösung oder Dokumentation sozialer Probleme oder die empirische Analyse theoretischer Fragestellungen im Vordergrund stehen. Da kulturvergleichende Studien besonders geeignet sind, um den Einfluss von Kontextvariablen zu überprüfen, die in den zu untersuchenden Ländern variieren, sind Fragestellungen mit Kontexthypothesen sinnvoll. Hier kann es darum gehen, die Ursachen für Unterschiede zwischen Ländern aufzuspüren oder ganz allgemein Mehrebenentheorien zu überprüfen. Im Folgenden sollen die möglichen Ziele des Kulturvergleichs anhand von Beispielen noch etwas klarer differenziert und dargestellt werden.

Es ist bisher bereits deutlich geworden, dass kulturvergleichende Studien recht unterschiedliche Ziele verfolgen können. Frühe kulturvergleichende Studien vor allem in der ersten Hälfte des letzten Jahrhunderts versuchten oft, durch eine starke Kontrastierung, durch das Aufsuchen möglichst fremder Kulturen z. B. „primitiver", vormoderner Gesellschaften, Erkenntnisse über „Selbstverständlichkeiten" der je eigenen Kultur zu gewinnen. Sehr bekannt geworden sind die Arbeiten von Margaret Mead. Sie ging unter anderem der Frage nach, inwieweit sich die geschlechtsspezifische Arbeitsteilung quasi aus einer biologischen Notwendigkeit ergibt oder kulturell überformt ist. Ein Weg dieser Frage nach zu gehen, war das Aufspüren von Gesellschaften, die wenig Berührung mit der westlichen Kultur hatten und eventuell abweichende Formen von Arbeitsteilung aufweisen. Im Rahmen ihrer kulturanthropologischen Forschungen zum Geschlechterverhältnis besuchte und untersuchte Margaret Mead in den 1920er und 1930er Jahren weitgehend unbekannte Inselvölker in der Südsee (Mead 2002). Sie lieferte erstmals empirisches Kontrastmaterial zu den Lebensformen in modernen Industriegesellschaften. Hier entsteht im Prinzip die Idee, durch die Variation des kulturellen Kontextes dessen Einfluss auf bestimmte Sachverhalte aufzuklären. Auch wenn sich in der neueren Forschung zunehmend Perspektiven durchgesetzt haben, die einem einseitigen Kulturdeterminismus widersprechen und das Individuum in Wechselwirkung mit der Kultur sehen (Bronfenbrenner 1976), werden kulturellen und materiellen Rahmenbedingungen bis heute wichtige prägende Effekte zugeschrieben.

Prinzipiell lassen sich drei wichtige Zielsetzungen kulturvergleichender Studien unterscheiden, wobei das erstgenannte, die Beschreibung von kulturellen Unterschieden häufig auch von einer eher qualitativ orientierten Forschungsperspektive verfolgt wird. Die Ziele 2 und 3 folgen hingegen klar der klassischen Ausrichtung einer am kritischen Rationalismus ausgerichteten primär quantitativ ausgerichteten empirischen Sozialforschung.

1. die Beschreibung von kulturellen Unterschieden
2. die Prüfung von Theorien zur Erklärung von Unterschieden unter Rückgriff auf kulturelle Gegebenheiten als relevante Kontexte
3. die Prüfung der universellen Gültigkeit von Theorien oder Zusammenhängen

Um diese unterschiedlichen Ziele zu illustrieren, werden im Folgenden einige Studien vorgestellt:

1. Studien mit dem Ziel der *Beschreibung kultureller Unterschiede* haben in Abgrenzung zu den Zielen 2 und 3 einen eher explorativen Charakter. In der Regel liegen theoretische Konstrukte und auch Messinstrumente vor, die zu Vergleichszwecken auf andere kulturelle Kontexte übertragen werden. So werden z. B. im World Value Survey (WVS) oder im European Value Survey (EVS) bestimmte Werthaltungskonzepte in einer Vielzahl von Ländern erhoben, um Informationen über die Ausprägung dieser Werthaltungen in verschiedensten Kontexten zu erhalten. Eine Analyse zu kulturellen Unterschieden in der europäischen Union (Religion, Familie, Geschlechtsrollen, Demokratie und Wirtschaft) im Hinblick auf die Beitrittsländer legen z. B. Gerhards (2005) oder Akaliyski (2019) vor, um den Grad der Ähnlichkeit oder der Distanz der einzelnen Länder zu den „alten" EU-Mitgliedern zu ermitteln. Inglehart und Baker (2000) benutzen unter anderem die Daten des WVS auch in explorativer Weise. Sie ordnen alle untersuchten Länder anhand der zwei Wertedimensionen (survival versus self-expression und traditional/secular versus rational) in einem Koordinatensystem und beschreiben dann mehr oder weniger induktiv kulturelle Zonen von Ähnlichkeit. Auch Kaasa und Minkov (2020) gehen mit neueren Daten des WVS der Frage nach der weltweiten Konvergenz von Werten nach. Ebenso geht es in den regelmäßigen Eurobarometererhebungen schwerpunktmäßig darum, Unterschiede der Bevölkerungen der Teilnehmerstaaten zu bestimmten Themenbereichen zu explorieren (z. B. Haltung zur EU, zum Euro, zur Einwanderung) und zu beschreiben. Auch die PISA-Studie kann in großen Teilen zu diesem Typus kultur- bzw. ländervergleichender Studien gezählt werden.

4.1 Auswahl des Forschungsproblems – Ziele

2. Ein Beispiel für eine Studie, die den Kulturvergleich verwendet um *Theorien zur Erklärung sozialer Phänomene zu formulieren* ist die „Values of Children" Studie (Hoffman und Hoffman 1973; Nauck 2014, 2021). „Kultur" soll dabei als erklärender Faktor in eine Nutzentheorie integriert werden, die es ermöglicht die Unterschiede aufzuklären. Der Ausgangspunkt der Studie ist die Frage nach der Erklärung von interkulturellen Variationen bei Fertilitätsentscheidungen. Die unterschiedlichen Familiengrößen in verschiedenen kulturellen Kontexten sind der Ausgangspunkt der Frage, inwieweit kulturelle und soziale Rahmenbedingungen hierfür eine Ursache sind. Dabei wird in neueren Arbeiten in dieser Forschungstradition (Nauck 2001) versucht, die Fertilitätsentscheidungen in verschiedenen kulturellen Kontexten unter Rückgriff auf eine Kosten-Nutzen-Theorie zu erklären, wobei der kulturelle Kontext als Opportunitätsstruktur verstanden wird. Es wird angenommen, das Kosten, Barrieren und Anreize, aber auch der Wert von Kindern je nach den spezifischen Randbedingungen in den Kulturen variieren. In einem Mehrebenenmodell (Nauck 2021) wird versucht, über Brückenhypothesen einen Zusammenhang zwischen den Rahmenbedingungen – den Opportunitätsstrukturen – und dem individuellen Entscheidungsverhalten herzustellen. Kultur erscheint als Randbedingung oder sozial-kultureller „frame" (Nauck 2001). Über die Formulierung von Brückenhypothesen (Nauck und Klaus 2007) in denen die differenziellen Nutzenbewertungen in verschiedenen kulturellen Kontexten explizit werden, kommt es zu einer „Endogenisierung von kulturellen Faktoren" (Nauck 2001: 429). Dabei werden Kosten- und Nutzenbewertungen (z. B. Arbeitsnutzen, Versicherungsnutzen, emotionaler Nutzen) von Kindern mit den unterschiedlichen kulturellen Kontexten (z. B. institutionelle Lösungen der Alterssicherung, Nutzen schulischer Ausbildung, Generationsbeziehungen und Erbschaftsregeln, Geschlechterverhältnisse, Berufstätigkeit der Frauen, Möglichkeiten für Kinderarbeit, Kinderfreundlichkeit der jeweiligen Gesellschaft) verknüpft. Durch diese Strategie ist es möglich, die Kosten-Nutzen-Theorie in den verschiedenen kulturellen Kontexten anzuwenden. Die Entscheidung für oder gegen Kinder kann somit in verschiedenen Ländern durch die kulturspezifische Variation *derselben* Determinanten erklärt werden (Nauck 2007, 2014). Diese Erklärung ist dann gelungen, wenn die Theorie unter Einbezug der kulturellen Unterschiede (in den Kosten- und Nutzenbewertungen) in der Lage ist, Fertilitätsentscheidungen in allen betrachteten Kulturen zu erklären. Wenn empirisch gesehen,

die Länderunterschiede bei Partialisierung der inhaltlichen, durch die Theorie benannten Determinanten verschwinden.[1] Der Begriff des Kulturvergleichs bezieht sich in diesem Falle auf den Einbezug aller relevanten Kontextfaktoren der Meso- und Makroebene, die die Länder unterscheiden.

3. Ein Beispiel einer Studie, die das Ziel der *Prüfung der universellen Gültigkeit* einer Theorie verfolgt, ist die Arbeit von Shalom Schwartz (Schwartz 1992; Schwartz 2017). Shalom Schwartz (2006) geht von Universalien in Inhalt und Struktur menschlicher Werthaltungen aus. Diese hat er in seinem sogenannten Circumplex-Modell menschlicher Werthaltungen dargestellt (vgl. Abb. 4.1). Zehn motivationale Werttypen bilden eine spezifische Kreisstruktur, je näher die Werte in der Kreisstruktur beieinanderstehen, desto vereinbarer sind sie (Macht – Leistung). Widersprüchliche Werte hingegen stehen sich gegenüber (z. B. Hedonismus – Tradition). Die so entstehende Kreisstruktur der zehn Werte konnte Schwartz in über 40 Ländern nachweisen (Schwartz und Sagiv 1995; Schwartz und Cieciuch 2021). Die Länder unterscheiden sich zwar in der Ausprägung verschiedener Werte, die Grundstruktur, die Beziehungen der Wertetypen zueinander, sind aber überall ähnlich.

Inglehart und Baker (2000) geht es neben einem beschreibenden Zugang in ihren Analysen der Daten des World Value Surveys auch um die Prüfung der universellen Gültigkeit von Theorien. Sie gehen davon aus, dass die ökonomische Entwicklung mit einem spezifischen Wandel in den grundlegenden Werten einer Bevölkerung verbunden ist. Sie finden in ihrer kulturvergleichenden Studie, in der sie Daten von 65 Ländern auf der Aggregatebene analysieren, tatsächlich einen relativ starken Zusammenhang zwischen dem Bruttosozialprodukt und den in der Bevölkerung verbreiteten Werthaltungen. Die Höhe des Zusammenhangs weist keineswegs auf eindeutige Bezüge hin, es finden sich auch Abweichungen. Da es sich um Querschnittsdaten handelt, ist zudem die Kausalität nicht klar zu bestimmen (vgl. auch Beugelsdijk und Welzel 2018, vgl. Abb. 4.2).

Ein weiteres Beispiel ist die Forschungsarbeit von Melvin Kohn und Kollegen (Kohn 1996), die der Frage nachgehen, inwieweit es Zusammenhänge zwischen Sozialstruktur und Persönlichkeit gibt. In ersten Studien finden sie für die USA Zusammenhänge zwischen sozialer Schichtzugehörigkeit, Autonomie am Arbeitsplatz und Werthaltungen. In vergleichenden Studien in Polen und Japan konnten die Hauptbefunde repliziert werden. Polen wurde dabei

---

[1] So könnte z. B. in einem Regressionsmodell der Einfluss der Kübel-Variable „Land" verschwinden oder zumindest sinken, wenn die unterschiedlichen Opportunitätskosten in Form der unterschiedlichen Bildungs- und Berufsmöglichkeiten von Frauen in den verglichenen Ländern berücksichtigt werden.

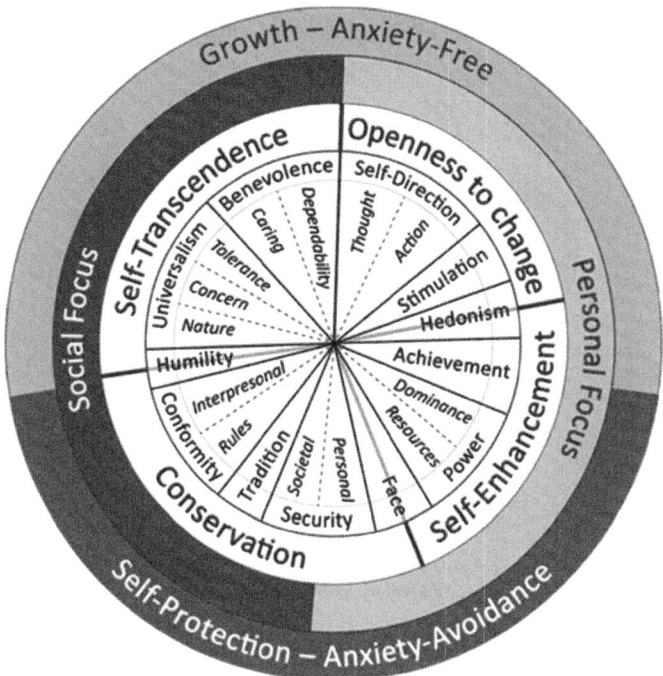

Abb. 4.1 Das Circumplex-Modell der Wertetheorie nach Schwartz (Schwartz und Cieciuch 2021: 2)

als Repräsentant eines damals sozialistischen Landes gewählt, Japan als Vertreter eines nicht-westlichen Landes. Diese Vergleiche lieferten Kohn starke Hinweise für die Verallgemeinerbarkeit seiner Theorie (vgl. Kohn 2019).

4.2 Konzeptspezifikation und Operationalisierung

Jedes dieser Ziele kann nur verfolgt werden, wenn die zu untersuchenden Gegenstände theoretisch gefasst werden. Es muss nach Theorien gesucht werden, die anwendbar erscheinen bzw. müssen die verwendeten Konzepte klar definiert werden, um sie empirischer Forschung zugänglich zu machen. Und! – im Kontext

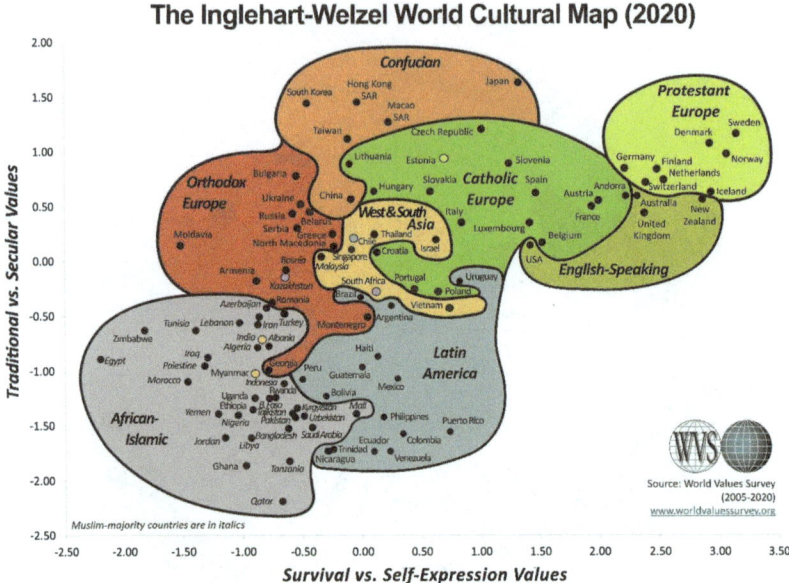

Abb. 4.2 Die Inglehart-Weltzel Weltkulturlandkarte 2020 (Quelle: https://www.worldvaluessurvey.org/photos/EV000190.JPG)

kulturvergleichender Forschung muss deren Vergleichbarkeit in den verschiedenen Kontexten gegeben sein. Insbesondere im letzten Punkt liegt die besondere Schwierigkeit des Kulturvergleichs, denn „Equivalence should be established and cannot be assumed" (van de Vijver und Leung 1997: 144).

Mit *Konzeptspezifikation* wird in der empirischen Sozialforschung die Phase des Forschungsprozesses bezeichnet, in der es zu einer theoretischen Klärung des Gegenstandsbereichs kommt. Hier geht es darum, Theorie im weitesten Sinne für den jeweiligen Gegenstandbereich brauchbar zu machen. Hierzu gehört die Spezifizierung der wesentlichen Begriffe bzw. Konzepte. Schnell, Hill und Esser (2018: 112) bezeichnen die Konzeptspezifikation als eine „spezielle Art der Nominaldefinition". *Konzepte* werden als unklare Begrifflichkeiten verstanden, die in klar definierte *Konstrukte* überführt werden müssen. Konzepte und auch Konstrukte sind Begriffe, die dem Bereich der Theorie zugeordnet sind, sie sind latent und nicht direkt erfassbar. Um diese *latenten Konstrukte* zu erfassen, müssen beobachtbare Sachverhalte zugeordnet werden. Der Prozess der *Operationalisierung*

4.2 Konzeptspezifikation und Operationalisierung

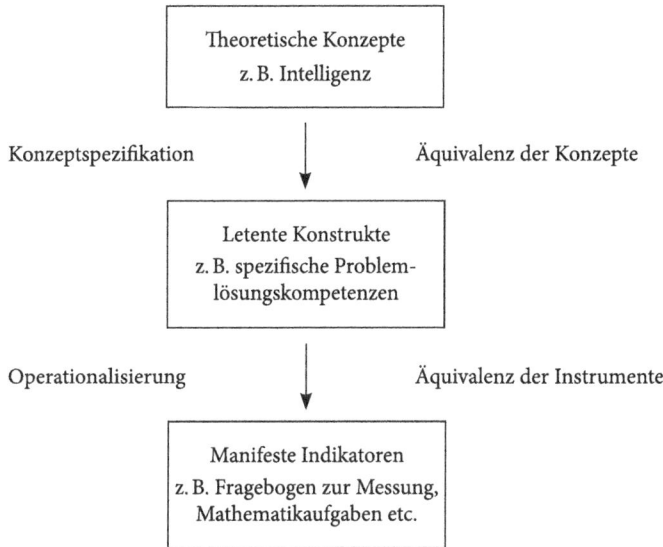

Abb. 4.3 Konzepte, Konstrukte, Indikatoren (eigene Darstellung)

bezeichnet genau diesen Prozess der Zuordnung von *manifesten (beobachtbaren) Indikatoren* zu latenten Konstrukten (vgl. Abb. 4.3).

Bereits in monokulturellen Untersuchungen sind im Rahmen dieser Prozesse der Konzeptspezifikation und Operationalisierung eine Vielzahl von Fehlerquellen zu identifizieren (vgl. Schnell et al. 2018: 111–146; Diekmann 2018: 230–302). Im Rahmen kulturvergleichender Forschung kommen hier zusätzliche Anforderungen an den Forscher hinzu, um Verzerrungen zu vermeiden. Um eine *Vergleichbarkeit* in kulturvergleichenden Studien zu gewährleisten, muss eine Äquivalenz der theoretischen Konzepte und der zugeordneten Messungen zuerst festgestellt werden. Es ist keineswegs selbstverständlich, dass theoretische Konzepte sich in allen Kulturen überhaupt wieder finden oder auch in gleicher Form messbar sind. So zeigt sich etwa, dass der Begriff der Intelligenz in afrikanischen und asiatischen Ländern häufig mit sozialen Kompetenzen und Fähigkeiten zur Lösung kollektiver Probleme verbunden wird (Mpofu 2002), wohingegen in westlichen Ländern dem Intelligenzkonzept kognitive und analytische Kompetenzen zugeordnet werden. Bei „schriftlosen" Völkern ist die Verwendung eines westlichen Intelligenzbegriffs, der auf schulisch erlernbare Kompetenzen zielt, sinnlos.

Ebenso ist es nicht selbstverständlich, dass Indikatoren in gleicher Weise funktionieren. Wenn in Intelligenztests etwa schulisch erlerntes Wissen abgefragt wird, haben jeweils länderspezifische Curricula einen Einfluss auf die Verwendbarkeit und Vergleichbarkeit von Indikatoren. Mit diesen kleinen Beispielen ist bereits das zentrale methodische Problem kulturvergleichender Forschung angesprochen, nämlich die Frage, ob gefundene Unterschiede tatsächliche Unterschiede darstellen oder die Folge einer nicht vorliegenden Äquivalenz der Konzepte oder/und der verwendeten Methoden darstellen.

Durch eine zunehmende Abstraktion ist es möglich, auf einer theoretischen Ebene funktionale Äquivalenz zu erreichen (vgl. Exkurs). Je höher das Abstraktionsniveau ist, desto schwieriger ist es dann auf der manifesten Ebene eine Vergleichbarkeit nachzuweisen, da unterschiedliche Messungen zur Erfassung eines identischen übergeordneten Konstruktes verwendet werden. Analog dazu und einfacher umzusetzen, ist der Versuch konzeptuelle Äquivalenz durch ein abnehmendes Niveau an Abstraktion zu erreichen, wenn z. B. nicht allgemeine Intelligenz, sondern „nur" kognitive Kompetenz vergleichbar erfasst wird. Hier wird die Komplexität des Konstruktes zwar verringert, aber einer äquivalenten Erfassung eventuell eher zugänglich.

Der Begriff des „Bias" ist ein Sammelbegriff für Verzerrungen durch Störfaktoren, die die Vergleichbarkeit (Äquivalenz) und damit die Validität kulturvergleichender Studien beeinträchtigen (van de Vijver und Leung 2010, 2021). Jeder „bias" vermindert das erreichte Niveau an Äquivalenz.

> **Exkurs: Kann man Äpfel und Birnen vergleichen?**
> Vergleiche können nur sinnvoll sein, wenn man auf einer übergeordneten Ebene von theoretischen Konstrukten ausgeht, die kulturübergreifende Gültigkeit haben. Wenn Äpfel mit Birnen verglichen werden, sind die Ergebnisse solcher Vergleiche nicht haltbar, sie stellen Artefakte einer fehlenden Äquivalenz dar. Auf den ersten Blick stimmt diese Behauptung, doch der zweite Blick offenbart die Schwierigkeit des Kulturvergleichs. Sind Äpfel und Birnen vergleichbar? Ja, nämlich dann, wenn sie einer übergeordneten Ebene bzw. Funktion zugeordnet werden können, die in den zu vergleichenden Kulturen dieselbe ist. Äpfel und Birnen können somit *funktionale Äquivalente* sein. Äpfel und Birnen sind Lebensmittel und sie dienen der Versorgung des Grundbedürfnisses nach Nahrung. Vergleichbarkeit ist kein a priori Merkmal bestimmter Sachverhalte, sondern muss immer in

4.2 Konzeptspezifikation und Operationalisierung

> Relation zur Fragestellung und zum jeweiligen Kontext festgestellt werden. Im Kontext von Fragestellungen in denen es um andere Sachverhalte geht, ist die funktionale Äquivalenz von Äpfeln und Birnen vielleicht nicht gegeben. Oftmals ist die Frage nach der Vergleichbarkeit eine Frage der Abstraktionsebene.

Berry (1980) nennt zwei Wege um konzeptuelle bzw. funktionale Äquivalenz zu demonstrieren. Zum einen kann auf theoretisch plausibilisierte Universalien zurückgegriffen werden. Hier bezieht man sich auf theoretische Überlegungen, die das Auftreten bestimmter grundlegender Elemente oder Prozesse des menschlichen Lebens ableiten. Im Kontext der Biologie oder Soziologie könnte man sich hier etwa auf menschliche Grundbedürfnisse (nach Nahrung, nach sozialer Anerkennung) oder Fähigkeiten (Sprache, Werkzeuggebrauch) beziehen, die unabhängig von der Lebenswelt jeden Menschen auszeichnen. Solche Universalien können sich aber auch auf funktionale Grundlagen sozialen Lebens (wie Sozialisation oder Rollendifferenzierung) beziehen. Zum anderen kann die Begründung aber auch empirisch induktiv stattfinden, wenn etwa die Äquivalenz von Konzepten in verschiedenen Samples gezeigt werden kann, wie das z. B bei dem bereits erwähnten Wertemodell von Schwartz (2017) der Fall ist. Shalom Schwartz fand im Rahmen seiner empirischen Analysen in über 40 Ländern eine identische Wertestruktur, die seinem theoretischen Modell entspricht (Schwartz und Sagiv 1995). So können allgemeine Universalien und Konzepte spezifiziert werden. Deren empirische Erfassung ist dabei keineswegs unproblematisch. So kann das Konstrukt der sozialen Anerkennung zwar universelle Geltung haben, es kann sich aber in unterschiedlichen Kulturen in unterschiedlichen Handlungen äußern.

▶ **Definition: Identität, Äquivalenz und funktionale Äquivalenz**

- Äquivalenz ist genau genommen die Voraussetzung für Vergleichbarkeit. Aber Vergleichbarkeit wird offenbar nicht bereits dadurch erreicht, dass scheinbar identische Messinstrumente für ein scheinbar identisches theoretisches Konzept eingesetzt werden. Jan van Deth (2013) beschreibt die Problematik philosophisch unter Rückgriff auf ein Zitat Wittgensteins: „Roughly speaking, to say of *two* things that they are identical is nonsense, and to say of *one* thing that it is identical with itself is to say nothing at all" (Hervorh. im Original, zitiert nach van Deth 2013: 4). Im Kulturvergleich erscheinen alle

Konzepte und Indikatoren in ihrem jeweiligen kulturellen Kontext. Die Sachverhalte können also ähnlich sein, aber niemals identisch (van Deth 2013). Im Kulturvergleich geht es darum, festzustellen, inwieweit die Unterschiedlichkeiten relevant oder irrelevant für das Forschungsziel sind. Sachverhalte werden dann als äquivalent gesehen, wenn sie in verschiedenen Kontexten die gleiche Funktion haben. „It is the *similarity* of the relevant properties of *different* phenomena that lies in the centre of the idea of equivalence in comparative research … The idea of functional equivalence is based on the relevance of relationships instead of intrinsic properties of concepts" (Hervorhebung im Original, van Deth 2013: 5). Ähnlich können auch Dinge sein, die auf den ersten Blick unähnlich erscheinen. Vergleichbarkeit ist kein a priori Merkmal bestimmter Sachverhalte, sondern muss immer in Relation zur Fragestellung und zum jeweiligen Kontext festgestellt werden. Wie bereits in Kap. 3 erwähnt, betont van Deth (2013), dass die eben dargelegte Schwierigkeit es erfordert, in vergleichenden Studien die Grenzen zwischen qualitativer und quantitativer Forschung zu überschreiten.

Segall et al. beschreiben das Kernproblem kulturvergleichender Forschung wie folgt: „The root of all measurement problems in cross-cultural research is the possibility that the same behaviors may have different meanings across cultures or that the same processes may have different overt manifestation" (Segall et al. 1990: 60).

4.3 Das Äquivalenzproblem

Äquivalenz heißt Gleichwertigkeit. Nur gleichwertige oder gleichartige Dinge können verglichen werden. Der Begriff der Äquivalenz hat in der kulturvergleichenden Forschung eine Vielzahl von Definitionen und problemspezifischer Ausdifferenzierungen gefunden (vgl. Tab. 4.2; Berry 1980; Segall et al. 1990; van de Vijver und Leung 2010, 2021; Johnson 1998), was in einem gewissen Maße auch sinnvoll ist, da sich die Problematik ja auf verschiedenste Ebenen im Ablauf des Forschungsprozesses bezieht. Leider sind aber die vorgelegten Definitionen keineswegs immer deckungsgleich. Johnson (1998) findet bei einer Durchsicht der Literatur mehr als 50 verschiedene Definitionen und Begriffe. Es lassen sich ganz basal betrachtet zwei zentrale Bereiche unterscheiden, wenn die Äquivalenzproblematik in der kulturvergleichenden Forschung angesprochen wird: der Bereich der Konzeptspezifikation und der Bereich der methodischen Durchführung einer Studie (inklusive Konstruktion von Messinstrumenten und

4.3 Das Äquivalenzproblem

Tab. 4.2 Äquivalenzbegriffe und Beispiele

Theorie/Konzepte	Methoden	Autoren
• Functional equivalence • Conceptual equivalence	• Metric equivalence	• Berry 1980
• Functional equivalence of constructs • Construct equivalence	• Functional equivalence of items • Measurement unit equivalence • Scalar equivalence	• Alwin et al. 1994 • van de Vijver und Leung 2021
• Externe Äquivalenz	• Interne Äquivalenz	• van Deth 2013
• Interpretational equivalence	• Procedural equivalence	• Johnson 1998
• Konzeptuelle Äquivalenz	• Operationale Äquivalenz • Materiale Äquivalenz • Erhebungsäquivalenz • Skalenäquivalenz	• Helfrich 2019
• Interpretational Equivalence	• Structural equivalence • Measurement equivalence	• Zucha 2005

Datenerhebung). Ähnlich unterscheiden Segall et al. (1990) zwei grundlegende Fragen hinsichtlich des Äquivalenzproblems: *What to measure?* und *How to measure?* In vergleichbarer Weise benennt Johnson (1998) die Äquivalenzprobleme in den genannten Bereichen mit den Begriffen der *interpretational equivalence* und der *procedural equivalence*. Van de Vijver und Leung (2010) formulieren in Anlehnung an Berry (1980) eine Drei-Teilung von *construct equivalence, method equivalence* und *item equivalence*, wobei sich die beiden letztgenannten Aspekte auf die Prozessebene beziehen, der erstgenannte Aspekt auf die Theorieebene. Die Trennlinie zwischen theoretischen Fragestellungen (Existenz von Konzepten in verschiedenen Kontexten, universeller Konzepte) und methodischen Problemen (Äquivalenzprobleme aufgrund von Problemen der Durchführung oder Messung) wird nicht immer klar gezogen. So wird eine mangelnde strukturelle Äquivalenz (die z. B. durch eine unterschiedliche dimensionale Struktur der Messinstrumente im Rahmen der Durchführung von Faktorenanalysen festgestellt werden könnte) als Theorie- und auch als Methodenproblem behandelt. Da verschiedene Ursachen konfundiert sein können (Nicht-Vorhandensein der Struktur in einer bestimmten Kultur oder schlechte Messung) ist die klare Zuordnung auch nicht immer einfach oder gar möglich.

Tab. 4.3 Die unterschiedliche Bezeichnung von Fehlerquellen

• Construct bias • Method bias (sample, administration, instrument bias) • Item bias	• van de Vijver und Leung 2021; Benítez et al. 2022
• Sampling error • Coverage error • Non response error • Measurement error	• Groves 1989

Verzerrungen, die aufgrund der Verletzung dieser Äquivalenzanforderungen entstehen, werden mit dem Begriff des *bias* oder *error* bezeichnet (vgl. Tab. 4.3). Mit jedem Äquivalenzkonzept korrespondieren entsprechende Formen des *bias* bzw. *errors*.

4.3.1 What to measure? – Konzeptuelle Äquivalenz

Beginnen wir mit der Frage der Äquivalenz auf der Theorieebene: *What to measure?* Hier unterscheiden z. B. Berry (1980) oder auch van de Vijver und Leung (2021) als niedrigste Ebene von Äquivalenz „*functional equivalence*" oder „*construct equivalence*". Dabei steht die Frage im Vordergrund, ob in den zu vergleichenden Kulturen das gleiche Konstrukt überhaupt vorhanden ist und ob ein Konstrukt eine identische Bedeutung in den verschiedenen Kulturen aufweist. Der Begriff der funktionalen Äquivalenz betont, dass Gleichartigkeit dann gegeben ist, wenn ein Konzept in den untersuchten Kulturen die gleichen Funktionen aufweist. Um die Problematik bei der Feststellung von konzeptueller Äquivalenz beispielhaft darzustellen, wird das *five-factor model of personality* betrachtet. In verschiedenen Ländern wurde mittels eines lexikalischen Ansatzes und späteren empirischen Analysen eine Struktur von fünf grundlegenden Persönlichkeitseigenschaften gefunden (Asendorpf und Neyer 2012). In verschiedenen Ländern wurden hierzu alle Eigenschaftswörter aus Wörterbüchern erfasst. Diese Liste wurde dann Probanden zur Fremd- und Selbstzuschreibung vorgelegt. Faktorenanalysen ergaben in verschiedenen westlichen Ländern eine ähnliche Fünf-Faktoren-Struktur, die fünf extrahierten Eigenschaftsbündel wurden dann als *Big Five* bezeichnet: Neurotizismus, Extraversion, Liebenswürdigkeit, Gewissenhaftigkeit und Offenheit für Erfahrungen. Man ging in der Folge von einem universellen Persönlichkeitsinventar aus. Chueng et al. (2001) konnten allerdings

4.3 Das Äquivalenzproblem

zeigen, dass die *Big Five* für China unzureichend sind. Man konnte nur vier der fünf Faktoren für China nachweisen. Zudem ergab sich ein kulturspezifischer Faktor (interpersonal relatedness), der sich im Ursprungsmodell nicht findet. Eine Konstruktäquivalenz ist hier offenbar nur zum Teil gegeben. Ähnliches gilt wie bereits dargelegt, für westliche Intelligenztests. Im Westen dominieren Aspekte kognitiver Kompetenzen für die Definition von Intelligenz, wohingegen in nicht westlichen Kulturen soziale Kompetenzen eine sehr große Rolle spielen (van de Vijver 2003; Mpofu 2002). In Subkulturen ohne schulische Bildung z. B. bei den Straßenkindern in Brasilien ist diese Intelligenzkonzeption gar nicht anwendbar. Hier existiert zwar auch das Konzept der „Intelligenz" im Sinne der Problemlösung, es drückt sich aber in klugen Überlebensstrategien aus. LeVine zog schon in den 1970er Jahren die Schlussfolgerung: „Standard intelligence test measure the current capacity of individuals to participate effectively in Western schools" (LeVine 1970: 581). Offenbar liegt eine mangelnde Überlappung des Konstruktes in verschiedenen Kulturen vor. Geht man davon aus, dass Intelligenz ein universelles Merkmal ist, das sehr abstrakt als „Problemlösungskompetenz" definiert werden könnte, so könnte man von einer funktionalen Äquivalenz der Subdimensionen (z. B. kognitive Kompetenz und praktische Kompetenz) ausgehen. Das Konstrukt müsste in Abhängigkeit vom Kontext unterschiedlich gemessen werden, bzw. den Subdimensionen müsste eine unterschiedliche Bedeutung zugemessen werden. Dabei ist sehr genau zu hinterfragen, inwieweit das Konstrukt tatsächlich identisch ist, ob Intelligenz in Kenia, Brasilien, Japan und den USA tatsächlich die funktional gleiche Bedeutung hat. Dass die funktionale Äquivalenz ein relatives Kriterium ist, zeigt die jeweilige Definition des Intelligenzbegriffs. Wird Intelligenz sehr abstrakt als Problemlösungsfähigkeit im Alltag definiert, können sehr unterschiedliche Kompetenzen funktional äquivalent sein. Definiert man Intelligenz als Fähigkeit in einem bestimmten Schulsystem erfolgreich zu sein, beschränkt sich der Bereich funktional äquivalenter Kompetenzen deutlich.

Ein weiteres Beispiel stammt aus der Aggressionsforschung. Lonner (1980) bezeichnet Aggression als eine kulturelle Universalie. Aggressives Verhalten findet sich in allen Gesellschaften. Aber selbst innerhalb einer Kultur taucht bereits die Frage auf, welche Arten von Verhalten zum Konstrukt „Aggression" gehören. So gibt es z. B. in der Rechtsextremismusforschung die Debatte, dass die gefundenen Niveauunterschiede zwischen Männern und Frauen ein Artefakt darstellen, da bei der Erfassung von Aggressionen typischerweise männliche Arten aggressiven Verhaltens auf der physischen Ebene erfasst werden. Weibliche Formen von Aggression fänden sich eher auf der psychischen Ebene (z. B. durch verbale Angriffe oder sozialen Ausschluss), die weitgehend unberücksichtigt bleibt. Es bleibt die Frage, ob es sich hier tatsächlich um ein

Problem einer unzureichenden Erfassung des Phänomens handelt und ob weibliche Aggression überhaupt mit männlicher zu vergleichen ist (Rippl und Seipel 1999). Ist ein häufiges Auftreten von physischer Gewalt ähnlich zu bewerten wie häufiges Auftreten von abwertenden Äußerungen? Auch kann die Bedeutung verschiedener Arten von Aggression (verbal oder physisch) kulturell variieren. In konfuzianisch geprägten Kulturen sind verbale Beleidigungen relevanter und schwerwiegender als in westlichen Kulturen. Trommsdorff (1978) zeigt, dass in manchen Kulturen bereits die Art eines Geschenkes Feindseligkeit ausdrücken kann. Äußerlich ganz unterschiedliche Verhaltensweisen wären in diesem Fall funktional äquivalent. Konstruktäquivalenz könnte vorliegen, wenn man von einer Aggressionsdefinition ausgeht, die diese verschiedenen Formen umfasst, z. B. Aggression als absichtliche Schädigung einer anderen Person. Das Konstrukt könnte und müsste dann durch Erhöhung der Abstraktionsebene kulturspezifisch mit unterschiedlichen Messinstrumenten erfasst werden. Evident ist, dass durch Nominaldefinitionen Wirklichkeitsbereiche als zu einem Konstrukt zugehörig bzw. ausgeschlossen definiert werden können. Wichtig ist es daher, die jeweils verwendeten Begrifflichkeiten mit klaren Definitionen zu versehen.

Grafisch lässt sich das Problem wie folgt verdeutlichen (vgl. Abb. 4.4). Geht man davon aus, dass es sich bei dem Konzept „Intelligenz" um eine menschliche

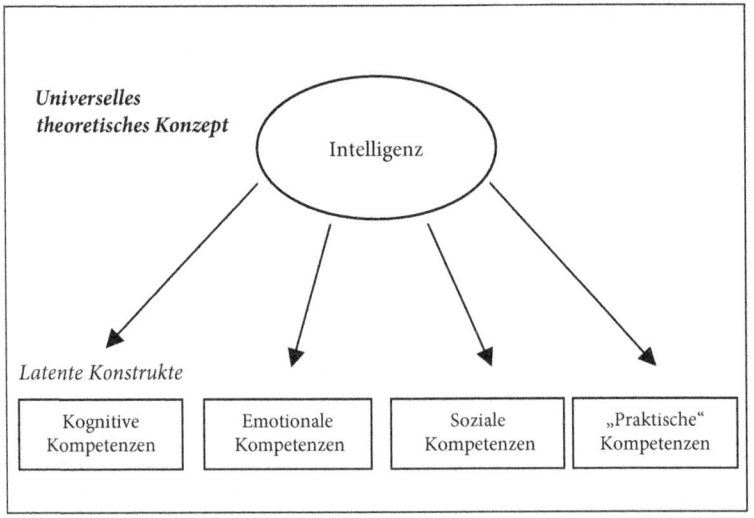

Abb. 4.4 Dimensionale Analyse (eigene Darstellung)

4.3 Das Äquivalenzproblem

Universalie handelt, wäre prinzipiell die Vergleichbarkeit gegeben. Im Prozess der Konzeptspezifikation wäre es dann im Rahmen einer dimensionalen Analyse nötig, die zugehörigen Dimensionen zu definieren bzw. vor einer solchen Festlegung festzustellen, welche Dimensionen zu diesem Konzept gehören. Dabei ist es im Unterschied zur monokulturellen Forschung nötig festzustellen, inwieweit es dabei Deckungsgleichheit zwischen den zu vergleichenden Kulturen gibt. Hierbei besteht insbesondere bei solchen Forschungsansätzen, die Konzepte und Instrumente aus einer Kulturen auf andere übertragen, die Gefahr, dass relevante Dimensionen ausgeblendet werden. So wie im Beispiel der Intelligenz die soziale Dimension bei der Übertragung rein westlicher Instrumente auf kollektivistische Kulturen. Am unproblematischsten ist der Vergleich, wenn alle Dimensionen in den Kulturen die in etwa gleiche Relevanz aufweisen.

Diese völlige Konstruktäquivalenz wird vermutlich nur bei kulturell eher ähnlichen Ländern zu finden sein. Findet sich eine unterschiedliche Relevanz wie im Beispiel, dann kann eine Vergleichbarkeit durch die Feststellung funktionaler Äquivalenz dennoch gegeben sein. Stark vereinfacht könnte man z. B. wie folgt argumentieren: Kognitive Kompetenzen sichern die soziale Position in westlichen Kulturen, in kollektivistischen Kulturen kommt sozialen Kompetenzen eine ähnliche Funktion zu. Im Falle funktionaler Äquivalenz können somit auch unterschiedliche inhaltliche Dimensionen verglichen werden. Kann eine Gleichheit der Funktionen festgestellt werden, können beide Aspekte dem übergeordneten Konzept der Intelligenz zugeordnet werden. Diese Fälle sehr unterschiedlicher Relevanz der Subdimensionen für das übergeordnete Konstrukt sind sicherlich bereits Grenzbereiche der Vergleichbarkeit, wo es im Zweifelfalle sinnvoll ist, Vergleiche nicht auf der höchsten Abstraktionsebene (Konzept der Intelligenz) durchzuführen, sondern hierfür im Bereich der Subdimensionen zu bleiben, also das Abstraktionsniveau zu verringern.

Im Kontext der eben dargelegten Probleme spricht man, wenn sie als Fehlerquelle thematisiert werden, von einem *„construct bias"*. In diesem Fall ist die Äquivalenz nicht gesichert. Vergleicht man westliche und kollektivistische Kulturen hinsichtlich der durchschnittlichen Intelligenz und verwendet nur Messungen für kognitive Kompetenzen, wird das Ergebnis Verzerrungen aufweisen, die westliche Befragte bevorteilen. In den kollektivistischen Kulturen wird Intelligenz in diesem Fall nur unzureichend erfasst, gefundene Unterschiede sind somit eine Folge mangelnder Äquivalenz und nicht mangelnder Intelligenz. Konstruktäquivalenz ist somit eine grundlegende Voraussetzung dafür, dass Vergleiche überhaupt durchgeführt werden können.

Aufgrund der Schwierigkeit die Äquivalenz theoretischer Konstrukte nur aus der Sicht einer Kultur zu beurteilen, gibt es zunehmend Versuche, die Konstruktäquivalenz ex ante durch Einbezug je nationaler Experten festzustellen. Repräsentanten aller an einer Studie beteiligten Kulturen werden als Informanten bzw. Experten eingesetzt, um z. B. mit qualitativen Verfahren (z. B. *thinking aloud* Technik und *mixed methods*) die theoretischen Konzepte zu explorieren (vgl. Benítez et al. 2022). Das Konzept der „Intelligenz" kann etwa dadurch exploriert werden, dass Probanden aus den jeweiligen Kulturen dem Begriff Merkmale, z. B. eines semantischen Differenzials, zuordnen. Ebenso könnten Mitglieder der jeweiligen Kultur nach ihren *impliziten Theorien*, z. B. darüber was für sie Intelligenz ist, befragt werden (Mpofu 2002). Messinstrumente könnten in den jeweiligen Kulturen entwickelt und abgeglichen werden. Solche Versuche, die Konstruktäquivalenz zu sichern, werden in der aktuellen Diskussion unter dem Stichwort des *Indigenizing* geführt (Sinha 1997; Mpofu 2002; Cheung und Cheung 2003, vgl. auch Abschn. 3.4.1). Dabei geht es darum die Perspektive der *indigenen Bevölkerung* (also der einheimischen Bevölkerung) in den Forschungsprozess einzubeziehen. Dies kann mit unterschiedlichen Methoden geschehen. Im Rahmen des *convergence approach* werden die Messinstrumente parallel in den Kulturen entwickelt. Dann werden alle Items für die Befragung verwendet. Im *decentering approach* werden zu vorhandenen Instrumenten von lokalen Experten kulturspezifische Items hinzugefügt und dann für alle Samples verwendet (van de Vijver und Leung 2010, 2021).

Ein ähnliches Verfahren schlagen bereits Przeworski und Teune (1970) vor, die sogenannte *identity-equivalence method,* die sich zum Ziel setzt, nicht identische aber äquivalente Messinstrumente zu etablieren. Anhand des identischen Kernbereichs kann die Funktionalität der kulturspezifischen Items geprüft werden. Diese Maßnahmen zur Sicherung der Konstruktäquivalenz können ex ante eingesetzt werden. Es ist dann nötig im Rahmen von Pretests die Äquivalenzannahmen auch empirisch zu prüfen. Hierfür werden häufig Konstruktvalidierungsverfahren mit *externen Kriterien* vorgeschlagen, die dann jeweils in allen Kulturen parallel durchzuführen und deren Ergebnisse zu vergleichen sind (ausführlicher dazu Kap. 8). Ein gutes Beispiel für explizite Anstrengungen zur Herstellung konzeptueller Äquivalenz bietet die PISA-Studie.

Aus der Forschung: Konzeptspezifikation im Kontext der PISA-Studie
In der PISA-Studie soll der Leistungsstand von Schülern von 28 OECD-Ländern (plus 4 Nicht-OECD-Länder) ermittelt und verglichen werden. Hierzu ist es nötig, eine Konzeptualisierung des Leistungsstandes zu finden, die für alle Teilnehmerstaaten Gültigkeit besitzt und Vergleichbarkeit ermöglicht. Um eine konzeptuelle Äquivalenz zu ermöglichen, legten die Beteiligten der PISA-Studie folgende Rahmenkonzeption vor: Ausgangspunkt der PISA-Studie ist eine theoretische Konzeption, die eine Konzeptualisierung von Kompetenzen und Wissen verwendet, die nicht eng an einem schulischen Curriculum orientiert ist, sondern funktionalistisch argumentiert und versucht, Basiskompetenzen im Sinne basaler Kulturwerkzeuge (literacy)[2] zu erfassen. Kompetent erscheint ein Schüler dann, wenn er in authentischen Situationen seine Fähigkeiten zur Problemlösung erfolgreich einsetzen kann. Diese Basiskompetenzen werden als universelle Prämissen für die Teilhabe an Kommunikation und Lernprozessen gesehen. Sie sind für eine befriedigende Lebensführung und eine aktive Teilhabe an der Gesellschaft notwendig. Die Universalisierung dieser Kompetenzen ist – so die Ansicht der PISA-Studie – das Ergebnis der Weltbildungsrevolution der Nachkriegszeit. Als solche Basiskompetenzen werden die Lesekompetenz und die mathematische Kompetenz gesehen. „Die Beherrschung der Muttersprache in Wort und Schrift sowie ein hinreichend sicherer Umgang mit mathematischen Symbolen und Modellen gehören in allen modernen Informations- und Kommunikationsgesellschaften zum Kernbestand kultureller Literalität" (Baumert et al. 2001: 20). Die Lesekompetenz wurde wie folgt definiert: „Lesekompetenz (Reading Literacy) heißt, geschriebene Texte zu verstehen, zu nutzen und über sie zu reflektieren, um eigene Ziele zu erreichen, das eigene Wissen und Potenzial weiterzuentwickeln und am gesamtgesellschaftlichen Leben teilzunehmen …" (Artelt et al. 2001: 80). Es wird ein relativ abstrakter Leistungsbegriff verwendet, der für alle beteiligten Länder unabhängig von schulischen Curricula gültig ist (vgl. auch Teltemann (2019: 87-102) zur Messung von Bildung).

---

[2] Der Begriff der *literacy* entstammt einer angelsächsischen Tradition und ist nur unscharf im Deutschen mit dem Begriff der Grundbildung zu übersetzen.

4.3.2 How to measure? – Operationale Äquivalenz

Ist die Frage nach der konzeptionellen Äquivalenz geklärt, kann die Ebene der Messung betreten werden. Betrachtet man das Problem der operationalen Äquivalenz, dann geht es um die Frage der Gleichwertigkeit von Indikatoren. Das jeweilige Item sollte in jeder Kultur in gleicher Weise verstanden werden und die gleiche Relevanz für das zu messende Konstrukt aufweisen. Wird beispielsweise Aggression durch ein Item gemessen, dass sich auf eine bestimmte Art eines Geschenkes bezieht, so ist es offensichtlich, dass dieses Item nur in ganz spezifischen Kulturen Aggression misst, für einen Vergleich mit westlichen Kulturen aber keine operationale Äquivalenz vorliegt. Die Gründe für Äquivalenzprobleme auf der Itemebene können unterschiedlicher Natur sein. Sie können schon durch Probleme auf der Theorieebene induziert sein, es kann sich aber auch um Übersetzungsprobleme, Bedeutungsunterschiede oder unterschiedliche Konnotationen bestimmter Begriffe handeln. So hat z. B. das Wort Loyalität im Spanischen eine sexuelle Konnotation (sexuelle Treue), was in anderen Sprachen nicht der Fall ist (van de Vijver 2003). Ebenso können die Inhalte kulturspezifisch unangemessen sein. Will man etwa umweltbewusstes Verhalten über Mülltrennungsgewohnheiten bei Personen erfassen, ist das bei Befragungen in Ländern ohne ein System der Mülltrennung unangemessen.

Wenn es um die statistisch zu prüfende Qualität der Items geht wird weiter in measurement unit equivalence und scalar equivalence differenziert. Von Skalenäquivalenz – als höchstem Äquivalenzniveau – wird gesprochen, wenn die Ausprägung eines Merkmals in verschiedenen Kulturen auf einer gleichwertigen Skala abgebildet wird. Die Äquivalenz kann sich auf die je verschiedenen Skalenniveaus beziehen. Äquivalenz auf Nominalniveau wird erreicht, wenn z. B. ein bestimmtes Merkmal in jeder Kultur einer gleichen Kategorie zugeordnet wird z. B. der Familienstand. Metrische Äquivalenz bezieht sich auf Messungen auf Intervall- oder Verhältnisskalenniveau. Metrische Äquivalenz liegt vor, wenn die Messinstrumente ähnliche statistische Kennwerte (z. B. Trennschärfen, Faktorladungen, Reliabilität) in den verschiedenen Kulturen aufweisen (Johnson 1998). In diesem Kontext wird auch der Aspekt der strukturellen Äquivalenz angesprochen, der die Gleichheit der Datenstruktur thematisiert (zumeist abgebildet durch einen Vergleich von Faktorstrukturen). Völlige Skalenäquivalenz wird selten erreicht, nämlich nur dann, wenn man davon ausgehen kann, dass die Skalen einen identischen Nullpunkt in den Kulturen haben (z. B. Alter, Dauer von Sprechpausen). Streng genommen sind nur dann zahlenmäßige Absolutvergleiche möglich (Helfrich 2019).

Zur Aufdeckung von Äquivalenzproblemen können unterschiedliche Verfahren eingesetzt werden. Ex ante kommen hier Verfahren infrage, die einheimische Experten involvieren. Ex post werden zu Prüfung der operationalen Äquivalenz häufig konsistenzprüfende Verfahren eingesetzt. Das Problem der operationalen Äquivalenz wird ausführlicher in Kap. 8 dargestellt.

4.3.3 How to sample? – Durchführungsäquivalenz

Selbst wenn auf der Ebene der theoretischen Konzepte und der Ebene der Operationalisierung Äquivalenz hergestellt wurde, können auch im Rahmen der Durchführung einer empirischen Studie, insbesondere bei der Datenerhebung weitere Verzerrungen durch Unterschiede in der Ausführung auftreten. Äquivalenzprobleme in diesem Bereich werden hervorgerufen:

1. durch Unterschiede in der Stichprobenziehung
2. durch unterschiedliche Erhebungsbedingungen
3. durch unterschiedliche Interviewereffekte
4. durch ein unterschiedliches Niveau an Vertrautheit mit den eingesetzten Methoden
5. durch kulturspezifische Antworttendenzen (z. B. soziale Erwünschtheit, Ja-Sage-Tendenz oder Nutzung von Extremkategorien).

Groves (1989) unterscheidet drei Typen von Fehlern, die mit der *Stichprobenziehung* in Verbindung stehen: sampling error, coverage error und nonresponse error. Der erste Punkt bezieht sich auf unterschiedliche Arten der Stichprobenziehung, die in den unterschiedlichen Untersuchungsgebieten zum Einsatz kommen. Dies kann sich insbesondere auf unterschiedliche Auswahlverfahren beziehen. Probleme entstehen dann, wenn Wahrscheinlichkeitsauswahlen und bewusste Auswahlen kombiniert werden. Das kommt zumeist dann zustande, wenn die Stichprobenziehung großer international vergleichender Studien mit unterschiedlicher Verantwortlichkeit und unterschiedlichen Ressourcen in den jeweiligen Ländern durchgeführt werden. So werden etwa beim International Social Survey Programm (ISSP) in manchen Ländern unterschiedliche Arten von Wahrscheinlichkeitsauswahlen durch Quotenauswahlen ergänzt, die dann im Gesamtsample zusammengefügt werden. *Coverage errors* beziehen sich auf Probleme, die anvisierte Grundgesamtheit auch stichprobentechnisch zu erreichen. Hierzu müssen vergleichbare „Listen" vorliegen, die möglichst aktuell und vollständig sind. In der Realität zeigen sich deutliche kulturspezifische Unterschiede in der „Erreichbarkeit" einer Grundgesamtheit, insbesondere in Abhängigkeit von der Forschungsinfrastruktur, die wiederum in Abhängigkeit von der ökonomischen Situation der Länder deutlich variiert. Auch die *Nonresponse-Rate* variiert durch Verweigerungen kulturspezifisch. Ein wichtiger Aspekt ist in diesem Zusammenhang die steigende Verweigerungsquote in westlichen Ländern durch die Zunahme von Telefonmarketing und versteckten Werbeaktionen im Kontext von Befragungen. Auch die unterschiedliche Schulung der Interviewer in Abhängigkeit von den finanziellen Möglichkeiten hat einen deutlichen Einfluss auf die Rücklaufquote. Die Stichprobenproblematik im Kulturvergleich wird ausführlich in Kap. 5 dargestellt.

Unabhängig von den Problemen der operationalen Äquivalenz ist der Fragebogen auch in der Phase der Durchführung der Befragung eine Quelle möglicher Äquivalenzprobleme. Zum einen durch die unterschiedliche Vertrautheit der Probanden mit dem Instrument „Befragung", zum anderen auch durch kulturspezifische Einflüsse auf Antwortverzerrungen. So ist die Tendenz zu sozial erwünschten Antworten in kollektivistischen Kulturen stärker ausgeprägt als in individualistischen Kulturen (vgl. hierzu ausführlich Kap. 6).

4.4 Fazit

Das Äquivalenzproblem ist das Kernproblem der kulturvergleichenden Forschung. Nur Gleichwertiges kann auch verglichen werden. Hier liegen die besonderen Fallstricke kulturvergleichender Forschung, die neben den Problemen, die monokulturelle Forschung bereits aufweist, bewältigt werden müssen. Kulturvergleichende Studien stehen immer vor der Frage, inwieweit gefundene Unterschiede tatsächliche Unterschiede oder Artefakte aufgrund einer unzureichenden Äquivalenz sind. Da die Äquivalenzprobleme auf den verschiedensten Ebenen auftreten können, können Verzerrungen sehr schnell kumulieren, insbesondere dann, wenn sehr viele Forschungspartner mit unterschiedlichen Standards und unterschiedlichen Ressourcen beteiligt sind. Allerdings gibt es Maßnahmen, die ergriffen werden können, um Äquivalenz zu sichern – dabei ist eine enge Kooperation mit Experten aus allen beteiligten Kulturen eine der wichtigsten Voraussetzungen für ein erfolgreiches Vorgehen.

> **Kontrollfragen**
>
> - Was sind die drei wesentlichen Ziele kulturvergleichender Forschung und welche Rolle spielt jeweils der Faktor „Kultur"?
> - Was versteht man unter „funktionaler Äquivalenz"?
> - Kann man Äpfel und Birnen vergleichen? Welcher analytische „Trick" ist hier hilfreich?
> - Wie kann man die Äquivalenz theoretischer Konzepte im Vorfeld einer empirischen Studie prüfen?
> - Müssen in kulturvergleichenden Studien immer identische Messinstrumente verwendet werden?

Literatur zur Vertiefung und zum Weiterlesen

Helfrich, H. (2019). Methodologische Überlegungen. S. 13–42 in: Helfrich, H. Kulturvergleichende Psychologie. 2. überarbeitete Aufl. Berlin: Springer.

Johnson, T.P./Braun, M. (2016). Challenges of Comparative Survey Research. S. 41–53 in: Wolf, C./Joye, D./Smith, T.W./Fu, Y. (Hg.), The SAGE Handbook of Survey Methodology. Los Angeles u. a.: Sage.

van Deth, J. (2013). Equivalence in comparative research. S. 1–19 in: van Deth, J. (Hg.), Comparative politics. The problem of equivalence. Colchester: ECPR Press.

von Sass, H. (2011). Vergleiche(n). Ein hermeneutischer Rund- und Sinkflug. S. 25–47 in: Mauz, A./von Sass, H. (Hg.), Hermeneutik des Vergleichs. Strukturen, Anwendungen und Grenzen komparativer Verfahren. Würzburg: Königshausen und Neumann.

Van de Vijver, F.J.R./Leung, K. (2021). Theoretical background. S. 10–28 in: van de Vijver, F.J.R./Leung, K., Methods and data analysis for cross-cultural research (Vol. 116). New York/Cambridge: Cambridge University Press.

Auswahlverfahren 5

Im Rahmen ethnologischer Studien werden fremde Kulturen mittels sehr kleiner „Stichproben" von Informanten untersucht. Der Informant wird dabei so ausgewählt, als wäre er ein „perfect example" (Mead 1962, zit. nach Hofstede 2001) einer kompletten Kultur. Solche Untersuchungen fremder Kulturen haben zwar den Vorteil eines „tieferen Einblickes" in die andere Kultur, da sie aber auf sehr kleine Stichproben zurückgreifen, unterliegen sie der großen Gefahr, nicht repräsentative Momentaufnahmen als Beschreibungen einer Kultur zu verallgemeinern. Die Surveyforschung beschreitet einen anderen Weg, sie kann dabei kaum das Ziel einer tiefen oder dichten Beschreibung verfolgen, eine Verallgemeinerbarkeit ihrer Ergebnisse kann aber durch angemessene Stichproben besser abgesichert werden.

In dem folgenden Kapitel geht es um die Frage, welche Auswahlverfahren für Fragestellungen der kulturvergleichenden Forschung in Betracht kommen. In der Forschungspraxis lassen sich Forschungsprojekte unterscheiden, die von Einzelpersonen initiiert werden und sich meistens auf spezifische Fragestellungen konzentrieren und groß angelegte internationale Surveyprojekte, die von Forschungsinstitutionen der teilnehmenden Länder getragen werden. Inzwischen gibt es eine ganze Reihe von internationalen Studien, deren Daten für wissenschaftliche Sekundäranalysen zugänglich sind: hier sind z. B. das International Social Survey Programme (ISSP), der World Values Survey und der European Values Survey (EVS), der European Social Survey (ESS), das Europäische Haushaltspanel (ECHP) oder der Eurobarometer (EB) zu nennen. Die Wahl eines Auswahlverfahrens ist von der Zielsetzung der Studie und den vorhandenen Restriktionen (Kooperationspartner, finanzielle Spielräume) abhängig. Grundsätzlich stellt sich bei kulturvergleichenden Studien die Frage nach dem geeigneten Auswahlverfahren in zweifacher Weise: zum einen muss entschieden werden, nach welchem Prinzip die zu *vergleichenden Länder* ausgewählt werden und zum anderen muss entschieden werden, nach welchem Prinzip die zu *untersuchenden Personen* in den Ländern ausgewählt werden (Boehnke et al. 2010). Wichtigster Ausgangspunkt der Überlegung darüber, welche Länder und welche Personen befragt werden sollen und mit welchen Verfahren eine Auswahl getroffen wird, stellen die Fragestellungen der jeweiligen Studien dar. Wie bereits in Kap. 4 dargelegt, lassen sich ganz grob drei Ziele bzw. potenzielle Fragestellungen unterscheiden.

1. die Beschreibung von kulturellen Unterschieden
2. die Prüfung von Theorien zur Erklärung von Unterschieden unter Rückgriff auf kulturelle Gegebenheiten als relevante Kontexte
3. die Prüfung der universellen Gültigkeit von Theorien oder Zusammenhängen

Aus der Forschung: Beispiele international vergleichender Surveyprojekte

- International Social Survey Programme (ISSP) https://issp.org/
- European Social Survey (ESS) https://www.europeansocialsurvey.org/
- World Value Survey (WVS) https://www.worldvaluessurvey.org/wvs.jsp
- EuropeanValue Study (EVS) https://europeanvaluesstudy.eu/
- Eurobarometer https://europa.eu/eurobarometer/screen/home
- European Community Household Panel (ECHP) https://ec.europa.eu/eurostat/de/web/microdata/european-community-household-panel
- PISA https://www.oecd.org/berlin/themen/pisa-studie/
- World Fertility Survey https://wfs.dhsprogram.com/
- International Crime Victims Survey https://wp.unil.ch/icvs/
- European Labor Force Survey https://ec.europa.eu/eurostat/de/web/microdata/european-union-labour-force-survey
- European Working Conditions Survey https://www.eurofound.europa.eu/surveys/european-working-conditions-surveys-ewcs
- Afrobarometer https://afrobarometer.org/
- Asian Barometer http://www.asianbarometer.org/
- The World Mental Health Survey Initiative https://www.hcp.med.harvard.edu/wmh/

5.1 Die Auswahl der Länder

In der Literatur wird die Bezeichnung „kulturvergleichende Studie" wie in Kap. 2 dargelegt, sehr umfassend verwendet und gibt wenig Hinweise darauf, welche Analyseeinheit tatsächlich die Grundlage einer solchen Studie ist. Zumeist handelt es sich – wie wir festgestellt haben – bei solchen Studien um ländervergleichende Studien. Für die Auswahl von Ländern in vergleichenden Studien stehen grundsätzlich drei verschiedene Methoden zur Verfügung (van de Vijver und Leung 1997, 2021):

1. convenience sampling
2. random sampling
3. systematic sampling

1. Beim *convenience sampling* wird nach dem Prinzip der bequemen Erreichbarkeit der Stichproben vorgegangen. Hier gehen allein Machbarkeitsüberlegungen in die Auswahlentscheidung ein. Obwohl dieses Verfahren theoretisch nicht abgeleitet ist, findet es sich aufgrund der geringen Kosten sehr häufig, insbesondere in der psychologisch orientierten kulturvergleichenden Forschung. Eine wichtige Rahmenbedingung kulturvergleichender Forschung ist auch die Frage, inwieweit geeignete Kooperationspartner in anderen Ländern zur Verfügung stehen. Dies ist nicht nur ein Kostenargument – die durch gemeinsame Einwerbung eventuell aufgeteilt werden können – sondern auch ein Argument der kulturellen Expertise. Durch das Einbeziehen von einheimischen Experten können Äquivalenzprobleme bei der Instrumentenentwicklung minimiert werden (vgl. auch Kap. 4 und 6). Die Ergebnisse solcher Studien, die auf einem *convenience sampling* beruhen, können zwar keinen Anspruch auf Generalisierbarkeit erheben, sie sind aber im Kontext einer theorieorientierten Forschung im Sinne des Falsifikationsprinzips durchaus nützlich. Für die Prüfung von Theorien oder Hypothesen, die universelle Gültigkeit beanspruchen, sind auch abweichende Befunde von nicht per Zufall ausgewählten Populationen relevant. Auch die Beschreibung von Unterschieden zwischen spezifischen Ländern kann im Rahmen dieser Strategie ein Ziel sein. Hierbei stehen nicht Verallgemeinerungen im Vordergrund des Interesses, es liegt vielmehr ein spezifisches Interesse an Strukturen oder Zusammenhängen in ganz bestimmten Ländern vor. Die meisten international vergleichenden Großprojekte (z. B. ISSP) stellen eine Form des convenience samplings dar, da die Teilnahme an den Surveyprojekten häufig durch vorhandene Kooperationen

und Teilnahmebereitschaften der Länder zustande kommt. Für Analysezwecke kann allerdings aufgrund der häufig großen Zahl der beteiligten Länder dann im Nachhinein eine systematische Auswahl getroffen werden.
2. Das *random sampling* wird aus Kostengründen in der kulturvergleichenden Forschung sehr selten eingesetzt. Diese Vorgehensweise stellt aber das aus wissenschaftlicher Sicht adäquateste Design zur Prüfung der Universalitätsannahme von Hypothesen (Unterschieds- oder Zusammenhangshypothesen) dar. Die Kultur stellt hier prinzipiell eine „Störvariable" dar, deren Einfluss durch eine Zufallsauswahl aus der Gesamtheit der Kulturen kontrolliert werden soll.
3. Beim *systematic sampling* werden die zu vergleichenden Kulturen anhand theoretischer Überlegungen ausgewählt, z. B. weil sie bestimmte Kontextvariablen repräsentieren, die für erwartete Unterschiede von Bedeutung sein könnten. Kulturen werden ausgewählt, weil sie bei bestimmten Variablen Unterschiede zeigen, wenn man z. B. den Einfluss unterschiedlicher Essgewohnheiten auf die Gesundheit prüfen will. Dabei sollten möglichst unterschiedliche Kulturen gewählt werden, um die Effekte tatsächlich auf die „Kulturunterschiede" beziehen zu können. Zudem ist es wie bei einem experimentellen Design notwendig, dass andere Variablen (Drittvariablen) nicht variieren (z. B. sozialstrukturelle Merkmale), um klare Rückschlüsse auf die Wirkungsweise der abhängigen Variable ziehen zu können. Diese Forderung ist problematisch, da eine Kontrolle von Drittvariablen in Kulturvergleichen nicht in dem Maße möglich ist, wie in echten Experimenten. Bei der Zusammenstellung der Samples sollte aber zumindest auf eine geringe Variabilität wichtiger Drittvariablen geachtet werden (Boehnke et al. 2010; Segall et al. 1990). Helfrich (2003) stellt fest: „Ein Rückschluss auf einen kulturellen Faktor als Antezedens individuellen Verhaltens ist letztlich nur dann gerechtfertigt, wenn mehrere Kulturen gleicher Ausprägungsstufe zusammengefasst werden und mit anderen Kulturen einer anderen Ausprägungsstufe verglichen werden. ... Nur so lässt sich abschätzen, ob die Variation zwischen den einzelnen Stufen der quasi-experimentellen Faktoren signifikant größer ist als die durch die Besonderheiten der spezifischen Kulturen bedingte „Störvarianz" innerhalb der einzelnen Stufen und somit der Einfluss der quasi-experimentell variierten kulturellen Faktoren als wahrscheinlich gelten darf" (Helfrich 2003: 132). Will man mit dieser Vorgehensweise universelle Aussagen überprüfen, ist es sinnvoll möglichst unterschiedliche Kulturen auszuwählen. Van de Vijver und Leung (1997, 2021) gehen davon aus, dass eine größere Zahl an unterschiedlichen Kulturen die Reliabilität und Validität der Ergebnisse erhöht.

Tab. 5.1 Forschungsziel und Prinzip der Auswahl der Länder

Ziel	Form des Auswahlverfahrens
Beschreibung	Convenience/*systematic*
Theorieprüfung	Systematic
Universelle Gültigkeit	*Random*/systematic/convenience

*kursiv die zu bevorzugende Strategie

In der Praxis dominieren Varianten des *convenience sampling* – da internationale Projekte auch immer von Kooperationspartner in den beteiligten Ländern abhängig sind. Selbst das ISSP gehört zu diesem Typus. Auch wenn inzwischen sehr viele Länder an der Studie teilnehmen, basiert die Teilnahme auf Forschungsinstitutionen, die sich freiwillig zusammengefunden haben und im Zeitverlauf durch weitere Interessenten ergänzt wurden. Tab. 5.1 enthält eine Zusammenstellung von Forschungszielen und der am besten geeigneten Auswahlverfahren.

5.2 Die Auswahl der Individuen

Nachdem über die Auswahl der Länder entschieden ist, stellt sich des Weiteren die Frage, nach welchem Verfahren die Individuen innerhalb der Länder ausgewählt werden sollen. Auch hier gilt das Prinzip, dass eine möglichste hohe Äquivalenz der Auswahlverfahren in den beteiligten Ländern hergestellt werden sollte. Die Logik der Vorgehensweise und einige Probleme zeigt das Beispiel der PISA-Studie.

Eine Stichprobe ist eine Teilerhebung von Individuen einer Grundgesamtheit, die nach bestimmten Regeln festgelegt wird (vgl. Schnell et al. 2018: 239 ff.). Stichproben von Individuen werden in der empirischen Sozialforschung verwendet, weil aus Gründen der Praktikabilität eine Erhebung einer ganzen Population (z. B. die Bevölkerung eines Landes) selten möglich ist. Zum einen sprechen Kosten- und Zeitgründe dagegen. Zum anderen gehen Schnell, Hill und Esser (2018: 243) davon aus, dass die Ergebnisse von Stichproben genauer sein können als die Ergebnisse von Vollerhebungen. Als Gründe nennen sie die besseren Möglichkeiten der Schulung von Interviewern und die besseren Kontrollmöglichkeiten z. B. der Interviewer, da für die Erhebung einer Stichprobe weniger Personen eingesetzt werden müssen. Dies spielt dann eine große Rolle, wenn z. B. in bestimmten Ländern nur geringe Ressourcen und eine geringe Zahl von Experten für die Untersuchung zur Verfügung stehen. Bei geeigneten Auswahlverfahren – nämlich Wahrscheinlichkeitsauswahlen – bieten die Stichproben die

Möglichkeit, auf Parameter in der gesamten Population Rückschlüsse zu ziehen. In kulturvergleichenden Studien treten hierbei die gleichen Probleme auf wie in monokulturellen Studien auch – die Fehler potenzieren sich aber hier, da sie nicht nur zu „internen" Verzerrungen führen, sondern zu Äquivalenzproblemen mit den zu vergleichenden Erhebungen anderer Länder.

Welche Art von Auswahlverfahren sinnvoll ist, ist von der Fragestellung der Studie abhängig. In psychologischen Studien werden häufig keine Rückschlüsse auf Populationen anvisiert, in diesem Falle ist die Verwendung von Zufallsverfahren ein weniger relevanter Aspekt. In soziologischen Studien werden solche Rückschlüsse häufiger angestrebt. In der Literatur gibt es unterschiedliche Standpunkte zur Qualität und der Verwendungsweise von Wahrscheinlichkeitsauswahlen, bewussten und willkürlichen Auswahlen in der quantitativen Sozialforschung. Schnell, Hill und Esser (2018: 271) sind der Überzeugung, dass Aussagen, die auf der Basis willkürlicher Stichproben getroffen werden, elementaren Regeln wissenschaftlichen Arbeitens nicht genügen. Diekmann (2018: 379 f.) weist dagegen darauf hin, dass willkürliche Auswahlen in der empirischen Sozialforschung nicht völlig nutzlos sind, da z. B. Zusammenhangshypothesen auch mit willkürlichen Auswahlen geprüft werden können, wie dies in der Psychologie und der Sozialpsychologie auch gängige Praxis sei. Diekmann (2018: 376 ff., 430 ff.) argumentiert dabei wie folgt: Deterministische Zusammenhangshypothesen mit raum-zeitlich unbegrenzt gültigen Anwendungsbereich richten sich in ihrem Geltungsanspruch auf alle Personen in der Vergangenheit, der Gegenwart und der Zukunft. Eine Wahrscheinlichkeitsauswahl (Zufallsstichprobe) von Personen in der Gegenwart generiert in Bezug auf die Hypothese aber nur eine spezielle soziale Gruppierung. Insofern erbringt dieses Auswahlverfahren keine besseren Stichproben zum Theorie- und Hypothesentest, als alternative bewusste oder auch willkürliche Auswahlverfahren. Wenn aus logischen Gründen für die Theorieprüfung in dem oben beschriebenen Sinne keine repräsentativen Daten (Zufallsauswahl) erhoben werden können, dann kann man Zusammenhangshypothesen auch mit bewussten und willkürlichen Auswahlverfahren testen, sofern gewährleistet ist, dass Störfaktoren ausgeschaltet und die Varianz der unabhängigen Variablen und der abhängigen Variable kontrolliert wird. Liegt das Ziel sozialwissenschaftlicher Forschung jedoch darin, Aussagen über eine vorher definierte Grundgesamtheit zu treffen und Aussagen über Populationsparameter zu treffen, dann sind kontrollierte Auswahlverfahren unbedingt notwendig.

Für kulturvergleichende Studien sind in jedem Falle Auswahlverfahren von Vorteil, die nach festgelegten Regeln vollzogen werden, um zumindest eine gewisse Äquivalenz der Vorgehensweisen sicherzustellen. Die Qualität von Stichproben, die mit Wahrscheinlichkeitsauswahlen gewonnen werden, die aber aufgrund von Restriktionen in der Durchführung z. B. von nicht vorhandenen Feldzugängen mit vielen Fehlern behaftet sind, geht nicht über die Qualität von Stichproben hinaus, die mit weniger aufwendigen Verfahren gewonnen werden. Dennoch sind Wahrscheinlichkeitsauswahlen zu bevorzugen, wenn die Möglichkeiten zur Durchführung bestehen.

5.2.1 Wahrscheinlichkeitsauswahlen

Vor dem Untersuchungsbeginn ist es erforderlich, die *Grundgesamtheit* zu bestimmen. Durch die Definition der Grundgesamtheit wird vorher festgelegt, für welche Personen die Untersuchungsergebnisse gelten sollen. Diese Definition der Grundgesamtheit sollte in allen Ländern gleich sein. Um die Wahrscheinlichkeitstheorie anwenden zu können, muss die Realisierung der Stichprobe über einen Zufallsprozess (Wahrscheinlichkeitsauswahl) erfolgen. Wichtig dabei ist, dass jedes Element der Grundgesamtheit eine angebbare Auswahlwahrscheinlichkeit hat, die größer als Null ist. Dabei gibt es verschiedene Möglichkeiten, eine Zufallsstichprobe zu realisieren. Hier wird dargestellt, wie man bei der Realisierung einer einfachen Zufallsauswahl vorgeht, da alle anderen komplexeren Zufallsverfahren auf diesen Prinzipien beruhen. Der Grundgedanke bei der einfachen Zufallsauswahl ist, dass jedes Element der Grundgesamtheit eine angebbare Chance hat, in eine aus der Grundgesamtheit gezogene Stichprobe zu gelangen. Um die Fehler der Schätzung zu verringern, sind größere Stichproben besser geeignet als kleine Stichproben, da der Standardfehler der Teststatistik umso kleiner wird, desto größer der Stichprobenumfang ist (Kühnel und Krebs 2012: 278). Die Berechnung der Stichprobengröße hängt dabei auch. von der Frage ab, mit welchem Wahrscheinlichkeitsniveau, d. h. mit welcher Sicherheit α, die Ergebnisse festgestellt werden sollen – will man etwa eine 95 % ($\alpha = 0{,}05$) oder eine 99 % ($\alpha = 0{,}01$) Sicherheit haben (vgl. für ein Beispiel: Müller-Benedict 2001: 178 f.).

> **Aus der Forschung: Die Grundgesamtheit und die Stichprobe der PISA-Studien**
> Die PISA-Studie ist eine international vergleichende Schulleistungsstudie. Je nach theoretischer Perspektive kann das Lebensalter oder das Schulalter die relevante Größe für die **Festlegung der Grundgesamtheit** sein.

Lesekompetenzen werden eventuell stärker von dem Lebensalter, Mathematikkompetenzen eher vom Schulalter bestimmt. Bei der Definition über das Lebensalter variieren in der Stichprobe Schüler verschiedener Klassenstufen. Die zu berücksichtigenden Klassenstufen variieren wiederum nach national unterschiedlichen Einschulungs- und Klassenwiederholungsregelungen. Zieht man die Klassenstufe heran, muss man umgekehrt damit rechnen, dass das Alter der Befragten deutlich nach Ländern variiert. In der PISA-Studie entschied man sich für eine lebensalterbasierte Definition der Grundgesamtheit. Es wurden Schüler im Alter von 15 Jahren/drei Monaten und 16 Jahren/zwei Monaten, unabhängig von der Jahrgangsstufe, untersucht. Da die Alterskohorte in allen teilnehmenden Ländern noch fast vollständig die Schule besucht, wurden Aussagen über die Kompetenzen einer bestimmten vergleichbaren Altersgruppe eines Landes möglich. Es wurden Schüler aller Schulsparten in allen Ländern befragt. Ausgeschlossen wurden nur Schüler, die geistig und körperlich nicht in der Lage waren, die Testfragen zu beantworten oder deren Testsprache nicht ihre Muttersprache war und die weniger als ein Jahr in der Sprache der Aufnahmegesellschaft unterrichtet wurden. Es wurde in fast allen Ländern eine sehr hohe Ausschöpfungsquote von 95 % und mehr erreicht. Problematisch sind Ausfälle dann, wenn systematisch Schüler bestimmter Schultypen nicht befragt wurden, da dies einen Einfluss auf die durchschnittliche Leistungsbeurteilung eines Landes hat. Dies führte etwa bei der polnischen Stichprobe zu einer leichten Überschätzung der Leistungswerte. Problematisch sind auch Ausfälle in Ländern, in denen nicht mehr alle 15-jährigen in schulischen Einrichtungen anzutreffen sind. In Brasilien und Mexiko werden z. B. ca. 50 % der 15-jährigen nicht mehr beschult. Es handelt sich dabei gehäuft um leistungsschwächere Frühabgänger aus unteren sozialen Schichten. Dies trifft in deutlich geringerem Maße auch auf andere Länder zu und führt zu einer Überschätzung der Leistungswerte. Die **Realisierung der Stichprobe** erfolgt über eine mehrfach stratifizierte Wahrscheinlichkeitsauswahl. Auf der ersten Stufe wurden Schulen ausgewählt (Wahrscheinlichkeit proportional zu ihrer Größe) auf der zweiten Stufe wurde eine Zufallsstichprobe der 15-jährigen Schüler realisiert. Internationale Vergleichbarkeit wurde durch die Gleichwertigkeit der Stichprobenverfahren und durch geforderte Ausschöpfungsquoten gesichert. Auf der Schulebene sollte mindestens eine Ausschöpfungsquote von 80 % erreicht werden. In den Niederlanden wurde auf der Schulebene eine

5.2 Die Auswahl der Individuen

> Ausschöpfungsquote von nur 27 % erreicht. Daher wurde die Stichprobe bei Mittelwertanalysen ausgeschlossen. Auf der Ebene der Schülerauswahl wurde eine Ausschöpfungsquote deutlich über 90 % gefordert, die auch in fast allen Ländern erreicht wurde (Quelle: Baumert et al. 2001).

In der kulturvergleichenden Forschung werden für Bevölkerungssurveys häufig mehrstufige Auswahlverfahren verwendet, da in vielen Ländern kaum angemessene Listen aller Zielpersonen vorhanden sind. Falls Listen vorliegen, z. B. in Form von Telefonverzeichnissen, sind diese oft unvollständig und die Mängel der Listen variieren über die Länder hinweg. Bei mehrstufigen Auswahlverfahren werden Wahrscheinlichkeitsauswahlen auf verschiedenen Ebenen gezogen. In Deutschland wird z. B. häufig das Stichprobendesign der Arbeitsgemeinschaft deutscher Marktforschungsinstitute verwendet. Das sogenannte ADM-Design ist die Grundlage für landesweite und regionale Zufallsstichproben (vgl. Diekmann 2018: 410; vgl. auch Gabler und Hoffmeyer-Zlotnik 1997). Beim ADM-Design handelt es sich um eine dreistufige Zufallsauswahl mit Gebietsauswahl. Als Grundgesamtheit werden alle Privathaushalte in Deutschland definiert. Auf der ersten Stufe werden Stimmbezirke zufällig ausgewählt und dabei auch die unterschiedliche Größe der einzelnen Stimmbezirke berücksichtigt. Auf der zweiten Stufe wird mit der sogenannten Random-Route-Methode eine Zufallsstichprobe von Adressen ermittelt. Bei der Random-Route-Methode gibt es für den Adressenermittler eine Begehungsanweisung, wie er sich nach dem Aufsuchen der Startadresse zu verhalten hat – ob er z. B. rechts oder links und zwei oder drei Straßenzüge weiter bis zum nächsten Haus gehen soll etc. Auf der dritten Stufe wird nun eine bestimmte Person in dem Zielhaushalt befragt. Auf der Haushaltsebene versucht man z. B. durch die Geburtstagsmethode oder den Schwedenschlüssel eine Zufallswahl auch bei den Personen eines Haushaltes zu erreichen. Koch (2019) weist darauf hin, dass diese Verfahren eng mit spezifischen, westlich konnotierten Definitionen eines Haushaltes verknüpft sind, die aber nicht in allen Kontext anwendbar sind. Die westliche Definition impliziert, dass Personen eines Haushaltes, zusammen Wohnen und Wirtschaften und über einen separaten Zugang zu ihrer Wohung zu identifizieren sind. Solch ein separater Wohnungszugang ist im random route Verfahren eine relevante Auswahlgröße. Die Zugänge zu Haushalten sind aber weltweit sehr unterschiedlich und oft nicht klar separiert wie etwa in urbanen Slums. Haushaltsdefinitionen müssen daher an die lokalen Gegebenheiten angepasst werde und können so nicht immer völlig identisch sein. Im Afrobarometer wird der Haushalt definiert über die Zahl der

Menschen, die aus einem gemeinsamen Topf essen. Weitere Faktoren wie polygame Lebensformen oder völlig andere Haushaltstrukturen, sind dabei ebenso zu berücksichtigen.

In diesem Kontext können auch neuere Entwicklungen geografischer Daten hilfreich sein. So stellen z. B. Eckmann et al. (2019) neun verschiedene Tools geografischer Datengewinnungssysteme vor (vgl. dort Tab. 4.1 für eine Übersicht der Methoden), mit deren Einsatz in sich entwickelten Ländern Wahrscheinlichkeitsauswahlen für die Teilnehmer an Surveys möglich sind, da dort seltener aktualisierte Zensusdaten vorliegen oder eine Auswahl über Haushaltslisten nicht möglich ist.

> **Aus der Forschung: Probleme bei der Durchführung einer Wahrscheinlichkeitsauswahl in Ländern mit wenig entwickelter Infrastruktur**
>
> - Teilweise gibt es kein Verzeichnis von Gemeinden und auch kein Kartenmaterial, indem alle Gemeinden verzeichnet sind.
> - Ist das Random-Route-Verfahren einsetzbar?
> - Teilweise findet sich eine nomadische Lebensweise.
> - Was ist im Kontext einer Stammesgemeinschaft oder polygamen Strukturen ein Haushalt, eine Kernfamilie?
> - Länder unterscheiden sich zudem in der durchschnittlichen Haushaltsgröße. So sind etwa in skandinavischen Ländern und in Nordamerika 30–40 % der Haushalte Ein-Personen-Haushalte, während in vielen Ländern Afrikas, Südamerikas und Asien die Anteile von Ein-Personen-Haushalten bei ca. 10 % liegen. In vielen Schwellenländern liegt die Haushaltgröße bei 5 oder mehr Personen (vgl. Koch 2019: 106).
> - Ist es möglich, die zu befragende Person frei (nach Zufall) zu wählen oder beanspruchen die Oberhäupter von Familienclans das Auskunftsrecht gegenüber Fremden?

Der wichtigste Vorteil von Wahrscheinlichkeitsauswahlen besteht in der Möglichkeit der systematischen Untersuchung der Fehlerquellen und deren Quantifizierung. Damit sind immer die Möglichkeiten einer statistischen Korrektur oder zumindest einer Fehlerberechnung gegeben. Dies ist bei Nicht-Zufallsstichproben menschlicher Populationen unmöglich (Schnell et al. 2018). Kish (1994) kommt zu dem Schluss, dass aufgrund der sehr unterschiedlichen Rahmenbedingungen und Ressourcen in unterschiedlichen Ländern in kulturvergleichenden Studien

5.2 Die Auswahl der Individuen

eine gewisse Flexibilität in den Auswahlmethoden erlaubt sein muss, allerdings nur dann, wenn es sich um Varianten von Wahrscheinlichkeitsauswahlen handelt. Denn nur dann sind Rückschlüsse auf ganze Populationen möglich. Neben der bewussten Verletzung des Prinzips der Wahrscheinlichkeitsauswahl durch eine Kombination von Auswahlverfahren, gibt es eine Reihe weiterer Probleme, die die Qualität von Wahrscheinlichkeitsauswahlen gefährden, insbesondere Probleme und Verzerrungen, die durch fehlende adäquate „Listen" der Auswahlgesamtheit (frame) zustande kommen (coverage errors) und Probleme, die durch Nonresponse Errors verursacht werden. Diese Fehlerquellen betreffen zwar ebenso monokulturelle Studien, sie sind aber von besonderer Bedeutung und in stärkeren Maß zu erwarten, wenn in kulturvergleichenden Studien Länder mit ganz unterschiedlichem Entwicklungsniveau der Forschungsinfrastruktur einbezogen werden.

5.2.1.1 Coverage-error

Um eine Wahrscheinlichkeitsauswahl aus der Grundgesamtheit ziehen zu können, müssten im idealen und einfachsten Fall Listen bzw. Register vorliegen, in denen alle Zielpersonen der Grundgesamtheit registriert sind. Zum Teil finden sich solche Listen tatsächlich z. B. Melderegister oder Telefonbücher. Sind diese Listen aber nicht völlig deckungsgleich mit der Grundgesamtheit tritt das Problem des *coverage errors* auf. Es dürfen in den jeweiligen Listen keine Personen enthalten sein, die nicht zur Zielpopulation gehören (overcoverage), ebenso dürfen keine Personen der Grundgesamtheit fehlen (undercoverage). Beide Probleme treten aber bei den genannten Listen auf, Melderegister sind nicht immer aktuell, zudem werden sie in unterschiedlichen Ländern in einem unterschiedlichen Rhythmus aktualisiert.

▶ **Definition: „overcoverage" und „undercoverage"**

- Es geht um die Frage, wie gut die Grundgesamtheit, die eine „theoretische" Größe ist, mit der Auswahleinheit (quasi die „Listen" aus denen tatsächlich die Stichprobe gezogen wird) übereinstimmt (coverage). Die Menge der Elemente der angestrebten Grundgesamtheit, die nicht in der Auswahlgesamtheit enthalten sind, nennt man „undercoverage". Die Menge an Elementen, die nicht zur angestrebten Grundgesamtheit gehören, nennt man „overcoverage". So enthalten z. B. Telefonbücher als Grundlage einer Stichprobenziehung nicht alle Personen, die in einer Stadt wohnen (undercoverge), aber auch Personen, deren Nummer zwar verzeichnet ist, die aber nicht mehr dort wohnen (overcoverage).

In Ländern mit einer Telefondeckung unter 90 % ist diese Methode nicht anwendbar. In vielen Ländern existieren solche Listen nicht. Insbesondere in ärmeren Ländern sind die Mitglieder der Grundgesamtheit nur schwer zu erreichen. Häder und Gabler (2003) weisen darauf hin, dass in manchen Regionen nur Listen von Gemeinden vorliegen, die nicht unbedingt vollständig sind, teilweise gibt es nur Karten. Gibt es kein Kartenmaterial, muss solches auf der Basis von Satellitenaufnahmen erst erstellt werden. Dann müssen über mehrstufige Auswahlverfahren Regionen ausgewählt werden, daraus wiederum Gemeinden und dann im Random-Route-Verfahren Haushalte und daraus Personen. Liegen nur Karten oder Fotos vor, müssen diese in Planquadrate unterteilt werden, die Ausgangspunkte der Zufallsauswahl sind. Pflegt ein Teil der Bevölkerung eine nomadische Lebensweise, wird die Erreichbarkeit nach dem Zufallsprinzip fast unmöglich, da über Stammesführer Kontakte hergestellt werden müssen. Dieses Problem der kulturell unterschiedlichen Zugänglichkeit findet sich aber auch in westlichen Kulturen. So variieren die Zahlen Obdachloser und von Personen, die nicht in privaten Haushalten leben und deren Erreichbarkeit auch zwischen westlichen Ländern (Braun 2003). Diese *coverage errors* dürften von Land zu Land variieren, dabei dürfte in wohlhabenderen Ländern im Durchschnitt eine größere Zugänglichkeit der Zielpersonen vorhanden sein. In Stichproben aus Ländern mit großen Anteilen ländlicher Bevölkerungsstrukturen ohne Meldebehörden oder ohne vollständige Verzeichnisse von Gemeinden ist die Qualität der Stichproben problematisch. Bei Studien wie dem World Value Survey, der Stichproben aus Aserbeidschan, Nigeria und Deutschland enthält, dürften erhebliche Unterschiede in der Stichprobenzugänglichkeit vorliegen (vgl. aber Eckmann et al. 2019 für eine Darstellung von innovativen Auswahlverfahren, die geographic information systems (GIS) wie Google Earth, Google Maps sowie GPS und Handydaten nutzen).

5.2.1.2 Nonresponse Error

Ein besonderes Problem der Wahrscheinlichkeitsauswahl stellt die *Nonresponse* dar (vgl. Schnell 1997). Wenn Teile der Stichprobe nicht erreicht werden oder sich verweigern, kann nicht ausgeschlossen werden, dass dies zu systematischen Verzerrungen des Samples führt. Als systematisch werden die Ausfälle bezeichnet, die nicht zufällig zustande kommen, d. h. es werden Personen aufgrund eines bestimmten Merkmals (systematisch) aus der Stichprobe ausgeschlossen. So kann es etwa vorkommen, dass in bestimmten Kulturen Frauen nicht ohne weiteres mit Fremden sprechen dürfen, dies führt zu einer systematischen Unterrepräsentation von Frauen in der Stichprobe. Braun (2003) weist des Weiteren darauf hin, dass die wahrgenommenen subjektiven Kosten (Verletzung der Privatsphäre, Unannehmlichkeiten, Vertrauenswürdigkeit) der Teilnahme an Befragungen kulturell variieren. So werden in den USA Umfragesituationen sehr häufig mit Werbeaktivitäten gleichgesetzt. Auch die Rahmenbedingungen der Durchführung der Umfrage können die Teilnahmebereitschaft bestimmen (Interviewer, Zeitrahmen, Ort der Befragung, Vertrautheit mit dem Verfahren). So sei es z. B. in den USA ratsam, Mitglieder der weißen Bevölkerung auch von weißen Interviewern befragen zu lassen. Auch das Thema der Befragung kann eine kulturspezifisch unterschiedliche Akzeptanz oder Schwierigkeit aufweisen. Insbesondere Themen, die mit Religion und Sexualität in Verbindung stehen, sind in islamischen Ländern schwer zu erfragen. Ebenso sind Umfragen zu politischen Themen in Ländern mit repressiven staatlichen Regimen kaum durchführbar. Ein weiteres Problem stellt in den westlichen Industrieländern die zunehmende Dichte an Befragungsaktivitäten dar. Insbesondere telefonische Befragungen mit Marketingabsichten führen in westlichen Ländern zu steigenden Verweigerungsquoten. De Leeuw und de Herr (2001) können zeigen, dass Ausschöpfungsquoten zwischen Ländern variieren und dass auch der Rückgang der Teilnahmebereitschaft eine Länderspezifik aufweist. Auch die Gründe für die Nonresponse variieren im Ländervergleich (Beullens et al. 2018; Couper und de Leeuw 2003; de Leeuw et al. 2018). Einen entscheidenden Einfluss auf das Ausmaß der Nonresponse hat offenbar die Art der Durchführung der Umfragen. Bei face-to-face-Befragungen werden in der Regel deutlich höhere Rücklaufquoten erreicht, als dies bei postalischen Befragungen der Fall ist. Auch diese Durchführungsmodi variieren oft in kulturvergleichenden Studien (z. B. im ISSP).

Nonresponse ist dann ein Problem für die Aussagekraft der Studie, wenn systematische Ausfälle auftreten. Systematische Ausfälle sind – wie bereits dargelegt – solche, die dazu führen, dass bestimmte soziale Gruppen in der Stichprobe nicht entsprechend ihrem Anteil an der Bevölkerung repräsentiert werden. So zeigt sich z. B. dass die Nonresponse-Rate in urbanen Gebieten höher ist als in ländlichen Regionen. Ebenso werden häufig ethnische Minderheiten und soziale Randgruppen in Stichproben systematisch nicht erreicht.

5.2.2 Der Umgang mit Ausfällen

Im Prinzip stehen nur wenige effektive Möglichkeiten zum Umgang mit Ausfällen zur Verfügung:

- Vermeidung
- Substitution oder Gewichtung
- Dokumentation

Erstens sollten schon bei der Durchführung der Umfrage Techniken eingesetzt werden, um die Ausfallquote möglichst gering zu halten. Ziel des Umgangs mit Nonresponse im Kulturvergleich ist es nicht, ein gleiches äquivalentes Niveau in allen Ländern zu erreichen, sondern ein möglichst niedriges Niveau in allen Ländern. Dazu ist es im Idealfall nötig, dass alle beteiligten Länder einen gleichartigen und großen Aufwand betreiben, um Nonresponse zu vermeiden. Couper und de Leeuw (2003) schlagen verschiedene Maßnahmen vor, um die Ausschöpfungsquote zu erhöhen. Diese Maßnahmen sind kostenintensiv und werden daher sicher nicht in allen Ländern in gleichem Maße umgesetzt werden können. Um die Ausfälle durch das nicht zustande kommen eines Kontakts zu verringern, ist es notwendig, die Zahl der Kontaktversuche und die Zeitpunkte zu erhöhen bzw. zu variieren. Die günstigen Zeiten können kulturspezifisch variieren. Schwieriger gestaltet sich die Vermeidung von Verweigerungen. In face-to-face- und Telefoninterviews ist eine sehr gute Schulung der Interviewer nötig, um die Seriosität der Umfrage glaubhaft zu machen, da die Angst vor unseriösen Geschäftspraktiken und Marketingstrategien die Bereitschaft zur Beteiligung an Umfragen sinken lässt. Zudem können Ankündigungs- und Erinnerungsschreiben einen positiven Einfluss haben. Zunehmend werden auch kleine Geschenke als Anreize verwendet.

Praktiken, die darauf abzielen die Ausschöpfungsquote durch Substitution zu erhöhen, etwa durch Ergänzung der Stichprobe durch eine quotierte Stichprobe, erweisen sich als wenig zielführend. Sie führen zur Verletzung der Regeln der Wahrscheinlichkeitsauswahl. Die Problematik der *Quotenauswahlen* wird in Abschn. 5.4 erläutert. Die Praxis Wahrscheinlichkeitsauswahlen durch Quotensamples zu ergänzen, wie sie zum Teil in ländervergleichenden Projekten (z. B. ISSP) durchgeführt wird, ist damit keine Lösung des Nonresponse-Problems. Ähnliche Probleme ergeben sich bei Versuchen, Stichprobenverzerrungen, die sich durch Nonresponse ergeben, durch *Gewichtungsprozeduren* zu beheben. Eine Möglichkeit besteht darin, Elemente der Population, die aufgrund des Stichprobendesigns nicht die gleiche Chance haben, in die Stichprobe zu gelangen, zu gewichten. In diesem Fall müssen die Wahrscheinlichkeiten dieser Elemente bekannt sein. Ihre Benachteiligung bei der Auswahl wird dann durch entsprechende Gewichte korrigiert (Designgewicht). So ist etwa bekannt, dass bei Verwendung des Schwedenschlüssels, Personen in großen Haushalten eine geringere Wahrscheinlichkeit haben in die Stichprobe zu gelangen, als Personen aus kleinen Haushalten. Die Wahrscheinlichkeit ist hier bekannt, nämlich 1/Haushaltsgröße. Die Ungleichwahrscheinlichkeit der Auswahl kann durch die Gewichtung mit der Haushaltsgröße ausgeglichen werden (Diekmann 2018: 427). Weitaus relevanter, wenn es um die Korrektur verzerrter Stichproben geht, ist die statistisch nicht abgesicherte Nachgewichtung einer Stichprobe anhand bekannter demografischer Merkmale der Grundgesamtheit (Redressement). Es ergeben sich ähnliche Fallstricke wie bei der Substitution durch Quotierung (siehe unten). Systematische Verzerrungen werden dadurch verschleiert, aber nicht behoben (Diekmann 2018: 427 ff.).

Trotz allem wird Nonresponse ein sicher unvermeidbares Problem bleiben. Daher ist es notwendig, die Ausfälle klar zu dokumentieren und zu differenzieren (Konventionen hierfür legt „The American Association for Public Opinion Research" vor www.aapor.org).

5.3 Repräsentativität

Die Probleme bei Stichprobenziehungen in monokulturellen oder kulturvergleichenden Studien zeigen, dass Repräsentativität schwer zu erreichen ist – teilweise wird Repräsentativität sogar als Mythos bezeichnet, da man im Rahmen von Auswahlverfahren nicht in der Lage ist, alle relevanten Merkmale einer Grundgesamtheit zu erkennen, zu berücksichtigen und in einer Stichprobe einzubeziehen (Diekmann 2018: 430 f.). „Nach dem – *unzutreffenden* – Alltagsverständnis ist eine repräsentative Stichprobe ein verkleinertes, aber naturgetreues Abbild der Grundgesamtheit mit allen ihren Eigenschaften. Man kann sich allerdings leicht vor Augen führen, dass es keine Stichprobe geben kann, die tatsächlich ein genaues Abbild aller Eigenschaften einer Grundgesamtheit ist. Wird z. B. nicht nur die Zufriedenheit von Personen betrachtet, sondern auch die Verteilung weiterer Merkmale wie Alter, Geschlecht, Konfession, Schulbildung, Einkommen usw., so folgt allein aus der Anzahl von Kombinationsmöglichkeiten der Ausprägungen dieser Variablen, dass die Stichprobe genauso so groß sein muss wie die Population, wenn sie tatsächlich *alle* Beziehungen zwischen diesen Variablen in gleicher Weise exakt wiedergeben soll. *Repräsentative Stichproben im Sinne der exakten Abbildung einer Population sind in der Realität unmöglich.* (…) Weil bei einfachen Zufallsauswahlen alle Elemente der Population und damit alle Eigenschaften der Grundgesamtheit die gleiche Chance haben, ausgewählt zu werden, *ist die Wahrscheinlichkeit kleiner Abweichungen zwischen Populationswerten und korrespondierenden Stichprobenwerten größer als die Wahrscheinlichkeit großer Abweichungen.* Dieser Sachverhalt wird als *statistische Repräsentativität* bezeichnet. Da statistische Repräsentativität als Eigenschaft einer Zufallsauswahl auf Wahrscheinlichkeiten basiert, kann nicht ausgeschlossen werden, dass in einer konkreten repräsentativen Stichprobe zufällig große Abweichungen zwischen

Stichprobe und Grundgesamtheit bestehen" (Kühnel und Krebs 2012, S. 221 ff., kursiv im Original). In kulturvergleichenden Studien, die infrastrukturell weniger entwickelte Länder einbeziehen, gelten die Probleme, die mit der Frage zusammenhängen, inwieweit Repräsentativität erreicht werden kann, umso mehr. Die Qualität der Stichproben als potenzielle Fehlerquelle sollte daher immer hinterfragt und problematisiert werden.

5.4 Bewusste Auswahl

Eine Alternative zur Wahrscheinlichkeitsauswahl stellt die bewusste Auswahl dar. Dabei spielt die Quotenauswahl eine besondere Rolle. Die Quotenauswahl wird durch vorher festgelegte Regeln realisiert. Diese Regeln beziehen sich auf bestimmte Quoten, die erfüllt werden sollen. Die Quote stellt dabei eine Merkmalsverteilung dar, so kann beispielsweise festgelegt werden, dass in der Quotenstichprobe beim Merkmal formaler Bildungsabschluss 25 % der Personen das Abitur und 35 % der Personen den Hauptschulabschluss haben. Mit der Quotierung versucht man, ein verkleinertes Abbild der Grundgesamtheit zu erreichen. Die Merkmalsverteilungen in der Quotenstichprobe sollen den Anteilen in der Grundgesamtheit entsprechen. Dazu sind aber Informationen über die Verteilung in der Grundgesamtheit notwendig. Diese Informationen stehen zum Teil durch Volkszählungen oder über Mikrozensusbefragungen zur Verfügung. Allerdings stehen solche Angaben wiederum nicht in allen Ländern zur Verfügung. Für seltene und spezielle Populationen (z. B. Personen mit bestimmten Erkrankungen, Porsche-Fahrer etc.) sind diese Datenquellen meist jedoch nicht sehr ergiebig. Quoten können auch kombiniert formuliert werden. Dann sollten z. B. bei den 25 % der Personen, die das Abitur erworben haben 40 % Frauen und 60 % Männer vertreten sein (etc.). Je mehr gemeinsame Merkmalsverteilungen von zwei oder mehr Merkmalen vorgegeben werden, desto schwieriger und anspruchsvoller wird die Realisierung einer Quotenstichprobe. Als Vorteil der Quotenauswahl gilt ihre Wirtschaftlichkeit: Sie ist weniger aufwendig als das Verfahren der Wahrscheinlichkeitsauswahl. Ungewiss ist hierbei allerdings, ob die gewählte Quotierung in Bezug auf die jeweils interessierenden Variablen (z. B. politische Orientierung) relevant ist. Quotenmerkmale werden in der Regel nach praktischen Kriterien ausgewählt, nämlich hinsichtlich der Frage, zu welchen Merkmalen Angaben über deren Verteilung in der Grundgesamtheit vorliegen. Diese sind zumeist Variablen soziodemografischer Art, man geht davon aus, dass alle anderen Merkmale dann ebenfalls repräsentiert werden. Schnell, Hill und Esser (2018:

274 ff.) gehen davon aus, dass in der Regel nur schwache Zusammenhänge zwischen quotierten und nicht-quotierten Merkmalen nachweisbar sind. Schnell (1993) weist darauf hin, dass man bei soziodemografischen Quotierungen von einer Homogenität auch anderer Merkmale in diesen soziodemografisch definierten Schichten ausgeht. Empirische Analysen zeigen aber, dass demografische Variablen maximal zehn Prozent der Varianz von Einstellungsfragen aufklären. Mit Quotierungen werden deutliche Stichprobenverzerrungen in Kauf genommen. Über die Stärke der Verzerrungen gibt es keine einheitliche Meinung. Während kommerzielle Institute von sehr geringen Verzerrungen ausgehen, geht man in der wissenschaftlichen Literatur von deutlichen Verzerrungen aus. Quotenstichproben werden in kulturvergleichenden Studien zum Teil in Ergänzung von Wahrscheinlichkeitsstichproben eingesetzt, um Lücken, die durch *coverage* Probleme oder Nonresponse entstanden sind, zu decken. Die genannten Probleme gelten hier ebenso, der Charakter der Wahrscheinlichkeitsauswahl wird verfälscht.

Matching Samples
Geert Hofstede (2001) unterscheidet zwei Möglichkeiten der Stichprobenziehung: „to make the samples very broad ...(oder) ... to make the samples very narrow" (Hofstede 2001: 23). Die erste Variante versucht, über große Wahrscheinlichkeitsauswahlen subkulturelle Differenzen zu berücksichtigen. Die zweite Variante geht den umgekehrten Weg. Hierbei werden kleine Stichproben anhand eng definierter Merkmale ausgewählt. Hofstede (2001) versucht das Problem der präzisen Abbildung einer Grundgesamtheit in kulturvergleichenden Studien durch eine Strategie des *matchings* von Stichproben *(matching samples)* zu lösen. Diese Strategie des „Parallelisierens" von Stichproben stammt aus dem Bereich der experimentellen Psychologie. Durch das Parallelisieren nicht interessierender Variablen, soll dem Problem der interkulturellen Inhomogenität der Stichprobe begegnet werden (Helfrich 2003). Hofstede (2001) spricht vom Vergleich ähnlicher Subkulturen verschiedener Länder. So sollen z. B. spanische Polizisten mit schwedischen Polizisten verglichen werden. Nicht das Niveau z. B. von Individualismus dieser Subgruppe (Polizisten) ist repräsentativ für das jeweilige Land, sondern die Relation zwischen den Ländern: das Niveau an Individualismus der Polizisten in Land A in Bezug zum dem Niveau der Polizisten in Land B. Der Kulturunterschied steht dabei im Fokus der Analyse. Voraussetzung ist die funktionale Äquivalenz dieser beruflichen Positionen in den jeweiligen Gesellschaften. Günstig ist es dabei, nicht nur eine Subkultur zu berücksichtigen, um die Differenzen empirisch besser als Kulturunterschiede abzusichern. Hofstede (1980, 2001) selbst hat diese Strategie in seiner klassischen Studie „Cultures Consequences" verwendet, als er Mitarbeiter von IBM aus über 50 Ländern verglich. Diese Strategie des *matching* wird sehr

häufig in psychologischen Studien verwendet. Zumeist werden Studierende der eigenen Universität als Probanden gewonnen, die dann mit den Studierenden eines Kollegen aus einem anderen Land verglichen werden. Solche Stichproben können nur in eingeschränktem Maße sinnvoll eingesetzt werden. Zudem entsteht auch hier das Problem, dass die verglichenen Subsamples meist nicht per Zufallsauswahl erhoben werden, da die Personen aus den definierten Schichten der Bevölkerung zumeist nach willkürlichen Prinzipien ausgewählt werden (Studierende des Forschers im Vergleich mit Studierenden des befreundeten Forschers z. B. aus den USA). Ebenso ist die funktionale Äquivalenz scheinbar ähnlicher Gruppen häufig nicht gegeben, so sind z. B. der soziale Status und auch der Ausbildungshintergrund einer Kindergärtnerin in Deutschland und Japan sehr unterschiedlich. Ebenso können Studierende aus Deutschland und den USA aufgrund der sozialen Selektivität bestimmter amerikanischer Universitäten nicht unbedingt verglichen werden.

5.5 Fazit

Bei der Realisierung von Stichproben im Kulturvergleich stehen zwei Aspekte im Vordergrund: die Auswahl und die Anzahl der zu untersuchenden Länder sowie die Auswahl und die Anzahl der Personen, die zu befragen sind. Für jede dieser Stichproben gibt es Fehlerquellen und die Fehlerquellen variieren zum Teil kulturspezifisch. In Kulturvergleichen geht es zwar immer darum Äquivalenz herzustellen, in diesem Falle sollte das aber nicht bedeuten, sich an den „schlechtesten" Stichproben zu orientieren, sondern zu versuchen, in allen Ländern mögliche Fehlerquellen zu minimieren. Je schlechter die Forschungsinfrastruktur ist, desto größer sind die Gefahren, dass eine adäquate Stichprobenziehung nicht gewährleistet werden kann, desto stärker sind bei der Bewertung von Ergebnissen von kulturvergleichenden Studien, mögliche Verzerrungen durch eine schlechte Stichprobenqualität zu berücksichtigen. Bereits in monokulturellen Studien wird Repräsentativität zum Teil als Mythos (Diekmann 2018: 432) bezeichnet. Wenn das so sein sollte, dann gilt das für kulturvergleichende Studien in besonderer Weise. Gabler und Häder (2016: 352) plädieren deshalb dafür, den Anspruch an identische Verfahren für die Sampling-Prozeduren aufzugeben, besser sei es: „that in each country the best probability design in terms of frame coverage, design effect, experience, and economic efficiency should be found – there is no need for similarity".

Gabler und Häder (2016) identifizieren zusammenfassend die folgenden generellen Trends im Sampling in vergleichenden Studien:

5.5 Fazit

- „There is a trend towards multiple frame designs. They are used when a single frame has coverage deficiencies. For instance, in sampling for telephone surveys, dual frame approaches become more common to also include solely mobile phone users.
- Abandoning quota sampling is a clear trend which was established in the 1990s. Only a few survey programs (such as the World Values Survey, http://www.worldvaluessurvey.org) still allow quota elements in certain cases.
- The most suitable probability design should be used accordingly in each country. Being most suitable means that the design is workable and efficient in regards to the resources of time and money. What is meant by this is that there is not just one sample design that is the best for a country but it can also differ from survey to survey. Furthermore, sample designs can even differ between countries in a single survey.
- It is essential to record the inclusion probabilities for all elements of the gross sample. This information is needed to calculate design weights.
- The concept of meeting the target of the same effective sample size in each participating country ensures the same precision of estimates and insofar allows for comparability of the analyses results.
- A detailed documentation of the sampling procedures is necessary to allow researchers to comprehend the process of data collection. Forms as used in the ESS or SHARE are helpful for a standardized documentation and probably a way to help the user to properly use the design weights" (Gabler und Häder 2016: 352).

> **Kontrollfragen**
>
> - *Welche Ziele kulturvergleichender Studien sind mit welchen Auswahlverfahren auf der Ebene der Länder realisierbar?*
> - *Worauf sollte beim systematic sampling von Ländern geachtet werden?*
> - *Inwiefern sind auch Formen des convenience samplings für kulturvergleichende Fragestellungen sinnvoll?*
> - *Inwiefern sind Auswahlverfahren von Äquivalenzproblemen betroffen?*
> - *Welche Probleme sehen Sie bei der Realisierung von Wahrscheinlichkeitsauswahlen in Ländern mit einer wenig entwickelten Infrastruktur?*

Literatur zur Vertiefung und zum Weiterlesen

Boehnke, K./Lietz, K./Schreier, M./Wilhelm, A. (2010). Sampling: The Selection of Cases for Culturally Comparative Psychological Research. S 101–129 in: Matsumoto, D./van de Vijver, F.J.R. (Hg.): Cross-Cultural Research Methods in Psychology. New York/Cambridge: Cambridge University Press.

Gabler, S./Häder, S. (2016). Special challenges of sampling for comparative surveys. S. 346–355 in: Wolf, C./Joye, D./Smith, T.W./Fu, Y. (Hg.), The SAGE Handbook of Survey Methodology. Los Angeles u. a.: Sage.

Häder, S./Gabler, S. (2003). Sampling and estimation. S. 117–135 in: Harkness, J.A./van de Vijver, F./Mohler, P.Ph. (Hg.), Cross-cultural survey methods. Hoboken, New Jersey: Wiley.

Hubbard, F./Lin, Y./Zahs, D./Hu, M. (2016). Sample Design. Guidelines for Best Practice in Cross-Cultural Surveys. Ann Arbor, MI: Survey Research Center, Institute for Social Research, University of Michigan. https://ccsg.isr.umich.edu/chapters/sample-design/.

Fragebogenentwicklung 6

Die Entwicklung eines Fragebogens in kulturvergleichenden Studien unterliegt den gleichen Regeln und Vorgaben, die in monokulturellen Studien auch Gültigkeit haben (Diekmann 2018; Schnell et al. 2018; de Jong et al. 2019). Diese sollen hier nicht wiederholt werden. Zusätzlich ergeben sich aber weitere Erfordernisse, die sich auf das Ziel der Äquivalenz der Messinstrumente beziehen. Hier müssen verschiedene Aspekte berücksichtigt oder auch empirisch geprüft werden, um ein möglichst hohes Niveau an Äquivalenz zu gewährleisten.

Zentraler Ausgangspunkt der Fragebogenentwicklung ist die *Konzeptspezifikation* (vgl. Kap. 4). Bereits in dieser Phase müssen die Konzepte in einer Weise spezifiziert und definiert werden, die sie der nun folgenden *Operationalisierung,* im Falle der Surveyforschung der Fragebogenkonstruktion, „leicht" zugänglich machen. Ebenso muss die Frage der konzeptuellen Äquivalenz geklärt sein, soweit dies vorab[1] möglich ist. Sind diese Schritte abgeschlossen, kann mit der Auswahl oder Neuentwicklung von Messinstrumenten begonnen werden.

Die Zuordnung von Indikatoren zu den Konzepten (Operationalisierung) durchläuft dabei unterschiedliche Prüfschritte (vgl. Abb. 6.1). Die verbindenden Pfeile auf der rechten Seite verdeutlichen die Rückkopplungen die durch die Übersetzungsprozeduren entstehen können (vgl. Abschn. 6.2).

Das Äquivalenzproblem bezieht sich in diesem Zusammenhang auf den sogenannten *item bias.* Es stellt sich die Frage, ob Unterschiede in der Funktionsfähigkeit der Items in den Kulturen auftreten. Von dieser Form der Verzerrung

---

[1] In Kap. 4 wurde bereits dargelegt, welche Methoden hier zur Verfügung stehen. Dabei sind einige Verfahren, wie z. B. die Diskussion mit Experten aus den anderen Kulturen vorab möglich – empirische Test der Konstruktvalidität können jedoch erst nach der Fragebogenentwicklung anhand z. B. der Daten von Pretests durchgeführt werden.

Abb. 6.1 Schritte zur Entwicklung eines Fragebogens

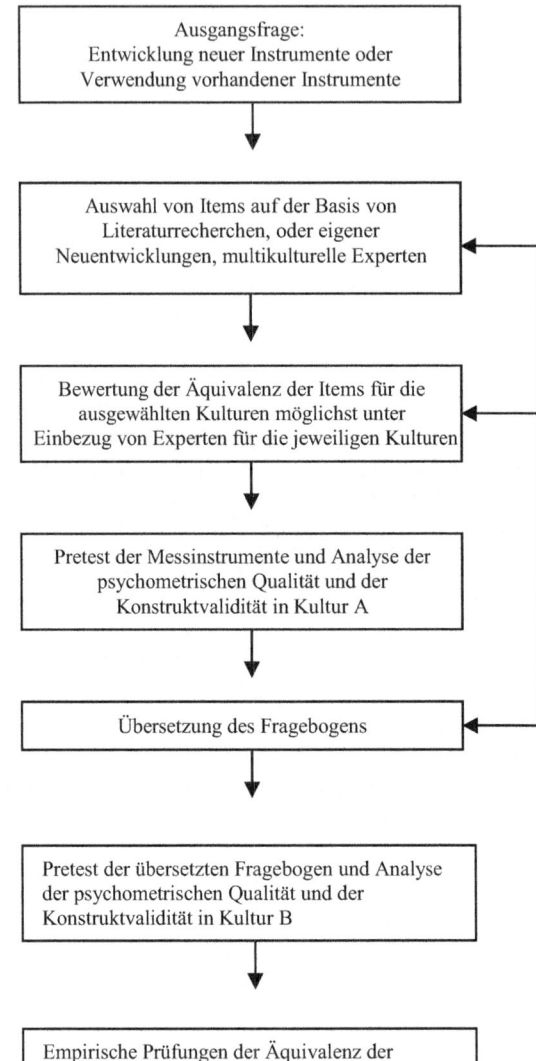

wird dann gesprochen, wenn Befragte mit der gleichen Ausprägung eines Merkmals nicht den gleichen Wert auf der jeweiligen Antwortskala erreichen (van de Vijver 2003). Hier können unterschiedliche Gründe relevant sein, z. B. eine schlechte Übersetzung der Items, unterschiedliche Konnotationen verschiedener Worte in den jeweiligen Kulturen oder die unterschiedliche Vertrautheit der Befragten mit dem Iteminhalt. Van de Vijver (2003) verdeutlicht diesen Sachverhalt anhand des folgenden Items: „Wie heißt die Hauptstadt von Polen?" Die Frage soll geografisches Wissen bei Schülern in Polen und in Japan ermitteln. Hier sorgt die unterschiedliche Vertrautheit mit dem Inhalt ganz offensichtlich für eine deutliche Verzerrung auf dem Zielkonzept „geografisches Wissen". Um eine angemessene Erfassung zu gewährleisten, müssten Fragen gefunden werden, die für die Befragten beider Kulturen in gleicher Weise „fremd" sind oder es müssen unterschiedliche Inhalte verwendet werden, die in jedem Land in je gleicher Weise bekannt und deren funktionale Äquivalenz nachgewiesen ist. In der Forschungsrealität ist es nicht immer so einfach wie im Beispiel, Äquivalenzprobleme aufzuspüren, insbesondere dann, wenn die Forschergruppe monokulturell besetzt ist. Zudem ergeben sich Zielkonflikte zwischen dem Ziel der Vergleichbarkeit *zwischen* den Kulturen und dem der inhaltlichen Angemessenheit für die je *einzelne* Kultur.

Der hier skizzierte Ablauf ist idealtypisch dargestellt. In der Realität können Abweichungen in der Reihenfolge einiger Schritte auftreten. So sind etwa Fragen der Übersetzung bereits in der Phase der Auswahl der Items zu beachten. Ebenso sind bei nicht sequenziellen Verfahren, also bei Verfahren bei denen es keinen Basisfragebogen einer Kultur gibt, einige der Schritte parallel durchzuführen.

6.1 Vorhandene Instrumente oder Neuentwicklung?

Nach der Phase der Konzeptspezifikation folgt die Auswahl der Messinstrumente. Eine präzise Konzeptspezifikation erleichtert diesen Prozess enorm. Brislin (1986) geht unter Rückgriff auf seine persönlichen Erfahrungen sogar davon aus, dass bei sehr guter Definition der zu messenden Konzepte, selbst in der Fragebogenkonstruktion wenig geschulte Studierende in der Lage sind, gute Items zu entwickeln. Ausgangspunkt für die Entwicklung einer Strategie zur Fragebogenentwicklung im Kulturvergleich ist die Frage, inwieweit man auf *vorhandene Instrumente* zurückgreifen kann oder *neue Items bzw. Skalen* zu entwickeln sind. Ein Mittelweg ist häufig die Modifikation oder Ergänzung vorhandener Instrumente. Die Entscheidung kann hier von verschiedenen Aspekten abhängig sein, die im Folgenden diskutiert werden.

6.1.1 Der Rückgriff auf vorhandene Instrumente

Insbesondere Gründe der Effizienz sprechen für die Verwendung vorhandener Instrumente. Zum einen ist deren psychometrische Qualität bereits geprüft, ihre Funktionsfähigkeit hat sich bereits in der Empirie erwiesen. Zum anderen spart man finanzielle und zeitliche Kosten, wenn man auf vorhandenes Material zurückgreifen kann. In manchen Fällen spielt auch das *Replikationsargument* eine Rolle. Die gefundenen Ergebnisse sind bei der Verwendung identischer Instrumente eher mit den Ergebnissen anderer Studien vergleichbar. Bei der Verwendung vorhandener Instrumente ist die Literaturrecherche der nächste Schritt. Dokumentationen und Studien müssen ausfindig gemacht werden, in denen die Instrumente verwendet wurden und in denen auch mögliche Schwächen der Instrumente angesprochen wurden. Im nächsten Schritt muss über die Übertragbarkeit der einzelnen Items in die zu untersuchenden Kulturen nachgedacht werden. Es könnten sich Besonderheiten der zu untersuchenden Kultur ergeben, die für die bereits mit diesem Instrument untersuchten Kulturen nicht relevant waren. Die Bedeutung der Items oder die Konnotation einzelner Worte könnte kulturell unterschiedlich sein. Will man z. B. eine Skala zur Messung von Patriotismus einsetzten, die in den USA gut funktioniert hat, muss man überlegen, inwieweit die besonderen geschichtlichen Hintergründe z. B. in Deutschland eine Anwendung bzw. Übertragung der Skala zulassen. Harkness et al. (2003) machen am Beispiel von Umweltverhalten die mangelnde Passung von Inhalten deutlich, wenn etwa in den jeweiligen Ländern eine unterschiedliche Art oder Ausstattung zur Sammlung von Recyclingmüll zur Verfügung steht. Ein anderes Beispiel ist die Erfassung von ehrenamtlichen Aktivitäten in westlichen und ex-kommunistischen Ländern. Eine nicht vorhandene bzw. diskreditierte Vereinsstruktur (durch den politischen Missbrauch solcher Organisationen) macht eine vergleichbare Erfassung in ex-kommunistischen Ländern problematisch. Ebenso können Instrumente veralten – z. B. wenn sich die Rahmenbedingungen ändern oder auch nur die Verwendung bestimmter Ausdrücke. So sprach man z. B. bis in die 1990er Jahre im ALLBUS (Allgemeine Bevölkerungsumfrage) von Gastarbeitern, da der Begriff aber in der Öffentlichkeit heute kaum mehr verwendet wird, wurde er durch Ausländer ersetzt. Die Äquivalenz der Messungen wurde durch externe Validierungen geprüft (Blank und Wasmer 1996).

Aus der Analyse von Schwächen vorhandener Instrumente könnte sich die Notwendigkeit der *Modifikation* ergeben, die gegen das Replikationsargument abzuwägen ist. Eine Veränderung der Instrumente könnte die Vergleichbarkeit mit anderen Studien einschränken, dafür aber die Messqualität in der eigenen Studie verbessern. Hier ist abzuwägen, welcher Aspekt als wichtiger zu bewerten ist.

Kleinere Modifikationen können die Qualität der Messung verbessern, ohne den Bezug zum herkömmlichen Instrument zu stark zu beeinträchtigen. Wenn z. B. nur einzelne Items einer Skala verändert werden, kann der Rest der Items zur Prüfung der Äquivalenz zwischen dem alten und dem neuen Instrument genutzt werden. Harkness et al. (2003) unterscheiden vier Formen von Modifikationen:

1. *terminologische oder sachliche Anpassungen von landesspezifischen Sachverhalten:* z. B. Name des Parlaments (Congress; Parliament, Bundestag, Knesset); unterschiedliche Bezeichnungen für Schulabschlüsse oder Berufe:
2. *strukturelle Unterschiede in der Sprache:* z. B. Anredeformen; feststehende Begriffe;
3. *unterschiedliche Lesegewohnheiten:* z. B. Leserichtung von links nach rechts und ein entsprechender Aufbau der Antwortvorgaben müssten z. B. in arabischen Kulturen angepasst werden;
4. *kulturspezifische Normen, Gewohnheiten, Praktiken:* z. B. unterschiedliche Begrüßungsformen, unterschiedliche traditionelle Geschenke zu bestimmten Gelegenheiten.

Vor dem Hintergrund der genannten Probleme muss deutlich gemacht werden, dass auch bei einer identischen Übernahme von Instrumenten, die wörtlich übersetzt werden, ein gründlicher Pretest notwendig ist. Auch wenn keine Übersetzung notwendig ist, z. B. bei Vergleichen zwischen Ländern mit „gleicher" Sprache, kann man nicht davon ausgehen, dass die Funktionsweise der Items identisch ist – auch hier sind Pretests nötig!

6.1.2 Die Neuentwicklung von Instrumenten

In den meisten Fällen sprechen die genannten Vorteile für den Rückgriff auf vorhandene Instrumente. Liegen allerdings keine Instrumente vor oder ist die Anwendbarkeit vorhandener Instrumente aufgrund von Äquivalenzproblemen nicht möglich, ist an die Neuentwicklung von Instrumenten zu denken. Hauptnachteil einer Neuentwicklung ist der Zeit- und Kostenaufwand. Je mehr Länder an der Studie beteiligt sind, desto größer wird dieser Aufwand. Hauptvorteil einer Neuentwicklung ist die bessere Passung an den jeweiligen kulturellen Kontext, da die Instrumente mit konkretem Bezug auf die entsprechenden Länder und deren Spezifika entwickelt werden können. Zudem können Verfahren eingesetzt werden, die die „Einbahnstraßen-Strategie" der Verwendung vorhandener Instrumente umgehen. Diese „Imperialismus"-Problematik der Übertragung von

Instrumenten einer Kultur in eine andere wurde bereits in Kap. 3 im Kontext der Debatte um *etic und emic approaches* dargestellt. Schon in den 1970er und 1980er Jahren wurde über Strategien nachgedacht, um dieses Problem zu überwinden. Bei der Übertragung von Instrumenten von einer Kultur auf eine andere Kultur spricht Berry (1989) von „imposed etic". Triandis (1978) spricht auch von „pseudo etic", da man einfach Konzepte und Messungen anwendet und von deren universellen Gültigkeit ausgeht, ohne dies genauer zu hinterfragen. Bereits Berry (1989) und auch Triandis (1978) schlagen Strategien vor, um diese Einseitigkeit des Forschungsprozesses zu überwinden. Triandis (1978) schlägt den „combined etic-emic approach" vor. Ausgangspunkt dieser Strategie ist ein theoretisches Konzept, von dessen Übertragbarkeit (etic) man ausgeht. Daraufhin werden in den jeweiligen Kulturen Messinstrumente entwickelt (emic). Aus diesem Prozess sollen Modifikation des Ausgangskonzeptes und der Instrumente entstehen, die kulturübergreifend valide sind. Berry (1989) spricht dann von *derived emic*. Die Problematik der Verwendung dieser Begriffe wurde bereits in Kap. 3 diskutiert. Wir wollen daher im Kontext der Instrumentenentwicklung, die in vergleichenden Studien eingesetzt werden, auf andere Begrifflichkeiten zurückgreifen, die auch in der aktuellen Diskussion inzwischen häufiger verwendet werden (van de Vijver und Leung 1997, 2021). Insgesamt wird heutzutage häufig von *Indigenizing* gesprochen, wenn Experten der einzelnen Kulturen einbezogen werden, die dann den Messinstrumenten eine kulturspezifische Prägung verleihen (Sinha 1997; Mpofu 2002; Cheung und Cheung 2003). Hier können zwei Varianten unterschieden werden: *expert consultation* und *expert collaboration* (Johnson 1998). Beide Verfahren unterscheiden sich durch die Intensität der Kooperation. Während im Fall der *expert consultation* eine nur lockere Verbindung zu den Experten besteht *(hired hand),* zeichnet sich die *expert collaboration* durch einen höheren Grad an Integration der Experten in das Forschungsprojekt aus, womit positive Effekte einer besseren Kenntnis der Zusammenhänge und ein stärkeres Engagement erwartet werden. In den USA sind solche engeren Kooperationen zum Teil Bedingung beim Einwerben von Forschungsgeldern (Johnson 1998). Um Kenntnisse über andere Kulturen zu vertiefen, bieten zudem qualitative und ethnografische Methoden Möglichkeiten, die allerdings zeitintensiv sind. Zum Teil ist es aber auch möglich Sekundärinformation heranzuziehen, die auf der Basis solcher Methoden gewonnen wurden (Johnson 1998; Hines 1993).

In der Literatur werden zwei Ansätze vorgeschlagen, um Einseitigkeiten der Theorie und der Instrumente zu vermeiden:

- der decentered approach und
- der convergence approach

6.1 Vorhandene Instrumente oder Neuentwicklung? 113

Im Rahmen beider Ansätze wird eine Perspektive angestrebt, die es ermöglicht, die Sichtweisen aller beteiligten Kulturen in der Instrumentenentwicklung zu berücksichtigen. Ausgangspunkt im *decentered approach* ist ein Basisfragebogen, der zunächst auf die andere Kultur übertragen wird. Hinsichtlich der zeitlichen Abfolge würde man hier von einem *sequenziellen Vorgehen* sprechen. Durch Übersetzung und Rückübersetzung sowie Modifikation entsteht ein Fragebogen, der möglichst ausgewogen die Perspektiven aller Beteiligten enthält. Kulturspezifische Aspekte sollen möglichst verschwinden. Harkness et al. (2003) sehen in diesem Vorgehen die Gefahr der inhaltlichen Entleerung, sodass der endgültige Fragebogen keiner Kultur gerecht wird. Sie schlagen als eine Variante vor, dass Experten gebeten werden, einen Ausgangsfragebogen um kulturspezifische Items zu ergänzen. Schwartz und Sagiv (1995) verwenden dieses Vorgehen zu Erweiterung des Wertefragebogens. Brislin (1986) gibt das Beispiel der Erfassung von Intelligenz in den USA und in einigen afrikanischen Gesellschaften. Der Ausgangsfragebogen enthält kulturübergreifende Aspekte von Intelligenz, die eine gemeinsame Bedeutung (core meaning) in allen Kulturen haben sollten, in diesem Beispiel die Fähigkeit, richtige Lösungen für Probleme zu finden. Der kulturspezifische Aspekt für die USA beinhaltet das Merkmal ein Problem *schnell* zu lösen, der in den betrachteten afrikanischen Gesellschaften keine Rolle spielt. Hier wird im Unterschied zu den USA aber die Fähigkeit im Umgang mit Verwandten als wichtiges Merkmal von Intelligenz gewertet. Ebenso wird in afrikanischen Kulturen der Nutzen von Kompetenzen für das Kollektiv in den Vordergrund gestellt (Mpofu 2002). Die Endversion des Instrumentes enthält dann Items zur kulturübergreifenden *core meaning* und Items mit kulturspezifischen Aspekten. Werden die kulturspezifischen Teile nur in einer Kultur eingesetzt bzw. funktionieren sie nur in der jeweiligen Kultur, dann entstehen Probleme der Vergleichbarkeit. Die *funktionelle Äquivalenz* in Bezug auf das universelle Basiskonzept *(hier die Intelligenz)* der unterschiedlichen Messungen müsste nachgewiesen werden, eventuell durch Verfahren der Konstruktvalidierung (vgl. Abschn. 8.4). Bei diesem Verfahren bleibt aber immer auch die Möglichkeit die kulturübergreifenden mit den spezifischen Items der Instrumente zu vergleichen und deren Relationen zu explorieren, um Aufschlüsse über Konstruktunterschiede zu erhalten. Aufgrund des Ausgangsinstrumentes bzw. der Annahme einer universellen *core meaning,* der auf eine Kultur bezogen bleibt, verbleibt bei beiden Varianten eine gewisse Tendenz für eine Kultur.

Im *convergence approach* hingegen gibt es keinen Basisfragebogen, keinen kulturspezifischen Ausgangspunkt. Forscher aus allen beteiligten kulturellen Kontexten entwickeln jeweils eigene Instrumente. Jedes Instrument wird dann in allen beteiligten Kulturen angewandt. Ähnlichkeiten in den Ergebnissen werden als

Beleg für die Gültigkeit der Items gewertet. Als Variante dieser Strategie können Konzeptspezifikation und Fragebogen auch von einer multikulturellen Gruppe von Experten entwickelt werden. Dieses Vorgehen wurde zum Beispiel bei der PISA-Studie verfolgt. Allerdings stellt hier die jeweils dominante Sprache ein gewisses „zentrierendes" Problem dar. Nach der Übersetzung sind Pretests in allen Kulturen nötig. Beide Prozeduren sind relativ aufwendig, insbesondere dann, wenn die Zahl der beteiligten Kulturen groß ist. Dennoch wird diese enge Kooperation zwischen Experten aller beteiligten Kulturen zunehmend als wichtig erachtet.

6.2 Übersetzung

Braun und Harkness (2005) sprechen der Übersetzung eine Schlüsselrolle für die Sicherstellung von Vergleichbarkeit in Surveyuntersuchungen zu. Dabei beinhaltet die Sprache verschiedene Aspekte, die im Kulturvergleich von Relevanz sind. Zum einen hinsichtlich ihrer semantischen Bedeutung, also der Bedeutungen, die üblicherweise von den Benutzern den Worten zugeordnet werden. Dieser Aspekt ist ganz direkt mit dem Problem der Übersetzung verbunden. Sprachliche Äußerungen haben aber auch eine pragmatische Bedeutung, hier geht es darum, wie bestimmte Worte oder Aussagen in einem spezifischen Kontext verstanden werden (Braun und Harkness 2005). Dieser Kontext ist auch der kulturelle Kontext. Der Kontext eines Fragebogens ergibt sich aus dem Inhalt des Fragebogens selbst (Inhalte der Fragen, Reihenfolge und potenzielle Zusatzinformationen durch den Interviewer), dem persönlichen Erfahrungsraum des Befragten und seinem kulturellen Umfeld. Die Interpretation der Frage (wie wird sie verstanden) und die Reaktion darauf (Bildung einer Meinung und Übertragung in eine Antwort im Fragebogenformat, inklusive potenzieller Antwortverzerrungen) werden von diesem Kontext beeinflusst. Der Kontext eines Landes wird also in die Interpretation und Reaktion auf eine Frage einfließen.

> **Aus der Forschung: Testentwicklung im Kontext der PISA-Studie**
> Die Testentwicklung der PISA-Studie orientierte sich an der theoretischen Konzeptualisierung, die von einer funktionalistischen Definition des Kompetenzbegriffs ausgeht und die Problemlösefähigkeit in authentischen Situationen als universelle Basiskompetenz versteht. Die Theorieentwicklung und Umsetzung wurde im Rahmen des *convergence approach* vollzogen. Ein internationales Konsortium schlug Experten für die Erarbeitung der

6.2 Übersetzung

> Studie vor, die durch Vertreter der Regierungen aller Teilnehmerstaaten bestätigt wurden. Orientiert an dem von allen Teilnehmern verabschiedeten Rahmenkonzept, wurden in den PISA-Studien, die seit dem Jahr 2000 in dreijährigem Turnus durchgeführt werden, die Bereiche der Lesekompetenz, der mathematischen Kompetenz und der naturwissenschaftlichen Kompetenz untersucht. Dabei wurden alle Teilnehmerstaaten aufgefordert, Ideen, Material und Aufgaben für die Tests zu entwickeln. Die Entwicklung der Tests orientierte sich zwar an den Lernstoffen der Mittelstufe, wurde aber nicht auf spezifische Lehrplanvorgaben der Teilnehmerländer eingeengt. Für die Lesekompetenz wurden von allen Teilnehmerstaaten verschiedene Texte und Textsorten eingereicht, um eine möglichst große Vielfalt von Texten zu gewährleisten. Aus diesem Itempool wurde anhand der Rückmeldungen der Teilnehmerländer vom internationalen Konsortium eine Vorauswahl getroffen. Diese Vorauswahl wurde in allen Teilnehmerländern einem Pretest unterzogen. Items mit mangelnder Äquivalenz wurden ausgeschlossen. Für die Übersetzung wurde ein Verfahren doppelter paralleler Übersetzung gewählt, durch zwei unabhängige Übersetzer. Um die Dominanz einer Sprache zu minimieren, wurden ein englischer und ein französischer Basisfragebogen übersetzt. Ein dritter Übersetzer führte die beiden Übersetzungen zusammen. Die jeweiligen Versionen wurden in den Ländern durch nationale Experten und das internationale Konsortium geprüft. Weitere Pretests führten zu weiteren Modifikationen. Schließlich folgte eine Endkontrolle der Testfragen durch Übersetzer des internationalen Konsortiums. (Quelle: Baumert et al. 2001, vgl. auch die 34 seitige Anleitung PISA 2021 Translation and Adaption Guidelines, die von cApStAn und Halleux (2019) vorgelegt wurde).

Braun und Harkness (2005) geben hierfür ein sehr prägnantes Beispiel. Ein Item aus der ISSP-Befragung lautet: „Ein Vorschulkind leidet darunter, wenn seine Mutter berufstätig ist". Die Information im Statement die unspezifisch bleibt (Alter des Kindes, Betreuung des Kindes, zeitliches Ausmaß der Berufstätigkeit) wird vom Befragten mit Annahmen gefüllt, die für die jeweilige Kultur typisch sind. Unterschiede aufzuspüren, die durch den Kontext verursacht werden, ist das Ziel kulturvergleichender Studien. Dabei sollte der Kontext methodisch kontrolliert einfließen und bei der Interpretation der Ergebnisse berücksichtigt werden. Daher ist es notwendig, Kenntnisse über diesen Kontext zu haben und Interpretationsspielräume nicht völlig zu öffnen.

> **Aus der Forschung: Kulturelle Kontexte und die Interpretation von Items**
> Braun (2003) berichtet von den Ergebnissen eines Experimentes zur Interpretation von Items in Abhängigkeit vom Kontext und dem Einfluss von Unklarheit und Offenheit in der Itemformulierung. Dabei legte er Probanden aus Ost- und Westdeutschland das ISSP-Item: „Ein Vorschulkind leidet darunter, wenn seine Mutter berufstätig ist" vor. Unbestimmt bleibt hier das Alter des Kindes, die Intensität der Berufstätigkeit, die Art der Kinderbetreuungsmöglichkeiten und die Tätigkeit des Vaters. Diese Offenheit aktiviert Wahrnehmungsschemata, die durch die soziale Realität der Probanden in den verschiedenen Regionen bestimmt werden (Braun 2003: 62). Ostdeutschland ist historisch geprägt durch eine höhere Arbeitsmarktpartizipation von Frauen und eine höhere Dichte an Kinderbetreuungsmöglichkeiten, auch für sehr kleine Kinder. Nahezu jeder ostdeutsche Proband dürfte selbst eine frühzeitige Fremdbetreuung durchlaufen haben. Braun (2003) bat die ost- und westdeutschen Probanden zusätzlich zu bewerten, wie stark drei-jährige Kinder unter verschiedenen Situationen (z. B. Vollzeit-Berufstätigkeit nur der Mutter oder beider Eltern) leiden. Ost- und westdeutsche Probanden, die bei dem ISSP-Item sehr ähnliche Werte hatten, zeigten bei dem spezifischeren Item große Unterschiede in der Bewertung. Ostdeutsche bewerten die Situation des Kindes deutlich positiver, auch wenn beide Eltern vollzeit-berufstätig sind. Offenbar wurden die Unbestimmtheiten des ISSP-Items mit je kulturspezifisch unterschiedlichen Frames versehen, womit die unterschiedlichen Bewertungen überdeckt wurden.

Es ist offenbar, dass die Übersetzung des Fragebogens in die jeweilige Landessprache als Quelle möglicher Verzerrungen gesehen werden muss. Bereits bei der Erstellung des Ausgangsfragebogens, der Auswahl der Items sollte auf dessen „Übersetzbarkeit" geachtet werden. Potenzielle Äquivalenzprobleme können in manchen Fällen vorab antizipiert werden. Hilfreich ist es hier allgemeine Regeln der Konstruktion von Fragen (vgl. Schnell et al. 2018; Schnell 2019) zu beachten, die durch spezielle Regeln für Kulturvergleiche zu ergänzen sind. Brislin (1980, 1986) nennt 12 Regeln, die zu beachten sind, die alle darauf abzielen, den Items eine eindeutige und einfache sowie verständliche Aussage zu verleihen, um Verständnisprobleme zu minimieren. Es wird dabei auf Satzinhalte und Satzkonstruktionen hingewiesen, die gehäuft zu Uneindeutigkeit oder Missverständnissen bei der Übersetzung in andere Sprachen führen.

> **Aus der Forschung: Zwölf Regeln zur Formulierung von Fragen (Quelle: Brislin 1980, 1986)**
>
> - Verwende kurze und einfache Sätze.
> - Verwende Aktiv statt Passiv.
> - Verwende Substantive und keine Pronomen, auch wenn dadurch Redundanz entsteht. Pronomen sind teilweise schwer übersetzbar.
> - Vermeide Metaphern und Umgangssprache.
> - Vermeide den Konjunktiv.
> - Verwende – wenn nötig – zusätzliche kurze Sätze, um den Kontext der Frage zu klären.
> - Vermeide Adverbien und Präpositionen.
> - Vermeide Possessivpronomen.
> - Nutze lieber genaue und spezielle Bezeichnungen, da nicht alle Kulturen in gleicher Weise kategorisieren (z. B. statt Haustier besser Hund und Katze).
> - Vermeide Worte, die Unbestimmtheit ausdrücken (z. B. vielleicht).
> - Vermeide ungewöhnliche Worte, die dem Übersetzer unbekannt sein könnten.
> - Vermeide mehrere Verben in einem Satz.

Auch bei dem häufigen Anwendungsfall der wörtlichen Übersetzung eines Fragebogens kann nicht allein durch das identische Ausgangsmaterial von Äquivalenz ausgegangen werden. „Wörtliche" Übersetzungen sind nicht immer äquivalente Übersetzungen, die gleichen Worte können in zwei Kulturen unterschiedliche Bedeutungen oder Konnotationen haben, sodass eine nicht wörtliche Übersetzung in manchen Fällen eher Äquivalenz erzeugen kann. Brislin (1986) merkt hierzu treffend an: „In translation it is the intent that must be maintained, not the content" (Brislin 1986: 150). Daher ist es in jedem Falle nötig, dass der Forscher den jeweiligen Übersetzer instruiert und mit den Intentionen der Forschung vertraut macht. Brislin nimmt folgendes Item als Beispiel: „Every family owes it to the city to keep its lawn mowed in summer and sidewalks shovelled in winter". Das Item ist Teil einer Skala zur Messung sozialer Integration. Will man ein solches Item in der Skala behalten und es im Kulturvergleich einsetzten, muss eine Modifikation gefunden werden, die auch für Länder ohne kalten Winter zutrifft. Auch bei einer wörtlichen Übersetzung ergeben sich Schwierigkeiten. So würde man im Deutschen nicht die Formulierung „owes it to the city" verwenden. Brislin (1986: 151) präsentiert ein zweites Beispiel: „I think Lincoln was greater than Washington". Hier geht es um die Bewertung eher militärischer oder humanistischer Führungsstile. In einer Übersetzung müssen äquivalente historische Figuren gefunden werden. Veränderungen der Items im Übersetzungsprozess sollten dokumentiert werden, um sie bei einer späteren Interpretation zu berücksichtigen, da solche Modifikationen in besonderem Maße fehlerträchtig sind. Das Item „Manchmal ist ein guter Streit unter Freunden nötig" konnte gar nicht ins Thailändische übersetzt werden. Es handelt sich offenbar um ein kulturspezifisches Item, das nur in westlichen Kulturen zutrifft. Ein Problem wirft auch der in verschiedenen Sprachen unterschiedliche grammatikalische Gebrauch von Geschlechtsformen auf. In einigen Ländern existieren keine grammatikalischen Differenzierungen, in anderen wiederum deutliche (Harkness 2003). Hier müssen Übersetzungen gefunden werden, die die Geschlechterthematik nicht ungewollt in den Vordergrund rücken, z. B. wenn man in Deutschland wie im Englischen nur die männliche Form verwendet, könnte dies als Diskriminierung gewertet werden, während es im Englischen neutral ist.

Auch bezüglich der Antwortskalen können sich kulturspezifische Gewohnheiten finden etwa in der Zahl der üblicherweise verwendeten Antwortkategorien oder in der Polarität (uni- versus bipolar). Hier stellt sich die Frage, inwieweit Übersetzungen der Antwortvorgaben des Quellfragebogens verwendet werden sollen oder ob diese durch kulturspezifische Vorgaben mit „äquivalenter" Bedeutung ersetzt werden sollen. Auch hier ist die Frage nach der Äquivalenz ein Problem, wie Harkness (2003) an einem Beispiel einer australischen Variante der Likert-Vorgabe zeigt (vgl. Tab. 6.1). Die Mittelkategorie und die Unentschieden-Kategorie scheinen nicht unbedingt äquivalent zu sein. Smith (2003) hält „Mittelkategorien" und „Unentschieden-Kategorien" für besonders problematisch. Er hält es zudem für sinnvoll mit Zahlenzuordnungen zu arbeiten, um die Vergleichbarkeit zu erhöhen. Im Rahmen von Pretests kann die Intensität bestimmter Antwortkategorien geprüft werden. So beschreibt etwa Johnson (1998) ein Verfahren, bei dem Probanden aus multikulturellen Gruppen verbale Antwortvorgaben vorgelegt wurden mit der Bitte diesen Zahlen zuzuordnen. Auf diesem Wege ist es möglich, Antwortvorgaben zu identifizieren, die kulturell unterschiedliche oder ähnliche Intensitäten abbilden.

Tab. 6.1 Kulturspezifische Varianten der Likert-Skalierung: deutsch – australisch

Stimme voll und ganz zu	Stimme zu	Teils/teils	Stimme nicht zu	Stimme überhaupt nicht zu	Unentschieden
Yes!!	Yes	??	No	No!!	

6.2 Übersetzung

In der Literatur werden unterschiedliche Techniken genannt, um Übersetzungen durchzuführen (Brislin 1980; Harkness 2003; de Jong et al. 2019), die auch kombiniert eingesetzt werden können. Zum einen kann differenziert werden nach Methoden, die auf Teamarbeit oder auf die Tätigkeit einzelner Experten zurückgreifen. Zur Überprüfung der Qualität der Übersetzungen werden ebenfalls verschiedene Techniken angewandt (Brislin 1980; Harkness 2003; de Jong et al. 2019):

- back translation
- team translation
- bilingual technique
- pretest procedures

Im Idealfall sollten Übersetzungsprozeduren durch ein Team kontrolliert werden. Es ist immer nötig „native speakers" aller zu vergleichenden Kulturen in den Übersetzungsprozess einzubeziehen, die ihre Muttersprache und die zu übersetzende Sprache sehr gut beherrschen. Im Idealfall sollte in die Sprache übersetzt werden, die besser beherrscht wird. Ebenso sollten die „native speakers" Kenntnisse in der zu befragenden Thematik haben. Übersetzungen benötigen immer mehrere Kontrollprozeduren, um Kommunikationsprobleme und Missverständnisse zwischen den unterschiedlich sprachigen Experten und Übersetzern auszuschließen. Eine Variante des Teamansatzes ist der sogenannte *committee approach*. Hier übersetzt eine Gruppe von zweisprachigen Personen den Fragebogen parallel. Danach werden die Versionen untereinander abgestimmt, begleitet von einer „neutralen" dritten Person, die den Prozess begutachtet (Harkness 2003). Solche Team-Arbeiten sind kostenintensiv, sodass in der Praxis häufig auf weniger Personal zurückgegriffen wird.

Das am häufigsten verwendete Verfahren, um Fragebögen zu übersetzten und gleichzeitig das Ergebnis zu kontrollieren, ist die sogenannte *back translation* (vgl. Abb. 6.2). Der Übersetzer, der möglichst ein „native speaker" der Spra-

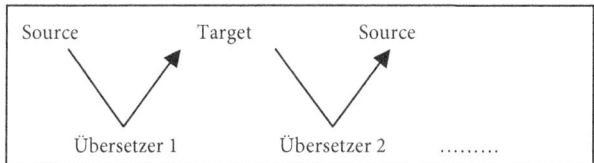

Abb. 6.2 Das Verfahren der back-translation nach Brislin (1986: 160)

che ist, in die übersetzt werden soll, übersetzt den Fragebogen aus der *source language* in die Sprache der anderen Kultur *(target language)*.

Der Zielfragebogen (target language) wird dann von einem zweiten Muttersprachler „rückübersetzt" in die „source language". Der Ausgangsfragebogen in der „source language" wird dann mit dem „rückübersetzten" Fragebogen verglichen. Das Verfahren ermöglicht es auch dem sprachunkundigen Forscher, die Unterschiede zwischen den Fragebogenversionen aufzuspüren. Das Verfahren kann dann wiederholt werden bis ein vergleichbarer Fragebogen entstanden ist.

Auch bei dem Verfahren der Rückübersetzung kann ein decentering-approach verwendet werden. Dies ist dann der Fall, wenn das Rückübersetzen zu einer wechselseitigen Modifikation des Fragebogens beiträgt. Womit auch ein „decentering" der Quell-Sprache verbunden ist. Dennoch werden nicht alle Probleme durch Rückübersetzungsprozeduren gelöst. Harkness (2003) nimmt als Beispiel das deutsche Item „Das Leben in vollen Zügen genießen", die wörtliche englische Übersetzung lautet „Enjoy life in full trains". Die Rückübersetzung ergibt die richtige Ausgangsversion, dennoch ist die englische Übersetzung zwar wörtlich richtig übersetzt, aber die Bedeutung ist falsch. Rückübersetzungen müssen von Diskussionen über die Inhalte und Bedeutungen der Items begleitet werden (z. B. über think-aloud-Techniken, vgl. Schoua-Glusberg und Villar 2014).

Das Verfahren der back-translation wird sehr häufig verwendet, es wird aber auch kritisch betrachtet (Survey Research Center 2010). Es wird argumentiert, dass es besser sei, gleich die bestmögliche Übersetzung anzustreben und diese direkt und ohne den Prozess der Rückübersetzung zu beurteilen, da die Rückübersetzung wiederum Fehlerquellen beinhaltet. Alternativ wird das aufwendige Verfahren der Team-Translation vorgeschlagen. Im Falle der sogenannten TRAPD Methode (Translation, Review, Adjudication, Pretesting, and Documentation) kommt ein iteratives Vorgehen zum Einsatz, in dem meist mit zwei unabhängigen Übersetzern im Team gearbeitet wird. Diese erstellen zwei Übersetzungen, die in einem Review-Prozess verglichen und angepasst werden, es folgt ein Pretest, der wiederum eine Anpassung des Instrumentes zur Folge hat und dann wiederum getestet werden muss, um auf diesem Weg schrittweise mit Hilfe eines Expertenteams zum Zielfragebogen zu kommen.

Im Rahmen der *bilingual technique* werden zweisprachige Testpersonen gesucht, die den Fragebogen in beiden Sprachen beantworten. Unterschiede im Antwortverhalten können leicht als Hinweis auf fehlerhafte Übersetzungen identifiziert werden, die dann zu Modifikationen führen. Die Endversionen der Übersetzungen sollten einem *Pretest* unterzogen werden. Um die sprachliche Angemessenheit und das Verständnis zu prüfen, sind keine großen Stichproben von Nöten, hierfür sind wenige Muttersprachler ausreichend. Im Pretest können mixed methods (Benitez et al. 2019) z. B. think-aloud-Techniken eingesetzt werden, um die kognitiven Prozesse bei der Beantwortung von Items sichtbar zu machen.

Auch wenn die Nutzung weitgehend identisch übersetzter Items, die am häufigsten verwendete Methode ist, besteht die Möglichkeit bzw. teilweise auch die Notwendigkeit ein unterschiedliches Item-Wording zu verwenden, wenn eine gute 1:1-Übersetzung nicht möglich ist. Bei dieser Vorgehensweise geht es darum, funktional äquivalente Items zu finden, die ein gleiches theoretisches Konzept auf der Operationalisierungsebene durch unterschiedliche Items erfassen. So weisen de Jong et al. (2019: 120f) darauf hin, dass z. B. Unterschiede in den Sprachen häufig eine nicht identische Übersetzung nötig machen, um äquivalente Inhalte zu transportieren. Häufig ist das Englische die Ausgangssprache; Englisch umfasst aber einen vergleichsweise großen Wortschatz und eine hohe Dichte, d. h. häufig werden weniger Worte als in anderen Sprachen benötigt, um Sachverhalte auszudrücken. Zudem gibt es Besonderheiten wie geschlechtsspezifische Formulierungen, die identische Übertragungen unmöglich machen.

Die vorangegangenen Ausführungen sollten deutlich gemacht haben, dass Übersetzungsprozeduren auch eine Forschungsmethode sind, um Äquivalenzprobleme aufzuspüren. Übersetzungen tragen beispielsweise dazu bei, emische Sachverhalte zu identifizieren. Ein wiederholtes Misslingen einer Übersetzung ist ein Hinweis auf fehlende Äquivalenz. Nicht nur aus diesem Grund ist es sinnvoll, eine enge Zusammenarbeit mit den jeweiligen Übersetzern anzustreben und die Übersetzungsprobleme zu diskutieren.

6.3 Antwortverzerrungen

Auch Antwortverzerrungen variieren zwischen unterschiedlichen Kulturen (Johnson et al. 2010, 2011; Liu et al. 2019). Im Kulturvergleich gibt es nur wenige Möglichkeiten oder Vorschläge, diese Probleme vorab zu eliminieren. Die Strategie liegt hier eher darin, die Fehlerquellen im Rahmen der Analyse zu kontrollieren. Als die zwei wichtigsten Formen der Antwortverzerrung (response errors) sind die *soziale Erwünschtheit* und die *Zustimmungstendenz* (Aquieszenz) zu nennen. Beide Fehlertypen können kulturspezifische Ausprägungen haben und verursachen damit Probleme im Bereich des *method bias*. Während die soziale Erwünschtheit inhaltsabhängig ist, tritt die Zustimmungstendenz inhaltsunabhängig auf. Zudem hat sich in kulturvergleichenden Studien auch die unterschiedliche *Präferenz für die Verwendung von Extremkategorien* von Antwortskalen als Quelle für Verzerrungen herauskristallisiert, die als Variante der Aquieszenz verstanden werden kann.

6.3.1 Soziale Erwünschtheit und sensible Fragen

Unter sozialer Erwünschtheit versteht man die Tendenz, Fragen nicht entsprechend seiner eigenen Meinung, sondern entsprechend subjektiv wahrgenommener sozialer Normen zu beantworten. Diese Normen können situationsspezifisch auftreten, entweder induziert durch Interviewer (situationale soziale Erwünschtheit) oder auch allgemeinere gesellschaftliche oder gruppenspezifische Normen (kulturelle soziale Erwünschtheit) widerspiegeln (Schnell et al. 2018). Zum Teil wird davon ausgegangen, dass soziale Erwünschtheit Ausdruck einer Persönlichkeitsstruktur ist, für die soziale Anerkennung besonders wichtig ist. Ebenso wird davon ausgegangen, das bestimmte Arten von Itemformulierungen besonders stark sozial erwünschte Antworten evozieren. Da in unterschiedlichen Kulturen unterschiedliche Normen als bedeutsam angesehen werden, ist die Anfälligkeit für soziale Erwünschtheit inhaltsabhängig und kulturspezifisch. Johnson und van de Vijver (2003) verstehen den Einfluss von Kultur auf die soziale Erwünschtheit als zweistufigen Prozess. Auf der ersten Stufe bewerten die Befragten, inwieweit die Items normrelevante Inhalte aufweisen. Wenn dies der Fall ist, werden auf der zweiten Stufe einige Befragte dazu neigen, sozial erwünschte Antworten zu geben. Auf beiden Stufen des Prozesses spielt die kulturelle Zugehörigkeit eine Rolle. Auf der ersten Stufe variieren die Inhalte, die norm-relevant sind. Auf der zweiten Stufe variiert der Anteil der Personen, die zu sozialer Erwünschtheit neigen. So könnte man z. B. davon ausgehen, dass in kollektivistischen Kulturen ein größeres Bedürfnis nach sozialer Anerkennung und Konformität besteht als in individualistischen Kulturen (Johnson et al. 2005). Verschiedene Studien (Middleton und Jones 2000; Keillor et al. 2001) belegen ein höheres Niveau an sozialer Erwünschtheit von Ost-Asiaten im Vergleich zu Amerikanern. Johnson und van de Vijver kommen nach einer Durchsicht verschiedener Studien zu der Thematik zu dem Schluss, dass „… there are important cross-cultural differences in social desirability. Persons coming from more influential groups or from more affluent societies tend to show lower scores of social desirability" (Johnson und van de Vijver 2003: 200). Für monokulturelle Studien liegen Skalen zur Erfassung von sozialer Erwünschtheit vor, die diese Form der Antwortverzerrung kontrollieren. Allerdings müsste auch hier deren kulturübergreifende Äquivalenz belegt werden, um sie als Kontrollinstrument in kulturvergleichenden Studien einzusetzen. Es gibt jedoch auch Bedenken gegenüber Strategien, soziale Erwünschtheit methodisch zu kontrollieren. So gibt es eine Diskussion darüber, inwieweit diese Antworttendenzen überhaupt als Verzerrungen verstanden werden sollten. Studien von McCrea und Costa (1983) zeigen, dass „sozial erwünschte" Antworten durchaus mit entsprechendem Verhalten korrelieren, also nicht allein Forschungsartefakte sind, sondern eine sozial wirksame Realität der Befragten darstellen. Diese Sicht stellt eine Korrektur sozialer Erwünschtheit in kulturvergleichenden Analysen infrage. In der Praxis wird eine solche Korrektur auch nur selten durchgeführt. In diesem Kontext ist die Problematik der Befragung sensibler Themen zu nennen. Andreenkova und Javeline (2019: 141) definieren diese „as one that creates an uncomfortable or tense atmosphere at the point of response formation, leading to systematic emotional and cognitive difficulties due to perceptions of norms or requirements". Was sensible Themen sind, ist stark vom kulturellen Kontext geprägt. Dabei spielen z. B. unterschiedliche Geschlechterrollen, Religiosität, und repressive politische Verhältnisse eine Rolle (Andreenkova und Javeline 2019). Diese Unterschiede sind vorab zu identifizieren und im Kontext der Frageformulierung und der Interviewsituation zu berücksichtigen z. B. indem Passagen im Fragebogen implementiert werden, die ohne Interviewer beantwortet werden können oder durch die gezielte Auswahl passender Interviewer (männlich oder weiblich, Kleidung etc.) und durch die glaubwürdige Zusicherung der Anonymität.

6.3.2 Zustimmungstendenz

Als Zustimmungstendenz wird die Zustimmung zu Items unabhängig von deren Inhalt bezeichnet. Auch die Zustimmungstendenz wird zum Teil als ein Persönlichkeitsmerkmal aufgefasst, dass Befragte mit geringer Ich-Stärke auszeichnet. Auch hier kann von einer kulturspezifischen Variation dieser Zustimmungstendenz ausgegangen werden. Smith (2004) findet in seinen Analysen eine stärkere Zustimmungstendenz in Ländern mit hohem „family collectivism" und einer starken Tendenz zur „uncertainty avoidance". Auch Johnson et al. (2005) finden in ihrem Review verschiedener Studien Zusammenhänge zwischen kulturellen Orientierungen und Antwortverhalten: „… individualism, uncertainty avoidance, power distance, and masculinity were each found to be negatively associated with acquiescent response behavior" (Johnson et al. 2005: 264). Nauck und Klaus (2007) finden in ihrer Studie die allgemeine Regel bestätigt, dass das Modernisierungsniveau eines Landes negativ mit der Tendenz zu Akquieszenz verbunden ist.

In monokulturellen Studien wird der Zustimmungstendenz meist durch die gemischte Verwendung von *Umkehr-Items* begegnet. Bereits in monokulturellen Studien ergeben sich hierbei Probleme. Faktorenanalysen zeigen, dass solche Skalen mit Umkehr-Items zumeist in zwei Faktoren zerfallen. In kulturvergleichenden Studien wird aufgrund der Schwierigkeit der Übersetzung von Items mit

Verneinungen meist auf eine solche Strategie verzichtet. Dafür werden häufig Standardisierungsprozeduren eingesetzt, um kulturspezifische Effekte zu minimieren. Hofstede (1980) schlägt die sogenannte *within-subject standardization* vor. Hierbei wird ein Durchschnittswert aller Items einer Studie aller Befragten einer Kultur gebildet. Dieser Wert dient als Schätzung der Zustimmungstendenz. Durch Subtraktion dieses Wertes von den Antwortwerten zu jedem einzelnen Item, wird die Verzerrung durch die Zustimmungstendenz aus den Antwortwerten eliminiert. Nauck und Klaus (2007) hingegen konstruieren einen Akquieszenz-Index, indem sie die Summe der positiven Extremantworten durch die Zahl der Items teilen. Dieser Index wird bei späteren substanziellen Analysen partialisiert.

Ähnlich wie für die soziale Erwünschtheit, so lässt sich auch für die Zustimmungstendenz feststellen, dass es eine kulturabhängige Tendenz zur Antworttendenzen gibt. Ähnlich wie für die soziale Erwünschtheit wird auch hier die Frage gestellt, inwieweit diese Unterschiede substanzielle Ergebnisse sind, die nicht durch methodische Verfahren eliminiert werden sollten (Smith 2004). Im Unterschied zur sozialen Erwünschtheit werden für die Zustimmungstendenz sehr häufig Verfahren eingesetzt, um diese zu kontrollieren.

6.3.3 Die Verwendung von Extremkategorien

Auch zeigt sich in kulturvergleichenden Studien ein unterschiedlicher Umgang mit Extremkategorien in Antwortvorgaben und eine kulturspezifische Tendenz Antworten um die Mittelkategorie zu konzentrieren. Um diese Verzerrung zu kontrollieren werden häufig Standardisierungsprozeduren eingesetzt (Fischer 2004). Da Standardisierungen Mittelwertunterschiede eliminieren, sind diese Verfahren aber nur bei bestimmten Fragestellungen einsetzbar.

6.4 Ex post Verfahren zur Prüfung von operationaler Äquivalenz

Neben den Verfahren die ex ante eingesetzt werden können, um die operationale Äquivalenz zu überprüfen, können statistische Prüfinstrumente erst ex post – aber möglichst bereits im Rahmen eines Pretests eingesetzt werden. Hierbei dominieren konsistenzprüfende Verfahren (z. B. Reliabiliätsanalysen, Faktorenanalysen) und strukturbildende Verfahren, um die Funktionsfähigkeit einzelner Items im Gesamtinstrument bzw. von Teilstrukturen untereinander zu überprüfen. Diese Verfahren werden ausführlicher in Kap. 8 besprochen.

6.5 Fazit

Die Entwicklung äquivalenter Fragebögen stellt eine zentrale Phase der kulturvergleichenden Forschung dar. Entscheidender Ausgangspunkt ist eine vorhergehende Konzeptspezifikation, die Klarheit über die konzeptionelle Äquivalenz auf der Theorieebene hergestellt hat. Der Rückgriff auf bereits bewährte Instrumente stellt eine effiziente Form der Operationalisierung dar. Allerdings muss ein Instrument, das sich eventuell in verschiedenen Kontexten bereits bewährt hat, in einem neuen Kontext erneut auf seine Passung überprüft werden. In der Phase der Fragebogenentwicklung ist der Einbezug jeweils einheimischer Experten unerlässlich, etwa in der Phase der Übersetzung der Fragebögen, wenn möglich aber bereits in der Phase der Itemauswahl bzw. der Itementwicklung.

Kontrollfragen

- *Warum kann das Bestreben Vergleichbarkeit von Fragebatterien herzustellen zu einer inhaltlichen Entleerung von Konzepten führen?*
- *Was sind die Vor- und Nachteile einer Neuentwicklung von Messinstrumenten im Kontext kulturvergleichender Studien?*
- *Was versteht man unter De-Centering im Kontext der Fragebogenentwicklung?*
- *Was sind die Vor- und Nachteile der Methode?*
- *Was versteht man unter back-translation und wozu wird diese Methode angewandt?*
- *Welches zusätzliche Problem ergibt sich bei der Betrachtung von Antwortverzerrungen im Kulturvergleich im Unterschiede zu monokulturellen Studien?*

Literatur zur Vertiefung und zum Weiterlesen

Braun, M./Harkness, J.A. (2005). Text and context: Challenges to comparability in survey questions. S. 95–108 in: Hoffmeyer-Zlotnik, J.H.P./Harkness, J.A. (Hg.), Methodological aspects in cross-national research. ZUMA-Nachrichten, Spezial Band 11.
de Jong, J.A.L./Dorer, B./Lee,S./Yan, T./Villar, A. (2019). Overview of Questionnaire Design and Testing. S. 113-137 in: Johnson, T.P./Pennell, B.-E./Stoop, I.A.L./Dorer, B. (Hg.),

Advances in Comparative Survey Methods: Multinational, Multiregional, and Multicultural Contexts (3MC). Hoboken, New Jersey: Wiley.

Harkness, J.A./van de Vijver, F./Johnson, T.P. (2003). Questionnaire design in comparative research. S. 19-34 in: Harkness, J. A./van de Vijver, F./Mohler, P.Ph. (Hg.), Cross-cultural survey methods. Hoboken, New Jersey: Wiley.

Harkness, J.A. (2016). Questionnaire Design. Guidelines for Best Practice in Cross-Cultural Surveys. Ann Arbor, MI: Survey Research Center, Institute for Social Research, University of Michigan. https://ccsg.isr.umich.edu/chapters/questionnaire-design/.

Die Erfassung sozialer Kontexte 7

Für die Sozialwissenschaften sind Informationen zu sozialen Kontexten von besonderer Bedeutung. Man geht davon aus, dass der soziale Kontext, in Essers (1999) Terminologie die „Logik der Situation", die objektiven Rahmenbedingungen sozialen Handelns (materielle, institutionelle, kulturelle Vorgaben) bestimmt. „Die gesellschaftliche Lage spiegelt die objektive „Logik" der Situation wider und strukturiert die subjektive Definition der Situation" (Esser 1999: 399). Auf der Basis der subjektiven Wahrnehmung dieser Situation werden Handlungsentscheidungen getroffen. Esser (1999) geht von einer starken Prägekraft der sozialen Kontexte für das soziale Handeln aus. Die sozialen Rahmenbedingungen strukturieren die potenziellen Handlungsalternativen und deren Nutzen. Die Frage, wie die Makroebene bzw. Kontexte Phänomene der individuellen Ebene (Einstellungen oder Handlungen) beeinflussen, stellt somit einen wichtigen Bereich soziologisch orientierter kulturvergleichender Forschung dar. Die Weiterentwicklungen im Bereich der Techniken der Mehrebenenanalyse sowie der erleichterte Zugriff auf eine Vielzahl von Datenquellen der Makroebene (z. B. im Rahmen internationaler Surveyprogramme wie dem European Value Survey) haben die Möglichkeiten in diesem Feld in den letzten Jahren erheblich erweitert (Andreß et al. 2019).

Vertreter der Theorien rationaler Wahl haben der traditionellen Umfrageforschung immer wieder vorgeworfen, eine „Variablensoziologie" zu betreiben, die nur die Beziehungen zwischen Messgrößen, anstatt der sozialen Beziehungen zwischen Akteuren studiere (Esser 1996, 1998). Die Wahrnehmungen und Erwartungen der Personen blieben damit unberücksichtigt. Individualisierungstheoretiker und die Vertreter eines horizontalen Paradigmas in der Sozialstrukturanalyse (Lebensstile und Milieus) sprechen von einer abnehmenden Bedeutung von Strukturen und bezeichnen die sogenannte „Variablensoziologie" ebenfalls als überholt.[1] Strukturtheoretisch argumentierende Forscher (Blossfeld und Prein 1998) begegnen diesem Vorwurf offensiv (vgl. auch Nollmann 2003). Sie widersprechen zwar nicht diesen Überlegungen zum Verhalten von Akteuren: „Sie weisen nur darauf hin, dass sie die intervenierende Handlungsorientierung von Individuen im Vergleich zu den Einflüssen der *structural constraints* für uninteressant hielten" (Nollmann 2003: 6). Unabhängig davon, zu welcher Position man tendiert, scheint es angebracht, „Kontextvariablen im weitesten Sinne" nicht unreflektiert zu verwenden. Insbesondere in kulturvergleichenden Studien wird die Notwendigkeit der Reflexion über mögliche latente Dimensionen besonders deutlich.

Soziale Kontexte können in Surveyuntersuchungen auf unterschiedliche Weise berücksichtigt werden. Besonders häufig werden soziodemografische Variablen (Mikroindikatoren) oder Makroindikatoren (z. B. Arbeitslosenquoten auf Kreis- oder Landesebene) herangezogen. Diese Indikatoren „… allow us to define contexts in which respondents' opinions, attitudes, and behaviors are socioeconomically embedded" (Braun und Mohler 2003: 112). Trotz vielfacher Kritik an der häufig theorielosen Verwendung demografischer Variablen stellen sie wohl in der Praxis der Surveyforschung die am häufigsten verwendeten Instrumente zur Erfassung sozialer Kontexte dar. Dabei wird davon ausgegangen, dass z. B. die berufliche Stellung in einem engen Zusammenhang zur materiellen und sozialen Lage einer Person sowie zu ihren Lebenschancen steht (Schimpl-Neimanns 2004). Demografische Variablen werden häufig als unabhängige Variablen in Kausalmodellen, in Subgruppenanalysen, aber auch zur Beurteilung der Qualität einer Stichprobe herangezogen. Im Rahmen beschreibender Studien kann es gleichwohl darum gehen, z. B. die Einkommensverteilung oder das Bildungsniveau bestimmter Länder zu vergleichen. Es können unterschiedliche Ziele des Vergleichs anvisiert werden, die unterschiedliche Ansprüche an die Genauigkeit und Vergleichbarkeit der Messungen stellen. Werden Bildungs- oder Einkommensmessungen als Korrelate verwendet (z. B. inwieweit gibt es einen Zusammenhang zwischen der Höhe von Löhnen und Bildung in Polen und in Deutschland), die die soziale Positionierung abbilden sollen, ist es wichtig, die Ordinalität richtig zu erfassen. Wird ein quantifizierender Vergleich von Niveaus nicht angestrebt, genügt es, die funktionale Äquivalenz der Instrumente, im Beispiel hinsichtlich der Abbildung der Rangfolge, festzustellen. Das Bildungsniveau könnte in diesem

---

[1] Allerdings zeigt die Mehrzahl sozialstruktureller Analysen die weiterhin starke Prägekraft der klassischen Sozialstrukturvariablen Bildung, Einkommen und Beruf (Geißler 1998, 2014, Teltemann 2019, zur Veränderung der Sozialstruktur in den westlichen Ländern seit 1990 vgl. Reckwitz 2021, der postuliert, dass Klassen kulturelle, ökonomische und politische Gebilde zugleich seien).

Fall länderspezifisch erfasst und verwendet werden. Ein größerer Aufwand muss betrieben werden, wenn Niveauvergleiche angestellt werden sollen (z. B. durchschnittliches Haushaltseinkommen im europäischen Vergleich). Hier sind auch hinsichtlich des Niveaus äquivalente Messungen nötig, die auf eine einheitliche Referenzgröße bezogen sein müssen.

Auch bei der Erfassung soziodemografischer Merkmale stellt sich das Äquivalenzproblem. Die Schwierigkeit hierbei lässt sich leicht am Beispiel der Bildungsabschlüsse verdeutlichen. Alleine in Europa zeigt sich eine große Breite unterschiedlichster Abschlüsse, dazu kommen berufliche Weiterqualifikationen. Es ist offensichtlich, dass eine direkte Vergleichbarkeit nicht gegeben ist. Ähnlich ist es bei Einkommensmessungen (Kaufkraft, Wechselkurse) oder der Erfassung der beruflichen Stellung (unterschiedlicher Status von Berufen, unterschiedliche Berufsbezeichnungen). Die jeweilige nationale Gesetzgebung, die Sozialversicherungssysteme und die institutionellen Bedingungen etc. haben einen sehr großen Einfluss auf die Ausprägung der Merkmale (Hoffmeyer-Zlotnik und Wolf 2003).

Wolf und Hoffmeyer-Zlotnik (2003: 1) beginnen ihren Sammelband zur Verwendung von sozio-demografischen Variablen im Kulturvergleich mit der Feststellung: „In the context of cross-national research the comparative measurement of demographic and socio-economic variables has not received much attention in the social science so far". Sie machen deutlich, dass die Forschung zu diesen Fragen in vielen Bereichen noch in den Anfängen steckte. Durch den europäischen Integrationsprozess und die damit verbundenen Forschungskooperationen zeichnen sich aber für diesen Bereich in den letzten zehn Jahren deutliche Fortschritte ab. Dubrow und Tomescu-Dubrow (2016), Wysmułek et al. (2021) und auch Andreß et al. (2019) zeichnen Entwicklungen und Fortschritte in diesem Feld nach.

7.1 Äquivalenzprobleme: soziodemografische Merkmale

Braun und Mohler (2003) unterscheiden drei Ebenen, auf denen Kennziffern sozialer Kontexte erfasst werden können (vgl. Tab. 7.1).

In der Literatur gibt es unterschiedliche Bewertungen darüber, inwieweit diese Informationen direkt erfasst werden können, bzw. inwieweit auch hier von Messfehlern ausgegangen werden muss. Die Messfehlerproblematik variiert nach der Art der Variable. Einen geringen Schwierigkeitsgrad weisen Merkmale wie das Geschlecht oder das Alter auf. Bereits bei der Erfassung des Nettoeinkommens des Hauptverdieners vergrößern sich offensichtlich diese Probleme. Hier spielen Aspekte wie soziale Erwünschtheit, die Genauigkeit des Wissens über das, was

Tab. 7.1 Ebenen der Erfassung sozialer Kontexte

Ebenen	Beispiele
Mikroebene	Alter, persönliches Einkommen, Bildung, Beruf, Geschlecht, Religion, ethnische Zugehörigkeit
Mesoebene	Haushaltseinkommen, Familienstruktur, Kinderzahl
Makroebene	Größe des Wohnortes, Bruttosozialprodukt, Arbeitslosenquote, Kindersterblichkeit, Zahl von Analphabeten
	Auf der Makroebene können regionale oder nationale Daten berücksichtigt werden

das Nettoeinkommen ist und wer der Hauptverdiener eines Haushaltes ist, eine Rolle. Zudem werden diese Merkmale als Indikatoren theoretischer Konstrukte verwendet wie z. B. der Beruf oder das Einkommen zur Erfassung des sozialen Status. Die Einschätzung wiederum, welches Einkommen und welcher Beruf welchen Status indizieren, variiert von Land zu Land. Wie immer im Kulturvergleich kumulieren solche Probleme, wenn die Anforderung der Vergleichbarkeit hinzugenommen wird. In einigen Kulturen gibt es eine klare Trennung in einen Hauptverdiener der Familie und den anderen Partner, der einen deutlich geringeren Nebenverdienst realisiert. In vielen Kulturen sind aber beide Lebenspartner voll berufstätig. Zudem beeinflussen die national unterschiedlichen Sozialversicherungssysteme die Höhe des „Nettoeinkommens". Noch offenkundiger wird das Problem bei der Erfassung des Bildungsstatus. Die Abschlüsse und die Zeiten, die in der Schule oder der Ausbildung verbracht werden, variieren gewaltig zwischen einzelnen Ländern, was in Zusammenhang mit den ganz unterschiedlichen Bildungssystemen zu sehen ist. So könnte das duale Bildungssystem in Deutschland fälschlicherweise mit kurzen Schulzeiten verwechselt werden. Selbst wenn man auf der Makroebene auf amtliche Statistiken zurückgreift, bleibt das Äquivalenzproblem virulent. Arbeitslosenquoten werden z. B. in vielen Ländern unterschiedlich berechnet. Die Höhe von Armutsquoten hängt von der jeweiligen Festlegung von Armutsgrenzen ab. Verwendet man einen relativen Armutsbegriff, stellt sich die Frage nach der Referenzgröße. Hier gibt es beträchtliche nationale Unterschiede. Es dürfte deutlich geworden sein, dass der Rückgriff auf scheinbar identische demografische Daten nicht immer identische Informationen liefert. So kann man zwar die identische Frage stellen: In welchem Alter haben Sie die Schule verlassen? Die Antwort liefert aufgrund der unterschiedlichen Schulsysteme aber nicht die identische Information über den Bildungsstatus.

7.1 Äquivalenzprobleme: soziodemografische Merkmale

Eine scheinbare Lösung des Problems liegt darin, auf standardisierte Messinstrumente – ähnlich der Standarddemografie des ALLBUS – zurückzugreifen, die speziell für kulturvergleichende Studien entworfen werden. Solche Ansätze der Standardisierung und Harmonisierung gibt es, allerdings bisher nur in Ansätzen (Wolf und Hoffmeyer-Zlotnik 2003; Granda et al. 2010; Dubrow und Tomescu-Dubrow 2016; Wysmułek et al. 2021), zudem stoßen sie auf Grenzen. Es scheint fraglich, institutionell ganz unterschiedlich konstituierte Bildungssysteme mit einem einheitlichen Instrument in allen Ländern erfassen zu können. Befragte müssten länderspezifische Abschlüsse in relativ abstrakte, länderunspezifische Kategorien einordnen. Die Validität und Reliabilität von Daten, die im Rahmen einer solchen Vorgehensweise gewonnen würden, erscheinen äußerst fraglich. Neben diesen substanziellen Problemen ergeben sich auch organisatorische Probleme bei dieser Vorgehensweise. Viele größere kulturvergleichende Projekte sind Befragungen, die in Kombination mit nationalen Studien durchgeführt werden. So ist das ISSP-Modul ein „Anhängsel" (drop-off) des ALLBUS. In den nationalen Studien werden demografische Informationen nach nationalen Spezifika erhoben, da diese Messungen für monokulturelle Analysen umfangreichere und genauere Informationen bereitstellen (z. B. spezifische Schulabschlüsse statt Zahl der Jahre in der Schule). Zudem ist es den Befragten nicht zuzumuten, zweimal Informationen (in kulturspezifischem und in vergleichbarem Format) zur gleichen Thematik zu geben. Auch die zeitliche Begrenzung von Umfragen erlaubt es nicht, eine doppelte Demografie auf Kosten inhaltlicher Fragen zu erheben. Werden keine ex ante äquivalenten Messinstrumente eingesetzt, besteht die Möglichkeit, funktional äquivalente Messungen zu verwenden, d. h. vergleichbare Informationen mit unterschiedlichen Messinstrumenten zu erfassen und diese Informationen dann ex post zu „harmonisieren". So können länderspezifische Schulabschlüsse oder Berufsangaben durch Experten verglichen werden und ex post in einer vergleichbaren Rangfolge vercoded werden. Diese Vorgehensweise ist aufwendig und kostenintensiv.

Eine Strategie, die Kosten möglichst gering zu halten, ist die Beschränkung auf einige wenige demografische Variablen, die dann aber in relativ guter und vergleichbarer Qualität erfasst werden. Braun und Mohler (2003) kommen bei einer Durchsicht einer Vielzahl von Studien zu dem Schluss, dass zumeist auch in monokulturellen Studien nur auf drei zentrale demografische Variablen Bezug genommen wird, nämlich auf das Alter, das Geschlecht und die Bildung (A-G-E). Aber auch bei der Verwendung dieser scheinbar einfachen Indikatoren wie Alter und Geschlecht sollte man immer hinterfragen, für was dieser Indikator steht, wenn Vergleiche angestrebt werden. Braun und Mohler (2003) zeigen am Beispiel des Lebensalters, dass auch diese Variable als Indikator für unterschiedliche Konstrukte genutzt wird, die bei der Messung über das Alter nicht unbedingt äquivalent erfasst werden. So ist etwa ein Alter von 40 Jahren in einem Land, in dem die durchschnittliche Lebenserwartung bei 50 Jahren liegt, anders einzuschätzen, als dies in einem westlichen Land der Fall ist. Wie ist hier Vergleichbarkeit herzustellen? Indiziert Alter eine Kohortenzugehörigkeit anhand prägender Lebenserfahrungen variieren diese offenkundig ebenfalls je nach kulturellem Kontext. Soll die Geschlechtszugehörigkeit bestimmte Sozialisationserfahrungen oder Rollenverhältnisse abbilden, spielen auch hier kulturelle Kontexte eine entscheidende Rolle.

Diesem Mangel an Vergleichbarkeit kann zum Teil durch Harmonisierungsbemühungen begegnet werden. Wird keine Harmonisierung vorgenommen oder ist diese nicht möglich, ist ein Matching der Stichproben nicht möglich. Es bleibt die Alternative, die nationalen Stichproben je separat zu analysieren und die Ergebnisse dieser Analysen zu vergleichen, was für bestimmte Fragestellungen, die lediglich Beziehungen zwischen Variablen betrachten, sinnvoll sein kann. Allerdings ist das Äquivalenzproblem damit nicht gelöst. Auch für Vergleiche von separat durchgeführten Analysen bzw. deren Ergebnissen muss die funktionale Äquivalenz der Messungen je Land abgesichert sein.

7.1.1 Input- und Output-Harmonisierung

Um Vergleichbarkeit herzustellen, sind prinzipiell zwei Wege unterscheidbar:

- Input-Harmonisierung: *Instrumente werden ex ante vereinheitlicht*
- Output-Harmonisierung: *Instrumente werden ex post angeglichen*

Ausgangspunkt jeder Harmonisierungsbemühung ist die Festlegung eines universellen Konzeptes, auf das die länderspezifischen Instrumente oder Ergebnisse angepasst werden sollen. Hahlen (2002) demonstriert die Problematik am Beispiel der Erfassung der Wohnqualität im Europäischen Haushaltspanel. Bereits bei einer Konkretisierung dessen, was unter Wohnqualität verstanden wird, treten länderspezifische Besonderheiten auf. Während in Deutschland die Lärmbelästigung eine entscheidende Rolle spielt, ist diese beispielsweise in Spanien oder Italien von untergeordneter Bedeutung. Hoffmeyer-Zlotnik und Wolf (2003) benennen am Beispiel „Bildung" sechs Schritte, die bei Harmonisierungsbemühungen beachtet werden sollten:

7.1 Äquivalenzprobleme: soziodemografische Merkmale

1. Festlegung einer gemeinsamen Definition (z. B. Was ist Bildung?)
2. Festlegung möglicher Subdimensionen (z. B. Fähigkeiten/Wissen, formale Zertifikate, Zeit, die im Bildungssystem verbracht wurde)
3. Identifikation von nationalen Unterschieden in Konzepten und Strukturen (z. B. Alter des Schuleintritts, Länge der Primär- und Sekundarstufe, Rolle des beruflichen Bildungssystems, Möglichkeit, Klassen zu wiederholen)
4. Mögliche Indikatoren
5. Einigung auf eine einheitliche Messstrategie (z. B. Comparative Analysis of Social Mobility in Industrial Nations, kurz: CASMIN)
6. Identifikation der wichtigsten Probleme (z. B. unterschiedliche Bildungssysteme)

Im Falle der *Input-Harmonisierung* werden die Konzepte und Methoden zur Erfassung der Merkmale ex ante standardisiert. National vorhandene statistische Erfassungssysteme werden dabei nicht berücksichtigt. Länderspezifische Besonderheiten werden nur zugelassen, wenn dies unumgänglich ist, z. B. bei Sprachunterschieden (Hahlen 2002). Da eine völlige Neuentwicklung eines Instrumentes nötig ist, ist dieses Verfahren (zumindest beim ersten Einsatz) mit relativ hohem Aufwand verbunden und wird bisher selten angewandt. Zudem verschwinden nationale Spezifika, z.B. im Ausbildungswesen, was die Validität und Genauigkeit der Messung gefährden könnte. Die Schwierigkeit besteht darin, ein einheitliches, aber zugleich einfaches Erfassungssystem zu finden, das es den Befragten oder dem Interviewer erlaubt, die Probanden selbstständig adäquat einzuordnen. Da solche Kategorien notwendigerweise ein gewisses Abstraktionsniveau aufweisen, ist es für die Befragten oder die Interviewer zum Teil schwierig z. B. z.B. ihren spezifischen Bildungsabschluss zuzuordnen. Ziel dieser Herangehensweise ist es, die Einordnung der Angaben in das Kategorienschema durch die Befragten bzw. die Interviewer vornehmen zu lassen, sodass keine Nachcodierung nötig ist.

Häufiger verwendet wird die *Output-Harmonisierung*. Hier wird vorab nur das gemeinsame Konzept vorgegeben. In der Erhebungsphase wird dabei auf die national spezifischen Instrumente zurückgegriffen, die später in ein einheitliches Kategoriensystem überführt werden. Als Vorteil erweist sich hier die an die jeweiligen Strukturen angepasste Erfassung und die damit verbundenen spezifischeren Informationen für den nationalen Kontext. Zum Teil gibt es bereits von Experten entwickelte Klassifikationssysteme (z. B. das ISCO für die Klassifikation der beruflichen Stellung), anhand derer die kulturspezifischen Informationen dann von Spezialisten vercoded und in ein einheitliches Instrument überführt werden. Einige solcher Klassifikationssysteme werden in den folgenden Abschnitten vorgestellt.

7.1.2 Bildung

Die Erfassung von Bildung ist deshalb besonders schwierig, da national sehr unterschiedliche Bildungssysteme vorzufinden sind. Eine Input-Harmonisierung ist in diesem Fall kaum möglich. Bildung ist ein diffuses Konzept, das häufig ohne genauere Konzeptspezifikation verwendet wird. Um die Messung auf die Fragestellung zu orientieren, schlägt Hoffmeyer-Zlotnik (2003) eine Differenzierung in „Wissen und Fähigkeiten" oder „Formale Bildungsabschlüsse/Zertifikate" vor. In einem zweiten Schritt muss dann entschieden werden, wie diese Aspekte zu erfassen sind. Beide Aspekte sind kulturell geprägt, z.B. durch länderspezifische Curricula und Schulsysteme. Die sehr unterschiedlichen Bildungssysteme machen es sehr schwierig, ein ex ante vergleichbares Kategoriensystem zu konstruieren, da keine identischen Bildungsabschlüsse erworben werden und man somit nur eine annähernde Gleichheit herstellen kann. Es ist daher auf den ersten Blick einfacher, die je spezifischen Bildungsabschlüsse der Länder mit eingeführten Instrumenten abzufragen und diese ex post zu harmonisieren. Notwendigerweise geht das mit einem Verlust an Informationen einher, da kulturspezifische Informationen der verschiedenen Bildungssysteme eliminiert werden. Tab. 7.2 zeigt die Standard-Kategorien der „International Standard Classification of Education (ISCED-2011)". Dies ist die international anerkannte Klassifikation

Tab. 7.2 Kategorien als Produkt der Output-Harmonisierung von Bildungsabschlüssen im Rahmen des ISCED-2011

0 – Less than primary education
1 – Primary education
2 – Lower secondary Education
3 – Upper secondary education
4 – Post-secondary non tertiary education
5 – Short-cycle tertiary education
6 – Bachelor's or equivalent
7 – Master's or equivalent level
8 – Doctoral or equivalent level

7.1 Äquivalenzprobleme: soziodemografische Merkmale

der UNESCO, die als Gerüst zur Einordnung von Bildungsprogrammen und -abschlüssen in einheitliche Kategorien dient (UNESCO 2012: 6). Sie ermöglicht einen länderübergreifenden Vergleich bildungsbezogener Informationen aus sich in Struktur und Inhalt unterscheidenden nationalen Bildungssystemen (OECD 2015; UNESCO 2012: iii) (vgl. Tab. 7.2).

Die Tab. 7.3 zeigt die Zuordnungsregeln am Beispiel der Übertragung der deutschen allgemeinbildenden Schulabschlüsse in das ISCED-System. Ähnliche Zuordnungsregeln finden sich entsprechend für andere Länder mit anderen Bildungsabschlüssen.

Um die ganze Diversität des spezifischen deutschen Bildungssystems genau zu erfassen, werden die einzelnen Teilbereiche wiederum untergliedert. So wird z. B. der Code 244 in die je zugehörigen Schulformen des Sekundarbereichs I untergliedert (siehe Tab. 7.4).

In jüngerer Zeit gibt es Versuche, die Variable Bildung noch differenzierter zu erfassen. So legt Schneider (2021) einen Vorschlag zur ex post Harmonisierung und ein neues, vier Ziffern umfassendes Codierschema der Bildungsvariable vor,

Tab. 7.3 ISCED-2011 Output-Harmonisierung am Beispiel deutscher Schulabschlüsse

1 – Primary education	100 – kein beruflicher Abschluss
2 – Lower secondary Education	244 – Haupt- oder Realschulabschluss
3 – Upper secondary education	253 – Berufliches Praktikum/Berufsvorbereitungsjahr I ohne Hauptschulabschluss
4 – Post-secondary non tertiary education	344 – Fachhochschulreife (FHR)/Hochschulreife I ohne beruflichen Abschluss
5 – Short-cycle tertiary education	353 – Schule des Gesundheitswesens (kurzer Bildungsgang)/mittlerer Dienst (ö. V.)
6 – Bachelor's or equivalent	354 – Lehrausbildung/Berufsfachschulabschluss I ohne FHR/Hochschulreife
7 – Master's or equivalent level	453 – Schule für Gesundheits- und Sozialberufe (2–3 Jahre) I ohne FHR/Hochschulreife
8 – Doctoral or equivalent level	454 – Fachhochschulreife FHR/Hochschulreife I mit beruflichem Abschluss
	550 – Meisterausbildung (Vorbereitungskurse unter 880 h)
	640 – Bachelorabschluss/Fachhochschulabschluss/Berufsakademie
	650 – Technikerausbildung/Meisterausbildung (Vorbereitungskurse über 880 h)
	740 – Masterabschluss/Hochschulabschluss
	840 – Promotion

* https://metadaten.bibb.de/de/classification/detail/39

Tab. 7.4 Auszug aus der Zuordnung der deutschen Bildungsgänge zur International Standard Classification of Education 2011. (ISCED 2011, Quelle: Statistisches Bundesamt (2020). Bildungsfinanzbericht 2020: 90)

ISCED-Stufe Ausrichtung	Unterkategorie	Bildungsprogramme
ISCED 0 Elementarbereich		
ISCED 01 Frühkindliche Bildung, Betreuung und Erziehung für Kinder unter drei Jahren	010 010	Krippen Tageseinrichtungen für Kinder unter drei Jahren
ISCED 02 Frühkindliche Bildung, Betreuung und Erziehung für Kinder von drei Jahren bis zum Schuleintritt	020 020 020 020	Kindergärten Vorklassen Schulkindergärten Tageseinrichtungen für Kinder im Kindergartenalter
ISCED 1 Primarbereich		
ISCED 10 allgemeinbildend	100 100 100 100	Grundschulen Gesamtschulen (1.–4. Klasse) Waldorfschulen (1.–4. Klasse) Förderschulen (1.–4. Klasse)
ISCED 2 Sekundarbereich I		
ISCED 24 allgemeinbildend	241 244 244 244 244 244 244 244 244 244 244	Orientierungsstufe 5./6. Klasse Hauptschulen Realschulen Förderschulen (5.–10. Klasse) Schulen mit mehreren Bildungsgängen Gymnasien (5.–9./10. Klasse)[1] Gesamtschulen (5.–9./10. Klasse)[1] Waldorfschulen (5.–10. Klasse) Abendhauptschulen Abendrealschulen Nachholen von Schulabschlüssen der Sekundarstufe I Erfüllung der Schulpflicht an beruflichen Schulen Berufliche Schulen, die zu einem mittleren Abschluss führen
ISCED 25 berufsbildend	254	Berufsvorbereitungsjahr (und weitere berufsvorbereitende Programme, z. B. an Berufsschulen oder Berufsfachschulen)

das sie als „generalized ISCED" bzw. „GISCED" bezeichnet. Neben den drei Ziffern von ISCED 2011 („main level, program orientation, level completion and access to a higher level", wird nach dem „main level" noch eine weitere Ziffer eingefügt). Die weitere Differenzierung wird dadurch erreicht, dass Unterschiede in der Stratifizierung von (europäischen) Bildungssystemen hinsichtlich der relativen Gewichtung allgemeiner und beruflicher Bildung (vocational training) sowie Unterschiede im „upper secondary level" (also Differenzierungen im Hochschulbereich) berücksichtigt werden können. Den Vorteil dieser Vorgehensweise sieht Schneider (2021) darin, dass mit einer detaillierteren ex post Harmonisierung spezifischere Hypothesen zum Einfluss der Bildungsvariable geprüft werden können, die durch stärker aggregierte (und damit einfachere) Erfassungen der Bildungsvariable nicht durchgeführt werden können.

7.1 Äquivalenzprobleme: soziodemografische Merkmale

Die Klassifikationssysteme, die zu einer international vergleichbaren Erfassung von Bildungsniveaus erarbeitet wurden, lassen sich auch innerhalb einzelner Länder nutzen, wenn es etwa in Einwanderungsgesellschaften darum geht, kultursensitive sowie messäquivalente Verfahren zur Erfassung der des Bildungshintergrundes von Personen mit Migrationshintergrund (bzw. Zuwanderern) zu verwenden (vgl. Maehler et al. 2020).

Die zentrale Schwierigkeit der Harmonisierung besteht wie eben dargelegt darin, Besonderheiten aller zu vergleichenden Länder in den Ausbildungssystemen einer vergleichbaren Rangordnung zuzuordnen. In England z.B. wird nach Abschluss der Schule nicht unbedingt ein spezifisches Bildungszertifikat erworben, in Neuseeland setzt der Universitätszugang kein spezifisches Zertifikat voraus. In vielen Ländern gibt es berufliche Bildungsmöglichkeiten, die hier nicht berücksichtigt werden. In Brasilien entspricht die Ausbildung zur Krankenschwester einem Universitätsstudium, in anderen Ländern wiederum werden spezifische Fachschulen besucht. In Deutschland fallen die sehr differenzierten Bildungsmöglichkeiten im sekundären Bereich der beruflichen Bildung alle in eine Kategorie. Hoffmeyer-Zlotnik und Warner (2005) machen die Problematik anhand des Vergleichs nur dreier europäischer Länder (Deutschland, Dänemark, Luxemburg) deutlich (vgl. Tab. 7.5).

In der Tab. 7.5 wird die Differenz auf einer sehr abstrakten Ebene vorgestellt. Am Beispiel des deutschen Bildungssystems (vgl. Tab. 7.3 und 7.4) ist deutlich geworden, wie versucht wird, die Komplexität des Problems in vergleichbare Schemata zu überführen. In der vergleichenden Forschung haben sich bis heute einige Messinstrumente etabliert. Drei Varianten werden relativ häufig in vergleichenden Surveys verwendet:

1. Die Frage nach den Jahren, die man im Bildungssystem verbracht hat (verwendet z.B. im ISSP; ESS). Wobei die Definition, welche Zeitspanne

Tab. 7.5 Unterschiede in den Bildungswegen in drei europäischen Ländern

	Dänemark	Deutschland	Luxemburg
Differenzierung in Schulzweige	Nach 10 Jahren	Nach 4–6 Jahren	Nach 6 Jahren
Tertiäre Ausbildung	Wenig ausdifferenziert	Stark ausdifferenziert	Stark ausdifferenziert
Art der tertiären Ausbildung	Berufliche Schulen	Duales System (Schule und Betrieb)	Berufliche Schulen

jeweils gemeint ist, in den jeweils unterschiedlich formulierten Items, die zum Einsatz kommen, variiert (von der allgemeinbildenden Schule bis zum Universitätsabschluss).
2. Die ISCED-Klassifikation (International Standard Classification of Education, verwendet z. B. in der PISA-Studie). Diese Klassifikation wurde von der UNESCO 1976 entwickelt und 1997 und 2011 in einer revidierten Fassung vorgelegt. Hier werden allgemeine und berufliche Bildungsanstrengungen im Jugend- und Erwachsenenalter berücksichtigt.[2] Lernanstrengungen sollen möglichst umfassend (z. B. formal und nicht formal) erfasst werden.
3. Die CASMIN-Klassifikation (Comparative Analysis of Social Mobility in Industrial Nations). CASMIN unterscheidet Bildungsniveaus hinsichtlich ihrer sozialen Selektivitätseffekte (Brauns et al. 2003). Dabei werden zwei Dimensionen berücksichtigt. Zum einen der hierarchische Aspekt: Länge, Qualität und Wert der Bildung hinsichtlich des Zugangs zu tertiärer Bildung. Zum anderen die Unterscheidung zwischen allgemeinen und beruflichen Bildungswegen.

Für die erste Variante der Erfassung, die als einzige der drei Varianten einer Input-Harmonisierung entspricht, ergibt sich das Problem einer relativ ungenauen Messung des Bildungsniveaus, da die in Bildungseinrichtungen verbrachte Zeit nicht völlig deckungsgleich mit der zunehmenden Höhe des Bildungsniveaus ist. Außerdem ist die Verweildauer auch von den jeweiligen institutionellen Regelungen des Landes abhängig. Bereits in Deutschland selbst gibt es Differenzen, in welchem Schuljahr das Abitur möglich ist. In einigen Ländern ist die Wiederholung einzelner Klassen möglich, in anderen nicht. Der große Vorteil des Instruments liegt in seiner Einfachheit. Dieser Kennwert wird daher in einer großen Zahl von Ländern verfügbar sein. Im World Value Survey wird eine Unterscheidung des Bildungsniveaus in „upper-middle-lower" verwendet. Empirisch erweist sich auch die dichotome Unterscheidung in „Abitur vs. Nicht-Abitur"

---

[2] „Mit dem Berichtsjahr 2012 wurde die International Standard Classification of Education 2011 (ISCED-2011) in der internationalen Bildungsberichterstattung eingeführt. Die ISCED-2011 löste die bisherige Klassifikation ISCED-97 ab. Wesentliche Änderungen der ISCED-2011 sind die Aufnahme von Krippen und der Kindertagespflege als Bildungsprogramme und die Neugliederung des Tertiärbereichs, die den Änderungen im Rahmen des Bologna-Prozesses Rechnung trägt. Außerdem wurde die Zuordnung der Bildungsprogramme anhand der Definition der ISCED-2011 überprüft" (Statistisches Bundesamt 2020 – Bildungsfinanzbericht 2020: 92). Siehe dort auch den Anhang A 2 für eine Zuordnung der deutschen Bildungsgänge zu den Stufen ISCED 0 (Elementarbereich) bis ISCED 9 (keinerlei andere Klassifizierung). Vgl. zu einer Erläuterung von ISCED-97 und ISCED-2011 https://metadaten.bibb.de/de/classification/detail/17.

als relativ guter Prädiktor in Kausalanalysen. Ausschlagend hinsichtlich der Entscheidung, welche Variante sinnvoll ist, ist die Frage, welche Forschungsfrage beantwortet werden soll und welche Länder beforscht werden sollen. Steht die Bildung im Zentrum der Analyse und liegen in allen relevanten Ländern differenzierte Kennwerte vor, ist es sinnvoll, differenzierte Maße zu verwenden, wie sie die Varianten zwei oder drei ermöglichen.

7.1.3 Einkommen

Neben der Bildung und dem beruflichen Status wird in sozialwissenschaftlichen Studien das Einkommen als weiterer Indikator der sozialen Schichtzugehörigkeit verwendet. Hier liegen bis heute keine international eingeführten einheitlichen Instrumente für die Sozialwissenschaften vor. Für die Erfassung des Einkommens lassen sich prinzipiell zwei Varianten unterscheiden: entweder die präzise Erhebung des genauen Einkommens oder die Erfassung der Zugehörigkeit zu bestimmten Einkommensklassen. Die erste Variante ist kaum nötig, wenn es „nur" um die Zuordnung zu Schichtungsgruppen geht. Wird aber die Berechnung der Einkommensverteilung in bestimmten Ländern oder Gruppen anvisiert, ist die präzisere Messung nötig. Um eine angemessene und effiziente Erfassung des Einkommens zu realisieren, sollte vorab überlegt werden, inwieweit im Rahmen der Studie das Einkommen nur als Korrelat für andere Variablen dient oder Einkommensverteilungen verglichen werden sollen und dies eventuell sogar auf der Ebene absoluter Zahlen. Entsprechend dieser Zielsetzungen ist zu entscheiden, wie genau die Variable Einkommen erfasst werden muss, um die gewünschte Information zu erhalten.

Ein zentrales Problem bei Einkommensmessungen sind die relativ hohen Verweigerungsraten. Diese fallen umso höher aus, je genauer die Einkommensabfrage ist. Zudem treten Ungenauigkeiten auf, die allein durch die Unwissenheit der Befragten bezüglich ihres genauen Haushaltsnettoeinkommens (Einkommen nach Abzug von Steuern und Sozialabgaben) auftreten bzw. bei Fragen nach dem Haushaltsnettoeinkommen bezüglich der Summe des gesamten verfügbaren Einkommens. Man geht davon aus, dass Kontaktpersonen, die selbst nicht der Hauptverdiener sind, das Haushalteinkommen um bis zu 30 % unterschätzen (Hoffmeyer-Zlotnik und Warner 2005).

Zumeist wird das Haushaltsnettoeinkommen als Messung des verfügbaren Einkommens herangezogen. Bereits hier ergeben sich durch die unterschiedlichen Sozial- und Krankenversicherungssysteme nationale Unterschiede. Um Einkommensmessungen vergleichen zu können, müssen des Weiteren absolute

Tab. 7.6 OECD-Skala zur Berechnung des Nettoäquivalenzeinkommens

	Alte OECD-Skala	Neue OECD-Skala
Bezugsperson	1	1
Personen über 14	0,7	0,5
Personen unter 15	0,5	0,3

Messungen, die zumeist in der Währung des jeweiligen Landes erfasst werden in eine Relation gesetzt werden, die eine Vergleichbarkeit ermöglicht. Dazu müssen länderspezifische Wechselkurse, Kaufkraft und Haushaltsgrößen berücksichtigt werden. Allein die Umrechnung auf eine einheitliche Währung stellt nur oberflächlich betrachtet Vergleichbarkeit her. Letztlich ist aber die Kaufkraft in den jeweiligen Ländern oder die Position des Einkommens des Befragten in Relation zum Durchschnittseinkommen des jeweiligen Landes informativer (Braun/Mohler 2003). Die OECD hat eine Skala mit Gewichtungsfaktoren vorgelegt, die eine Vergleichbarkeit auch bei national unterschiedlichen Haushaltsgrößen ermöglicht. Für die Berechnung des sogenannten Nettoäquivalenzeinkommens eines Haushaltes werden alle Einkünfte durch die Summe der Mitglieder des Haushaltes geteilt (vgl. Tab. 7.6).

Diese Summe wird nach einem fiktiven Bedarf gewichtet. Nach der neuen OECD-Skala geht der Hauptbezieher des Einkommens mit dem Faktor 1,0 in die Gewichtung ein, alle anderen Mitglieder der Bedarfsgemeinschaft über 14 Jahre mit 0,5 und alle anderen mit 0,3.[3] Warner und Zlotnik (2003) machen darauf aufmerksam, dass es im Kulturvergleich unterschiedliche Haushaltsdefinitionen gibt. Es ist zu definieren, inwieweit damit eine ökonomische Einheit, eine Wohngemeinschaft, eine Familie oder ein Netzwerk gemeint ist. Insbesondere in nicht-westlichen Kulturen werden Haushalte offenbar anders definiert.

Die Kaufkraft einer Währung im Ausland ergibt sich aus dem Vergleich von Wechselkursen und Kaufkraftparitäten.

---

[3] *Beispiel:* In einer Familie wird ein Einkommen von 4000 € erzielt. Es gibt zwei Kinder im Alter von 6 und 16 Jahren. Das Nettoäquivalenzeinkommen beträgt 4000 / (1 + 0,5 + 0,5 + 0,3) = 1739 EUR.

7.1 Äquivalenzprobleme: soziodemografische Merkmale

▶ **Definition: Kaufkraftstandards**

- Nach Eurostat[4] ist der Kaufkraftstandard (KKS) eine künstliche Währungseinheit, die die Kaufkraftunterschiede, d. h. die verschiedenen Preisniveaus zwischen den Ländern eliminiert. So kann das gleiche nominale Einkommen in zwei Ländern mit unterschiedlichen Preisniveaus zu verschiedenen Kaufkraftwerten führen. Die in Kaufkraftstandards ausgedrückten Zahlen werden mithilfe von Kaufkraftparitäten (KKP) als Umrechnungsfaktor aus den Angaben in Landeswährung abgeleitet. Diese Paritäten erhält man aus dem gewichteten Durchschnitt der Preisrelationen eines homogenen Waren- und Dienstleistungskorbs, der für alle Mitgliedstaaten vergleichbar und repräsentativ ist.

Berechnungsbeispiele:

- 1. Ein Betrag von 1000 € soll in einen kaufkraftgleichen Betrag Schweizer Franken umgerechnet werden, um in der Lage zu sein, in der Schweiz (CH) die gleiche Menge an Waren und Dienstleistungen zu erwerben wie in Deutschland (DE). Mai 2021: KKP CH = 1,83.042 KKP DE = 1,08.211
  Formel: Kaufkraftgleicher Schweizer Franken Betrag = KKP CH/KKP DE * Euro-Betrag. Berechnung: Kaufkraftgleicher Schweizer Franken Betrag = 1,83.042/1,08.211 * 1000 = 1691,53
  In der Schweiz haben 1691,53 Schweizer Franken also die gleiche Kaufkraft wie 1000 € in Deutschland.
- 2. Ein Gehalt von 4000 Schweizer Franken soll in einen kaufkraftgleichen Euro-Betrag (Mai 2021) umgerechnet werden.
- Formel: Kaufkraftgleicher Euro-Betrag = KKP DE/KKP CH *Betrag ausländische Währung. Berechnung: Kaufkraftgleicher Euro-Betrag = 1,08.211/1,83.042 * 4000 = 2364,73
  Ein Schweizer der 4000 Schweizer Franken verdient, muss in Deutschland ein Gehalt aushandeln in Höhe von 2364,73 €, damit er die gleiche Menge an Waren und Dienstleistungen wie in der Schweiz erwerben kann.

Im Rahmen vieler Fragestellungen im Kontext von Surveyuntersuchungen ist eine sehr genaue Erfassung des Einkommens gar nicht nötig, da das Einkommen nicht

---

[4] https://ec.europa.eu/eurostat/statistics-explained/index.php?title=Glossary:Purchasing_power_standard_(PPS)/de, das Berechnungsbeispiel findet sich hier: https://www.destatis.de/DE/Themen/Wirtschaft/Preise/Internationaler-Preisvergleich/Methoden/erlaeuterungen-kaufkraftparitaeten.html.

Fokus der Analyse ist, sondern nur als Korrelat in Analysen herangezogen wird. Soll das Einkommen z.B. zur Erfassung des sozialen Status einbezogen werden, genügt es häufig, die Rangfolge pro Land adäquat zu erfassen, um etwa eine Stellung ober- oder unterhalb des Durchschnittseinkommens zu ermitteln. Dann ist eine Umrechnung der unterschiedlichen Währungen nicht nötig. Hier kann eine kategoriale Erfassung verwendet werden, die ein geringeres Verweigerungsrisiko aufweist. Die „Mitte" einer solchen Skala könnte z.B. das durchschnittliche Haushalteinkommen des jeweiligen Landes sein.

7.1.4 Berufliche Stellung

Im Unterschied zu anderen Bereichen ist im Bereich der Erfassung der beruflichen Stellung ein einheitliches Instrument – nämlich der International Standard Classification of Occupation (ISCO-88, ISCO-08) – sehr verbreitet. Es handelt sich um eine output-orientierte Harmonisierung des beruflichen Status. [5] Maßgeblich wird die Standardisierung vom Statistical Office of the European Communities und dem International Labour Office (ILO) betrieben. Grundlage der Kodierung sind die Konzepte „Job" und „Skills". Die Zuordnung von Berufen zu Kategorien erfolgt auf der Basis relativ genauer Angaben zur beruflichen Tätigkeit (Job) und der Fähigkeiten (Skills), die dazu erforderlich sind (Komplexität der Aufgaben, Art des spezialisierten Wissens, das benötigt wird, vgl. auch Züll 2015). „For the purpose of the ISCO classification system, the decisive factor for determining how an occupation should be classified is the nature of the skills that are required to carry out the tasks and duties of the corresponding jobs – not the way these skills are acquired" (Elias und Birch 1994).

Zur Erstellung solcher Klassifikationen sind verschiedene Informationen nötig, die im Fragebogen erfasst werden müssen (Elias und Birch 1994):

- What is/was the name or title of your main job?
- In your main job, what kind of work do/did you do most of the time?
- What training/s are/were needed for the job?
- What does/did the firm/organization you work/worked for mainly make or do?
- Including yourself, about how many people are/were employed at the place where you usually work/worked?

---

[5] https://www.ilo.org/public/english/bureau/stat/isco/isco08/ sowie https://ilostat.ilo.org/resources/concepts-and-definitions/classification-occupation/.

7.1 Äquivalenzprobleme: soziodemografische Merkmale

Auf der Basis dieser Informationen wird dann von Experten eine Berufsklassifikation erstellt, die die Grundlage für Berufsprestigemaße bildet, welche auf der Einschätzung der gesellschaftlichen Anerkennung von Berufen basieren (vgl. Abb. 7.1 für ein Beispiel).

Bedeutsam ist hier unter anderem die Treiman-Prestige-Skala. Hierbei werden neben der ISCO-Klassifikation häufig noch weitere Informationen verrechnet. Grundlage der Einordnung des Treiman-Scores sind Umfragedaten von 85 Untersuchungen in über 60 Ländern. Befragte wurden dabei gebeten, Berufe nach deren Prestige und dem gesellschaftlichen Ansehen zu beurteilen. Daraus konstruiert Treiman eine Skala mit Werten zwischen 1 und 100. Die Validität der Skala belegt Treiman (1977, 1979) durch sehr hohe Korrelationen seiner Skala mit nationalen Prestigemaßen. Die Treiman-Skala wird in einer aktualisierten Fassung (Ganzeboom und Treiman 1996) unter der Bezeichnung SIOPS (Standard International Occupational Prestige Scale) verwendet. Daneben setzt sich zunehmend der International Socio-Economic Index (ISEI) durch (Ganzeboom und Treiman 2003; Schimpl-Neimanns 2004). Im verwendeten Statuserwerbsmodell steht der Beruf als intervenierende Variable zwischen Bildung und Einkommen. Die Berufe werden dabei so auf einer linearen Skala angeordnet, dass in einem pfadanalytischen Modell der indirekte Einfluss der Bildung auf das Einkommen maximiert und der direkte Einfluss minimiert wird. Der ISEI wurde auf der Basis von Daten zu Bildung, Beruf und Einkommen von 74. 000 Beschäftigten aus 16 Ländern erzeugt und wurde z. B. auch in der PISA-Studie eingesetzt (Ganzeboom und Treiman 1996, 2003; aktuelle Hinweise finden sich auch auf der Homepage von Harry Ganzeboom unter http://www.harryganzeboom.nl/ismf/index.htm; Baumert et al. 2001).

Als dritte Variante der Erfassung von sozialem Status soll noch das ebenfalls bekannte Erikson-Goldthorpe-Portocarero-Modell (EGP) genannt werden (Erikson und Goldthorpe 1992; https://metadaten.bibb.de/de/classification/detail/10). Dieses Kategoriensystem basiert im Unterschied zu den oben genannten Modellen, die von relativ feinen Unterschieden zwischen verschiedenen Berufen ausgehen, auf Theorien, die die Differenzen zwischen gesellschaftlichen Klassen hervorheben. Innerhalb einer Klasse sind die Unterschiede gering. Die Klassenzugehörigkeit wird über die Verfügung von Kapital, Arbeitskraft und Bildung definiert (Erikson und Goldthorpe 1992; Brauns et al. 2000).

Dabei werden nicht nur die Informationen über die Berufe, sondern auch über die Form der Beschäftigungsverhältnisse berücksichtigt (z.B. Autonomiegrad, Autoritäts- und Kontrollbefugnisse). Grundlage des Kategoriensystems sind Informationen zu der Art der Tätigkeit (manuell, nicht manuell, landwirtschaftlich); die

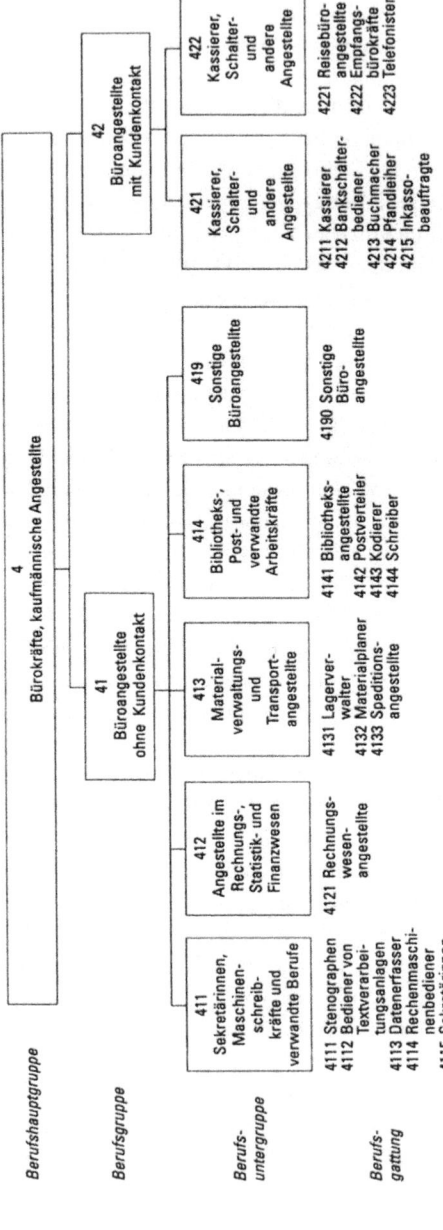

Abb. 7.1 Beispiele der ISCO-Codierung für Büroangestellte und kaufmännische Angestellte (Baumert und Maaz 2006: 14)

7.1 Äquivalenzprobleme: soziodemografische Merkmale

Stellung im Beruf (selbstständig/abhängig); das Ausmaß an Weisungsbefugnissen und die für den Beruf notwendigen Qualifikationen. Diese Merkmale werden nicht direkt, sondern über die drei Indikatoren Beruf, Beschäftigungsstatus und betriebliche Stellung erfasst.[6] Daraus ergeben sich im Originalmodell 11 Klassen, später wird dies auf 6 Klassen reduziert (vgl. Abb. 7.2).

Das EGP kann ebenfalls aus dem ISCO-88, ISCO-08 erzeugt werden, allerdings müssen zusätzliche Informationen zur beruflichen Stellung und zur Weisungsbefugnis erhoben werden. In einer vergleichenden Analyse kommen Ganzeboom und Treiman (1996, 2003) zu dem Ergebnis, dass alle drei Prestigemaße valide Messinstrumente darstellen. Die Auswahl sollte anhand theoretischer Erwägungen erfolgen.

Die Vergleichbarkeit der beruflichen Stellung findet aber auch bei diesen ex post harmonisierten Instrumenten ihre Grenzen. Die zum Teil offen abgefragten Informationen müssen codiert werden. Dabei müssen länderspezifische Berufe einer begrenzten Zahl einheitlicher Kategorien zugeordnet werden. Bei der Weiterverarbeitung in Berufsprestigeskalen ergeben sich im Kulturvergleich gewisse Probleme, insbesondere dann, wenn die Rahmenbedingungen sehr unterschiedlich sind. Schon der Vergleich zwischen scheinbar „gleichen" Berufe in der früheren BRD und der DDR erscheint teilweise problematisch. Der Beruf des Facharbeiters in der DDR ist mit dem gleichnamigen in der BRD schwer vergleichbar, vor allem wenn man den beruflichen Status hinzunimmt. In Deutschland und Japan weicht die Wertschätzung für Kindergärtnerinnen deutlich voneinander ab. Ähnliche Berufe erfahren häufig eine unterschiedliche Wertschätzung, besonders wenn Länder sehr unterschiedliche Produktionsstrukturen und Entwicklungsniveaus aufweisen. Wie sind etwa Bauern bzw. Farmer in USA, in Ghana und in Deutschland vergleichbar? Oder der Universitätsprofessor in Deutschland mit dem Universitätsprofessor in Russland, der nebenbei eine Subsistenzlandwirtschaft betreibt? Oder der self-made Unternehmer in den USA, der keinerlei standardisierte Ausbildung erfahren hat? Trotz dieser offenkundigen Probleme zeigen Studien eine überraschend hohe Konsistenz der Messungen mit nationalen Prestigeskalen in verschiedenen Ländern (Inkeles und Rossi 1996).

Die ILO legt weitere Messinstrumente zur Erfassung der beruflichen Situation vor (https://ilostat.ilo.org/resources/concepts-and-definitions/#standards) wie z. B.:

---

[6] Britische Studien belegen eine hinreichende Abbildung der Arbeitsbeziehungen durch diese Indikatoren (Brauns/Steinmann/Haun 2000).

I Obere Dienstklasse
Zur oberen Dienstklasse gehören die Angehörigen von freien akademischen Berufen, führende Angestellte und höhere Beamte, selbstständige Unternehmer mit mehr als zehn Mitarbeitern und alle Hochschul- und Gymnasiallehrer. Ausschlaggebend für die Zuordnung zur oberen Dienstklasse sind Merkmale wie Verantwortung (auch für die Tätigkeit anderer), Entscheidungsbefugnis und Autonomie der Tätigkeit.

II Untere Dienstklasse
Die Angehörigen der unteren Dienstklasse schließen sich im Einkommen an die Ränge der oberen Dienstklasse an. Sie verfügen jedoch in geringerem Ausmaß über Macht, Verantwortung und Autonomie in der Tätigkeitsausübung. Zu dieser Klasse gehören Angehörige von Semiprofessionen, Angehörige des mittleren Managements, Beamte im mittleren und gehobenen Dienst und technische Angestellte mit nicht manueller Tätigkeit.

IIIa und b Routinedienstleistungen in Handel und Verwaltung
Zur Klasse IIIa zählen klassische Büro- und Verwaltungsberufe mit Routinetätigkeiten; der Klasse IIIb werden Berufe mit niedrig qualifizierten, nichtmanuellen Tätigkeiten wie zum Beispiel Verkaufs- und Servicetätigkeiten zugeordnet. Diese Tätigkeiten erfordern oftmals keine Berufsausbildung.

IVa-c Selbstständige („Kleinbürgertum") und selbstständige Landwirte
Zur Klasse der Selbstständigen zählen alle Selbstständigen aus manuellen Berufen mit und ohne Mitarbeiter. Freiberufler werden dieser Klasse zugeordnet, wenn sie keinen hoch qualifizierten Beruf ausüben. In der Klasse der Selbstständigen können das Einkommen und die materielle Sicherheit abhängig von der Marktlage stark variieren. Gemeinsam ist den Personen eine hohe Autonomie der Beschäftigungssituation. Die Klasse wird bei Erikson und Goldthorpe (1992) dreifach unterteilt in Selbstständige mit Mitarbeitern, Selbstständige ohne Mitarbeiter und selbstständige Landwirte.

V-VI Facharbeiter und Arbeiter mit Leitungsfunktionen sowie Angestellte in manuellen Berufen
In der EGP-Klasse V werden untere technische Berufe zusammengefasst. Dazu gehören Vorarbeiter, Meister, Techniker, die in manuelle Arbeitsprozesse eingebunden sind, sowie Aufsichtskräfte im manuellen Bereich. Zur EGP-Klasse VI gehören abhängig Beschäftigte mit manueller Tätigkeit und abgeschlossener Berufsausbildung oder vergleichbarer Qualifikation.

VIIa und b Un- und angelernte Arbeiter sowie Landarbeiter
Der Klasse VIIa werden alle un- und angelernten Berufe aus dem manuellen Bereich sowie einige Dienstleistungstätigkeiten mit weitgehend manuellem Charakter und geringem Anforderungsniveau zugeordnet. Zur KlasseVIIb zählen alle Arbeiter, gelernt oder ungelernt, in der Land-, Forst- und Fischwirtschaft sowie der Jagd.

Abb. 7.2 Das EGP-Sechs-Klassenschema (Baumert und Schümer 2001: 339)

- International Classification of Status in Employment (ICSE-93, ICSE-18-A and ICSE-18-R)
- International Classification of Status at Work (ICSaW-18)
- International Standard Industrial Classification of All Economic Activities (ISIC Rev. 2–4) and broad sector

7.2 Makroindikatoren

Im Rahmen von Mehrebenenanalysen (vgl. Kap. 8) werden Indikatoren der Makroebene in die Analysen einbezogen, die häufig aus internationalen amtlichen Statistiken (UN; Weltbank; OECD etc.) entnommen werden. Diese Variablen werden ebenso als Kontextvariablen aufgefasst. Im Rahmen des ESS (European Social Survey) werden inzwischen harmonisierte Daten zu verschiedenen Bereichen (Wirtschaft, Bildung, Zuwanderung, Kriminalität etc.) auf nationaler und zum Teil regionaler Ebene bereitgestellt, die leicht mit den ESS-Daten zu integrieren sind (https://ess-search.nsd.no/en/all/query/?q=Multilevel).

Gleichwohl diese Indikatoren qua ihrer offiziellen Herkunft als scheinbar „objektiv" gelten, geht ihrer Auswahl die Frage voraus, inwieweit sie tatsächlich die latenten Konzepte, wie z.B. den Entwicklungsstand oder den Demokratisierungsgrad, vergleichbar abbilden können. Auch diesen Indikatoren liegen spezifische Definitionen der Konzepte zugrunde, die kulturspezifisch oder subjektiv gefärbt sein können. Natürlich bemühen sich die internationalen Organisationen vergleichbare Indikatoren herauszugeben, aber die Vergleichbarkeit ist wie immer vor dem Hintergrund des Verwendungszweckes zu beurteilen. Zudem sind sehr häufig nationale Statistiken die Grundlage dieser Zahlen, die teilweise unterschiedliche Bemessungsgrundlagen und Qualitäten aufweisen. Dogan (1994) kommt zu dem Schluss: „… that the lower the level of development, the lower is also the validity of quantitative data" (Dogan 1994: 41). Analysen der Weltbank (Bericht der Weltbank 2021: 58 f.) zeigen die Mängel in der Erfassung und Bereitstellung statistischer Informationen in Abhängigkeit vom Stand der ökonomischen Entwicklung des jeweiligen Landes (vgl. Abb. 7.3).

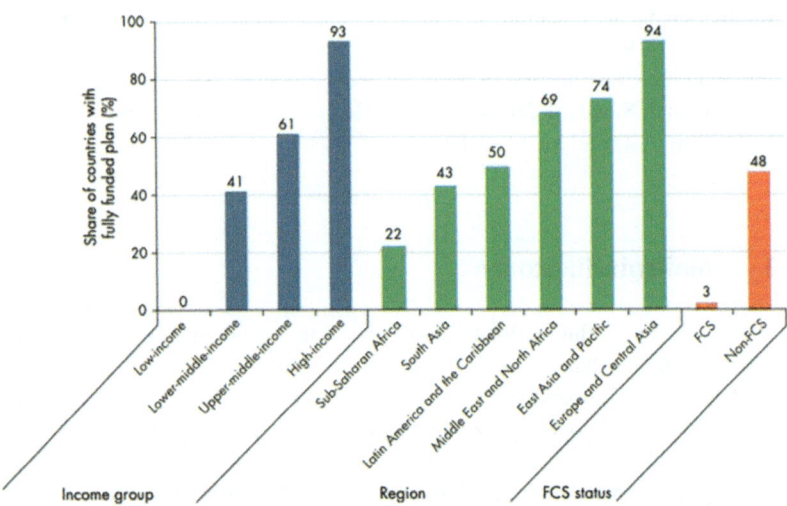

Abb. 7.3 Der Zusammenhang zwischen der Finanzierung nationaler Statistiken und des ökonomischen Entwicklungsstands (Quelle: World Bank (2021). World Development Report 2021: 66.)

Aus der Forschung: Konsistenz und Verlässlichkeit internationaler Kennzahlen

„Trotz beträchtlicher Bemühungen zur Standardisierung der Daten kann keine vollständige Vergleichbarkeit garantiert werden, sodass die Kennzahlen vorsichtig interpretiert werden müssen. Zahlreiche Faktoren beeinträchtigen die Verfügbarkeit, Vergleichbarkeit und Verlässlichkeit der Daten: so sind in vielen Entwicklungsländern die statistischen Systeme noch immer unzureichend. Statistische Methoden, Erhebungsgesamtheit, Verfahrensweisen und Definitionen weichen zum Teil erheblich voneinander ab. Darüber hinaus bringen Vergleiche zwischen einzelnen Ländern und Zeiträumen komplexe technische und konzeptionelle Probleme mit sich, die nicht eindeutig gelöst werden können. Bei Volkswirtschaften in denen besondere Umstände vorliegen oder die mit Problemen konfrontiert sind,

> ist die Erhebungsgesamtheit möglicherweise nicht gegeben. Dies können beispielsweise Probleme sein, die aus Konflikten resultieren und Auswirkungen auf die Datenerhebung und die Berichterstattung haben. Aus diesen Gründen sollten Daten, obwohl sie aus den Quellen stammen, die als äußerst verlässlich erachtet werden, nur so verstanden werden, dass sie Trends anzeigen und größere Unterschiede zwischen den Volkswirtschaften darstellen, statt ein exaktes quantitatives Maß dieser Unterschiede zu bieten."
> (Weltentwicklungsbericht 2005: 317)

Ebenso macht Dogan auf die zum Teil große Heterogenität innerhalb vieler Länder aufmerksam. Eine Situation, die die Relevanz nationaler Durchschnittsdaten fraglich erscheinen lässt und differenziertere Kennziffern erfordert. „People do not revolt against poverty as such, they revolt against injustice; they do not revolt against the national average of poverty. In statistical terms social inequalities may be expressed in standard deviation" (Dogan 1994: 42).

Besonders häufig werden Indikatoren der wirtschaftlichen, der demokratischen oder der humanitären Entwicklung eines Landes berücksichtigt. Hier sollen nur einige der häufig verwendeten Indikatoren vorgestellt werden.

7.2.1 Wirtschaftliche Entwicklung

Die wirtschaftliche Entwicklung eines Landes wird sehr häufig durch Kennziffern der Volkswirtschaftlichen Gesamtrechnung, insbesondere durch das Bruttoinlandsprodukt (BIP) erfasst. Gelegentlich werden aber auch Umfragedaten herangezogen, wie sie etwa im Europäischen Haushaltspanel (ECHP) gewonnen werden. Die Weltbank greift auf Daten der Volkswirtschaftlichen Gesamtrechnung zurück. Sie verwendet das Bruttonationaleinkommen (BNP) zur Einschätzung der wirtschaftlichen Entwicklung eines Landes, das neben dem BIP die Nettoübertragungen aus Primäreinkommen aus ausländischen Quellen berücksichtigt. Dabei wird versucht, die Effekte von Wechselkursschwankungen möglichst zu eliminieren. Problematisch bei diesen Maßzahlen ist unter anderem die mangelnde Berücksichtigung nicht bezahlter Arbeit. Der Bereich der Subsistenzwirtschaft, der in Entwicklungsländern sehr bedeutsam ist, findet keine Berücksichtigung. Ebenso wird der Bereich der Schattenwirtschaft nicht berücksichtigt. Diese ist aber in manchen Ländern ebenfalls sehr bedeutsam für den Lebensstandard der

Bevölkerung. Es wird allein der kommerzielle Wert von Gütern und Dienstleistungen bewertet. Die Kinderbetreuung durch eine Hausfrau oder einen Hausmann findet keinen Niederschlag, wohl aber die Arbeit einer „kommerziellen" Kinderbetreuung, die dann notwendig wird, wenn Frauen einer bezahlten Tätigkeit nachgehen (Dogan 1994). Wird auch die Bevölkerungszahl berücksichtigt, wird das BIP oder das BNP in Relation zur Bevölkerungszahl berechnet. Um den Konsumnutzen des Einkommens beurteilen zu können, müssen zudem die Kaufkraftunterschiede in den Ländern berücksichtigt werden. Man spricht dann vom BNP pro Kopf bei Kaufkraftparität (KKP – im Englischen: per capita, purchasing power parities – ppp). Auch hier kommt es zu Verzerrungen, da zur Berechnung der Kaufkraftparität ein „vergleichbarer" Warenkorb verwendet wird, der handelbare Güter und Dienste enthält. Hier werden subsistenzwirtschaftliche Versorgungsstrukturen, wie sie in weniger entwickelten Ländern verstärkt zu finden sind, nicht berücksichtigt.

Die Kennzahlen in der Tab. 7.7 zeigen, dass durch die jeweilige Berechnung von Kenngrößen zum Volkseinkommen erhebliche Unterschiede auftreten können. Ein Blick auf die unterschiedlichen Rangfolgen zeigt den je unterschiedlichen Informationsgehalt. Unterschiede im Bruttonationaleinkommen relativieren sich, wenn man die Bevölkerungszahl berücksichtigt (z. B. China-Polen). Auch die Unterschiede im Pro-Kopf-Einkommen (z. B. Deutschland-Polen) relativieren sich zum Teil, wenn man die Kaufkraft berücksichtigt usw. Es muss also auch hier ex ante klar spezifiziert werden, was erfasst werden soll, z.B. die Größe der Volkswirtschaft oder die Wohlfahrt der Bevölkerung. Je nach dem entsprechenden Zielkonzept ist die relevante Messgröße auszuwählen.

Die Kritik an diesen eindimensionalen Indikatoren führt zunehmend zur Berücksichtigung breiterer Indices zur Bewertung des Entwicklungsstandes eines Landes. Als solch ein breiterer Entwicklungsindikator hat sich der Human Development Index (HDI) etabliert. Der HDI-Wert eines jeden Landes wird jährlich im Weltentwicklungsbericht (Human Development Report) veröffentlicht, der vom United Nations Development Programm (UNDP)[7] der Vereinten Nationen herausgegeben wird. Im Rahmen des Index zur Erfassung der Entwicklung eines Landes werden drei Wohlfahrtskomponenten berücksichtigt: der Lebensstandard, die Lebenserwartung und die Bildung. Jeder Bereich wird mit 1–2 Indikatoren erfasst. Es erfolgt keine explizite Gewichtung. Tab. 7.8 zeigt für einige Länder relevante Indikatoren des HDI.

---

[7] http://hdr.undp.org/statistics/data/

7.2 Makroindikatoren

Tab. 7.7 Bruttonationaleinkommen (2020) im Vergleich (in Klammern die jeweilige Rangfolge)

Land	BNP[11], in Mrd. $ 2020	BNP pro Kopf, KKP in $ 2019
Deutschland	3806 (3)	55 314 (3)
Frankreich	2603 (4)	47 173 (4)
Schweiz	747 (6)	69 394 (1)
Polen	594 (7)	31 623 (5)
Russische Föderation	1483 (5)	26 157 (6)
China	14.722 (2)	16 057 (7)
USA	20.936 (1)	62 985 (2)
Malawi	11 (9)	1 035 (9)
Mali	17 (8)	2 269 (8)

Quellen: Weltbank und Human Development Report (UNDP)

Tab. 7.8 Makroindikatoren (2019) im Vergleich

Land	HDI-Rangplatz (2019, in Klammern befindet sich der HDI Indexwert)	Lebenserwartung Zeitpunkt der Geburt (2019)	Erwartete Schuljahre (in Klammern: durchschnittliche Anzahl der Schuljahre	BNP pro Kopf, KKP in $ (2019)
Deutschland	6 (0,947)	81,3	17 (14,2)	55.314
Frankreich	26 (0,901)	82,7	15,6 (11,5)	47.173
Schweiz	2 (0,955)	83,8	16,3 (13,4)	69.394
Polen	35 (0,880)	78,7	16,3 (12,5)	31.623
Russische Föderation	52 (0,824)	72,6	15 (12,2)	26.157
China (ohne Hongkong)	85 (0,761)	76,9	14 (8,1)	16.057
Hongkong, China (SAR)	4 (0,949)	84,9	16,9 (12,3)	62.985
USA	17 (0,926)	78,9	16,3 (13,4)	63.826
Malawi	174 (0,483)	64,3	11,2 (4,7)	1035
Mali	184 (0,434)	59,3	7,5 (2,4)	2269

Quelle: Human Development Report 2020 (UNDP), https://hdr.undp.org/en/data

▶ **Definition: Human Development Index (HDI)**

- The first Human Development Report introduced a new way of measuring development by combining indicators of life expectancy, educational attainment and income into a composite human development index, the HDI. The breakthrough for the HDI was the creation of a single statistic which was to serve as a frame of reference for both social and economic development. The HDI sets a minimum and a maximum for each dimension, called goalposts, and then shows where each country stands in relation to these goalposts, expressed as a value between 0 and 1.
- The education component of the HDI is now measured by mean of years of schooling for adults aged 25 years and expected years of schooling for children of school entering age. Mean years of schooling is estimated based on educational attainment data from censuses and surveys available in the UNESCO Institute for Statistics database and Barro and Lee (2010) methodology). Expected years of schooling estimates are based on enrolment by age at all levels of education and population of official school age for each level of education. Expected years of schooling is capped at 18 years. The indicators are normalized using a minimum value of zero and maximum values are set to the actual observed maximum value of mean years of schooling from the countries in the time series, 1980–2012, that is 13.3 years estimated for the United States in 2010. Expected years of schooling is maximized by its cap at 18 years. The education index is the geometric mean of two indices.
- The life expectancy at birth component of the HDI is calculated using a minimum value of 20 years and maximum value of 83.57 years. This is the observed maximum value of the indicators from the countries in the time series, 1980–2012. Thus, the longevity component for a country where life expectancy birth is 55 years would be 0551.
- For the wealth component, the goalpost for minimum income is $100 (PPP) and the maximum is $87,478 (PPP), estimated for Qatar in 2012.
- The decent standard of living component is measured by GNI per capita (PPP$) instead of GDP per capita (PPP$) The HDI uses the logarithm of income, to reflect the diminishing importance of income with increasing GNI. The scores for the three HDI dimension indices are then aggregated into a composite index using geometric mean.[8]

---

[8] http://hdr.undp.org/en/statistics/hdi;

7.2 Makroindikatoren

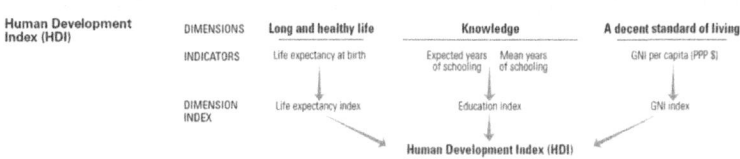

Der HDI wird aber auch kritisiert (vgl. Nollmann 2003), weil die Festlegung der Indikatoren relativ willkürlich erfolgt und die Zahl der Indikatoren gering ist. Eine Differenzierung zwischen hoch entwickelten Ländern ist kaum gegeben, auch Verteilungsaspekte werden nicht berücksichtigt. Der Erfinder des HDI, der Nobelpreisträger für Wirtschaft Amartya K. Sen betrachtet den Index inzwischen selbst als sehr grobe Maßzahl (Sen 1999: 23). Bei der Verwendung dieser Indikatoren sollte man sich darüber im Klaren sein, dass solch globale Zahlen nur sehr spärlich Auskunft über die reale Situation in den Ländern geben. Allerdings bietet das UNDP (United Nations Development Programme) inzwischen eine Vielzahl weiterer Indices an (z. B. zu Geschlechterungleichheit oder Armut, die im Rahmen der Reihe Human Development Report (HDR) veröffentlicht werden[9]), zudem besteht die Möglichkeit eigene Indices mithilfe der Datenbasis der UNDP zu entwerfen.

Als bedeutsamer für die Forschung haben sich Kennziffern erwiesen, die Verteilungen berücksichtigen. In den USA wuchs z.B. das BIP pro Kopf von 1979–1997 um 38 %, aber das Einkommen der Haushalte mit mittlerem Einkommen nur um 9 %. Um Verteilungsunterschiede abzubilden, werden häufig Verhältniszahlen verwendet. Im Human Development Report werden z.B. die 10 oder 20 % reichsten Haushaltseinkommen in Relation zum Einkommen der 10 oder 20 % ärmsten Haushalte eines Landes herangezogen. Die Weltbank nennt den prozentualen Anteil am Einkommen der je 20 % der Bevölkerung mit dem niedrigsten und der mit dem höchsten Einkommen und das Verhältnis dieser Anteile zueinander. Diese eher einfache Maßzahl wird häufig kritisiert, da es einen auf die Extreme begrenzten Blick auf die Ungleichheit impliziert. Als präzisere Messinstrumente werden verschiedene Indices gesehen. Häufig verwendet wird der Gini-Index. Dieser misst, inwieweit die Einkommensverteilung innerhalb eines Landes von einer perfekten Gleichverteilung abweicht. Daneben sind auch der Theil-Index und der Atkinson-Index häufig verwendete Maße (Berger

---

[9] https://hdr.undp.org/;

Tab. 7.9 Wohlfahrtsmaße und Verteilungsmaße (2019) im Vergleich

Land	HDI-Rangplatz (2019)	Gini Index (Jahr der Erhebung)	BNP pro Kopf, KKP in $ (2019)
Deutschland	6 (0,947)	31,9 (2016)	55.314
Frankreich	26 (0,901)	32,4 (2018)	47.173
Schweiz	2 (0,955)	33,1 (2018)	69.394
Polen	35 (0,880)	30,2 (2018)	31.623
Russische Föderation	52 (0,824)	37,5 (2018)	26.157
China	85 (0,761)	38,5 (2016)	16.057
USA	17 (0,926)	41,4 (2018)	63.826
Malawi	174 (0,483)	44,7 (2016)	1035
Mali	184 (0,434)	33,0 (2009)	2269

Quelle: Human Development Report 2020 (UNDP), https://hdr.undp.org/en/data

2005, 2019: 95–150; Härpfer und Schwarze 2006).[10] Tab. 7.9 zeigt einige der genannten Indices im Vergleich.

Als problematisch erweist sich auch die Erfassung von Armut. Nationale Armutsgrenzen werden häufig unterschiedlich definiert. In reicheren Ländern ist damit oft eine viel höhere Kaufkraft verbunden. Ein Problem, das alle genannten Länderkennziffern trifft. Die Weltbank versucht internationale Armutsgrenzen zu definieren. Als Standardwert gilt 1 US$ pro Tag, um Kaufkraft und Wechselkurs bereinigt. Bei reicheren Ländern ergibt sich mit dieser Kennziffer allerdings keine Differenzierung mehr. Zudem ergibt sich auch *innerhalb* der ärmeren Länder häufig ein deutliches Wohlfahrtsgefälle, etwa zwischen der Land- und der Stadtbevölkerung.

Eine weitere interessante Datenquelle für wirtschaftliche Kennziffern sind die Penn World Tables (PWT). Sie sind aus dem ICP (International Comparison Program) der vergleichenden empirischen Wirtschaftsforschung hervorgegangen. Institutionell sind die Daten am Groningen Growth and Development Center verortet. Hier sind ökonomische Daten für 183 Länder von 1950 bis 2019 abrufbar (https://www.rug.nl/ggdc/productivity/pwt/?lang=en).

---

[10] Vgl. Berger (2005, 2019: 259–288) für eine kritische Betrachtung der international vergleichenden Ungleichheitsforschung.
[11] Wechselkurs bereinigt nach Atlas-Methode

> **Aus der Forschung: International comparisons of living standards –
> the need for purchasing power parities**
> "To compare the incomes of people in different countries, the incomes must first be converted into a common currency. Until 1999 the *Human Development Report* used income measures based on exchange rate conversions in assessing global income inequality (as in the comparison of income for the richest 20% and the poorest 20% in the world). But exchange rate conversions do not take into account price differences between countries, which is vital when comparing living standards. To take account of these price differences, purchasing power parity (PPP) conversion rates are used to convert incomes into a common currency in which differences in national price levels have been eliminated.
>
> The two approaches to measuring inequality produce very different results. Using exchange rates not only produces much higher measures of inequality, but also affects trends in inequality.
>
> With the exchange rate measure, the ratio of the income of the richest 20% to that of the poorest 20% grew from 34 to 1 in 1970 to 70 to 1 in 1997. With the PPP measure, the ratio fell, from 15 to 1 to 13 to 1. Although both measures show increasing inequality between the richest 10% and poorest 10%, the exchange rate measure shows a much larger increase than the rise in real living standards
>
> While PPPs are the best way to convert income when comparing living standards, they are not without theoretical and practical problems. These problems point to the need for greater support – financial and institutional – for the collection of PPP data." (Melchior et al. 2000).

Das Zentrum für Umfragen und Analysen in Mannheim (ZUMA) entwickelt ein auf die europäischen Staaten bezogenes Informationssystem für soziale Indikatoren, das so genannte „European System of Social Indicators", kurz EUSI (vgl. Noll 2014). Ebenso stehen umfangreiche Makrodaten in Zeitreihen zu verschiedenen Bereichen zur Verfügung (objektive und subjektive Daten zur Lebensqualität, Familie, Arbeitsmarkt, Kriminalität, Gesundheit, Bildung etc.

7.2.2 Politische Entwicklung

Kommen wir abschließend noch zu den Möglichkeiten der Erfassung politischer Entwicklungen auf der Makroebene. Die politische Situation wird häufig durch Demokratie-Indices erfasst (Garber 2000; Welzel 2000). Auch hier ist die Definition einer Referenzgröße der kritische Punkt. Insbesondere bei der Feststellung politischer „Entwicklung" fließen offensichtlich in hohem Maße normative Aspekte ein. Die politische Entwicklung wird mit demokratischen Entwicklungen gleichgesetzt. Die Definition von Demokratie ist dabei, wie z. B. beim Freedom House Index auf den spezifischen Typus der liberalen Demokratie zugeschnitten. Der Freedom House Index wird sehr häufig verwendet. Bei der Beurteilung des politischen Entwicklungsstandes eines Landes steht das Vorhandensein politischer und ziviler Freiheitsrechte im Vordergrund. Politische Freiheitsrechte werden über drei Subdimensionen erfasst: Wahlen, politischer Pluralismus und Partizipation. Regionalexperten beurteilen jeweils 3–4 Fragen in der jeweiligen Dimension bezogen auf das jeweilige Land. Analog wird für die zivilen Freiheitsrechte verfahren. Hier sind die Subdimensionen Versammlungs- und Organisationsfreiheit, Rechtsstaatlichkeit und persönliche Freiheitsrechte, zu den Subdimensionen werden wieder 3–4 Fragen gestellt. Das Ausmaß ist von den Experten jeweils von 0–4 zu beurteilen. Zum Schluss werden Durchschnittswerte gebildet, wobei politische und zivile Rechte in gleichem Gewicht einfließen. Alle Länder wurden bis 2019 auf einem Wertebereich von 1–7 (1 am freiesten bis 7 am wenigsten frei) für politische und zivile Freiheitsrechte eingestuft. Seit 2020 werden zur genaueren Differenzierung maximal 40 Punkte in der Kategorie politische Freiheitsrechte und maximal 60 Punkte in der Kategorie zivile Freiheitsrechte vergeben (vgl. Tab. 7.10).

Trotz einiger Kritik am Maßstab des Index, gilt der Freedom House Indikator als die differenzierteste quantitativ umgesetzte Bewertung von Demokratien (Welzel 2000; Pickel 2003). Der Index gilt als eine valide Demokratiemessung, allerdings wird aufgrund der mangelnden Nachvollziehbarkeit der Expertenratings die Reliabilität der Werte angezweifelt.

Vanhanen (1990, 2000) hingegen legt einen sehr reliablen Indikator vor, er verwendet die Angaben über die Wahlbeteiligung und den Stimmanteil für die stärkste Partei. Als Datengrundlage verwendet er die amtlichen Wahlstatistiken. Die Validität des Indikators ist aufgrund des schmalen inhaltlichen Bezugs allein zum Wahlverhalten fraglich. Vanhanen präsentiert Indikatoren für 184 Länder.

Tab. 7.10 Freedom House Ratings (beobachteter Zeitraum 2020)

	Political Rights	Civil Liberties	Freedom Ranking
Deutschland	39	55	94 Free
Japan	40	56	96 Free
Südafrika	33	46	79 Free
USA	32	51	83 Free
Afghanistan	1	9	10 Not Free
Russland	5	14	19 Not Free
Nordkorea	0	3	3 Not Free

(Wertebereich von 0–4 für 10 politische Freiheitsrechte (insgesamt 40) und 15 zivile Freiheitsrechte (insgesamt 60). 0 repräsentiert den geringsten und 4 den höchsten Grad an Freiheit (https://freedomhouse.org/reports/freedom-world/freedom-world-research-methodology; weitere Daten finden sich hier: https://freedomhouse.org/report/freedom-world/2020/leaderless-struggle-democracy).

Aus der Forschung: Freedom House – Freedom in the World Survey
"The *Freedom in the World survey* provides an annual evaluation of the state of global freedom as experienced by individuals. The survey measures freedom – the opportunity to act spontaneously in a variety of fields outside the control of the government and other centers of potential domination – according to two broad categories: political rights and civil liberties. Political rights enable people to participate freely in the political process, including the right to vote freely for distinct alternatives in legitimate elections, compete for public office, join political parties and organizations, and elect representatives who have a decisive impact on public policies and are accountable to the electorate. Civil liberties allow for the freedom of expression and belief, associational and organizational rights, rule of law, and personal autonomy without interference from the state. Freedom House does not maintain a culture-bound view of freedom. The methodology of the survey is grounded in basic standards of political rights and civil liberties, derived in large measure from relevant portions of the Universal Declaration of Human Rights. These standards apply to all countries and territories, irrespective of geographical location, ethnic or religious composition, or level of economic development. The survey operates from

> the assumption that freedom for all peoples is best achieved in liberal democratic societies.
> The survey does not rate governments or government performance per se, but rather the real-world rights and social freedoms enjoyed by individuals. Freedoms can be affected by state actions, as well as by nonstate actors, including insurgents and other armed groups. Thus, the survey ratings generally reflect the interplay of a variety of actors, both governmental and nongovernmental.
> The survey includes both analytical reports and numerical ratings for 192 countries and 14 select territories. Each country and territory report includes an overview section, which provides historical background and a brief description of the year's major developments, as well as a section summarizing the current state of political rights and civil liberties. In addition, each country and territory is assigned a numerical rating – on a scale of 1 to 7 – for political rights and an analogous rating for civil liberties; a rating of 1 indicates the highest degree of freedom and 7 the least amount of freedom. These ratings, calculated based on the methodological process described below, determine whether a country is classified as Free, Partly Free, or Not Free by the survey.
> The survey findings are reached after a multilayered process of analysis and evaluation by a team of regional experts and scholars (see below). Although there is an element of subjectivity inherent in the survey findings, the ratings process emphasizes intellectual rigor and balanced and unbiased judgments". Quelle: http://www.freedomhouse.org/.

Beide Indikatoren – Freedom House und Vanhanen schneiden in einer Prüfung ihrer externen Validität relativ gut ab und zeigen relativ starke Zusammenhänge (Welzel 2000). Eine weitere Datenquelle verschiedener Variablen liefert das World Factbook des CIA (https://www.cia.gov/the-world-factbook/). Hier wird eine Vielzahl von Indikatoren geliefert, allerdings in unterschiedlicher Qualität. Seit 2014 liegt mit den Arbeiten des V-Dem (Varieties of Democracy) Instituts der Universität Kopenhagen ein weiteres ausdifferenziertes Instrument (V-Dem_Indices) vor, das es erlaubt, verschiedene Varianten von Demokratien differenzierter zu betrachten. Es werden werden fünf übergeordnete Dimensionen erfasst, die jeweils unterschiedliche Teilaspekte demokratischer Ordnung fokussieren: der Electoral Democracy Index, der Liberal Democracy Index, der

Participatory Democracy Index, der Deliberative Democracy Index und der Egalitarian Democracy Index. Die Erhebung ist deutlich komplexer als bei den anderen hier vorgestellten Indices. 2020 wurden mehr als 470 Indikatoren zu 82 Subdimensionen erhoben, der berücksichtigte Zeitraum geht von 1789–2019. Die Bewertungen werden durch Expertenratings anhand von mindestens fünf unabhängigen Ratings von Experten aus verschiedenen Ländern durchgeführt. Die Rating-Reliabilität der Experten wird methodisch kontrolliert. Alle Daten stehen open access zum Download zur Verfügung: https://www.v-dem.net/vdemds.html

7.3 Fazit

Sozialstrukturelle Indikatoren oder Makrovariablen könnten auf den ersten Blick als „objektive" Messungen aufgefasst werden. Ein genauerer Blick zeigt jedoch, dass auch diese Indikatoren im Kulturvergleich denselben Problemen unterliegen wie andere Indikatoren auch. Auch diese Indikatoren werden durch Forscher abstrakten theoretischen Konstrukten zugeordnet – auch hier treten somit die Probleme der Validität und der Äquivalenz auf allen Ebenen auf. Deshalb gilt: Vergleichbarkeit ist nicht gegeben, sondern muss hergestellt und nachgewiesen werden. Da diese Indikatoren in nahezu allen sozialwissenschaftlichen Untersuchungen verwendet werden, liegen Erkenntnisse über Probleme und Möglichkeiten des Einsatzes von Messinstrumenten vor und es ist deshalb sinnvoll, bei der Planung und der Durchführung interkultureller Studien bereits vorhandene Entwicklungen und Standards so weit wie möglich zu berücksichtigen. Insbesondere wenn es um den Vergleich von Makroindikatoren geht, ergeben sich Schwierigkeiten. Daher sollte man die Anmerkungen der Weltbank ernst nehmen und diese Daten eher als recht grobe Tendenzaussagen und nicht als präzise Messungen verstehen. Und auch hier ist zu bedenken, dass es einer klaren Konzeptspezifikation bedarf, um zu erkennen, welche Indikatoren für den jeweiligen Zweck sinnvolle Informationen enthalten.

7.3.1 Wichtige Quellen für Makrodaten

- Eurostat/Europäische Kommission
- European System of Social Indicators (EUSI)
- United Nations Organization (UNO)
- United Nations Educational, Scientific and Cultural Organization (UNESCO)
- World Health Organization (WHO)

- Organisation for Economic Co-operation and Development (OECD)
- World Bank
- International Labor Organization (ILO)
- United Nations Environment Programme (UNEP)
- United Nations High Commissioner for Refugees (UNHCR)
- Penn World Tables
- Freedom House
- CIA's World Factbook
- V-Dem Project

Kontrollfragen

- *Verdeutlichen Sie die Äquivalenzproblematik bei soziodemografischen Variablen am Beispiel der Bildung und des Alters.*
- *Welche Rolle spielen Makrodaten in kulturvergleichenden Studien?*
- *Was versteht man unter Input- bzw. Output-Harmonisierung? Welche der beiden Formen würden Sie verwenden, um eine Vergleichbarkeit der Bildungsvariable herzustellen?*
- *Inwieweit ist das häufig verwendete Bruttoinlandsprodukt ein geeignetes Maß zur Erfassung der wirtschaftlichen Entwicklung im internationalen Vergleich?*
- *Welche Möglichkeiten einer differenzierteren Erfassung der sozialen und wirtschaftlichen Lage eines Landes gibt es?*
- *Welche besonderen Güteprobleme sehen Sie bei der Verwendung von Makrodaten?*

Literatur zur Vertiefung und zum Weiterlesen

Granda, P./Wolf, C./Hadorn, R. (2010). Harmonizing survey data. S. 315–334 in: Harkness, J.A./Braun, M./Edwards, B./ Johnson, T.P./Lyberg, L./Mohler, P.P./Pennell, B.-E./Smith, T.W. (Hg.), Survey Methods in Multinational, Multiregional, and Multicultural Contexts (3MC). Hoboken, New Jersey: Wiley.

Hoffmeyer-Zlotnik, J.H./Wolf, C. (2003): Advances in cross-national comparison. A European working book for demographic and socio-economic variables. New York u.a.: Kluwer, darin zusammenfassend: Hoffmeyer-Zlotnik, J.H.P./Wolf, C.: Comparing demographic and socio-economic variables across nations: synthesis and recommendations. S. 389–406.

Dubrow, J. K./Tomescu-Dubrow, I. (2016). The rise of cross-national survey data harmonization in the social sciences: Emergence of an interdisciplinary methodological field. Quality & Quantity, 50: 1449–1467.

Schneider, S. L. (2021). The classification of education in surveys: a generalized framework for ex-post harmonization. Quality & Quantity, 1–38. https://link.springer.com/article/10.1007/s11135-021-01101-1

Friedrichs, J./Nonnenmacher, A. (2014). Die Analyse sozialer Kontexte. Kölner Zeitschrift für Soziologie und Sozialpsychologie, 66 (1): 1-16.

Analysemöglichkeiten 8

Das Kap. 8 beschäftigt sich mit grundlegenden Möglichkeiten der Analyse von Daten, die in kulturvergleichenden Studien gewonnen werden. Dabei soll ein Überblick über Standardverfahren gegeben werden. Für eine vertiefende Betrachtung von Analyseverfahren muss auf spezialisierte Lehrbücher verwiesen werden.

Im Prinzip können alle Verfahren, die im Rahmen monokultureller Studien Verwendung finden, auch in Kulturvergleichen eingesetzt werden. Besonderheiten des Kulturvergleichs ergeben sich durch spezifische vergleichende Fragestellungen, aus der besonderen Datenstruktur und aus Fragen, die mit der Äquivalenzproblematik in Zusammenhang stehen. Der nun folgende Überblick gliedert sich daher in zwei Bereiche. Zum einen werden grundlegende Datentypen und Analysedesigns dargestellt, die sich aufgrund der Datenstruktur in Kulturvergleichen ergeben. Zum anderen werden einige Möglichkeiten der statistischen Äquivalenzprüfungen auf der Konstrukt- und der Instrumentenebene vorgestellt.

8.1 Datentypen und Analysedesigns im Kulturvergleich

Datensätze aus kulturvergleichenden Studien kombinieren Variablen der Individualebene mit Variablen, die der Makroebene zuzuordnen sind. Auch wenn nur Individualdaten in den einzelnen Ländern erhoben werden, entstehen dabei Datensätze, die Mehrebenendaten enthalten (Meulemann 2002, 2019; Andreß et al. 2019). Neben den Individualdaten liegt zumindest die Kennung der Zugehörigkeit zu einem spezifischen Land als Merkmal der Makroebene vor. Wird die Variable „Kultur" als Kübelvariable oder als Black Box verwendet, bleibt es häufig bei dieser Konstellation. „Kultur" wird dann durch die Länderkennung operationalisiert. Die Variablen der Makroebene können um Merkmale der jeweiligen Länder

z. B. Wirtschaftskraft (BIP), Produktionsstruktur (z. B. Anteil der landwirtschaftlichen Produktion), Verstädterungsgrad, Bevölkerungsdichte, Altersstruktur und ähnliches ergänzt werden, um differenziertere Analysen zu ermöglichen. Ebenso können auf der Basis der Individualdaten Durchschnittswerte für die jeweiligen Länder gebildet werden, sodass z. B. das durchschnittliche Werteklima erfasst und dann als Merkmal der Makroebene ergänzt werden kann. Welzel (2003) unterscheidet die Variablen der Makroebene in Systemmerkmale und Populationsmerkmale, die durch die Aggregation von Individualdaten gewonnen werden. Die Daten im Kulturvergleich können also unterschiedlichen Ebenen zugeordnet werden (vgl. Tab. 8.1).

Die Variablen der Makroebene können als Kontexte von Merkmalsausprägungen auf der individuellen Ebene fungieren, wie im Rahmen der Mehrebenenanalyse, sie können aber auch ein eigenständiger Untersuchungsgegenstand sein. Nehmen wir das Beispiel Arbeitslosigkeit: auf der Individualebene steht der Indikator für eine deprivierte ökonomische Situation der jeweiligen Personen. Auf der Makroebene hingegen fungiert die Variable als Kontext: eine hohe Arbeitslosenrate im eigenen Land kann z. B. auch bei Personen, die nicht selbst von Arbeitslosigkeit betroffen sind, Ängste und Reaktionen (z. B. ein spezifisches Wahlverhalten) auslösen.

Tab. 8.1 Datenebenen im Kulturvergleich

Ebene	Variablen z. B	Merkmale
Makroebene	• BNP/pro Kopf • Klima • Schulsystem • politisches System • verfassungsmäßige Rechte	Systemmerkmale
Makroebene (Makrodaten auf der Basis aggregierter Werte von Individualdaten)	• durchschnittliche Wertorientierungen • durchschnittliche Bewertung des Investitionsklimas • Prozentwerte für eine Population (z. B. Anteil der Deutschen die ihren Mitbürgern vertrauen)	Populationsmerkmale
Individualebene	• Individuelle Einstellungen zu Migranten • Individuelles Kontaktverhalten mit Migranten	Individualmerkmale

8.1 Datentypen und Analysedesigns im Kulturvergleich

Diese Datenstruktur lässt verschiedene Analysestrategien zu (vgl. Tab. 8.2). Es können Vergleiche auf der Ebene von Ländern durchgeführt werden, aber auch Vergleiche von Individuen in verschiedenen Ländern. Im Fall der Verknüpfung der Kollektivebene und der Individualebene spricht man von *Mehrebenenanalysen*.

Meulemann (2002) unterscheidet zudem die *Mehrvariablenanalyse* von der *Mehrebenenanalyse*. Im Rahmen der *Mehrvariablenanalyse* werden „Länderunterschiede individueller Merkmale durch ein weiteres in den Ländern unterschiedlich verteiltes individuelles Merkmal" (Meulemann 2002: 16) erklärt. Am Beispiel der Unterschiede in der Kirchgangshäufigkeit zwischen Ost- und Westdeutschland werden die auf korrelativer Ebene gefundenen Unterschiede durch

Tab. 8.2 Möglichkeiten der Analyse auf der Mikro- und der Makroebene

Systematische Verbindung von Individual- und Makroebene	
Mehrvariablenanalyse	Der Analyseschwerpunkt liegt auf der Individualebene, aber die Ländervariable wird in der Analyse als Dummy-Variable berücksichtigt
Mehrebenenanalyse	Das Land als Analyseeinheit wird durch inhaltliche Variablen ersetzt (z. B. BIP), der Einfluss und die Beziehungen zwischen Makro- und Mikrovariablen werden systematisch geprüft
Getrennte Analyse von Individual- und Makroebene	
Analysen auf der Länder- oder der Makroebene	Die Koeffizienten basieren allein auf Makrodaten, hierzu werden häufig Surveydaten aggregiert. Die Länder und nicht die Individuen sind die „Fälle" der Stichprobe
Vergleichende Analysen auf der Individualebene pro Land	Die Analysen werden getrennt für jedes Land berechnet und die Koeffizienten werden dann verglichen
Parallele Analysen auf der Makro- und der Individualebene	Es werden Analysen auf der Individual- und der Makroebene durchgeführt und deren Ergebnisse hinsichtlich ihrer Übereinstimmung verglichen
Globale Analysen	Alle Länderdaten werden zu einem globalen Datensatz „gematched" – die Analyse erfolgt auf der Individualebene

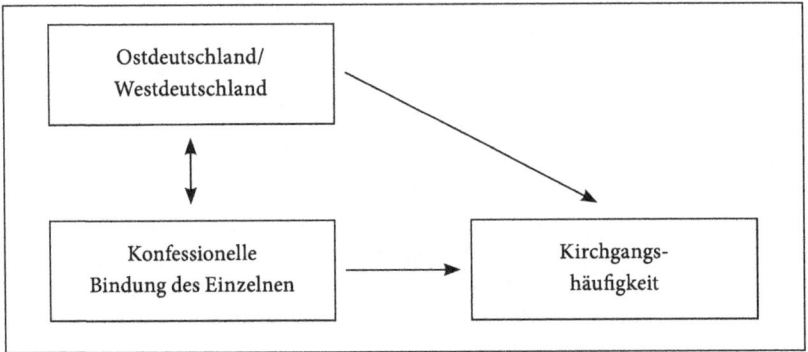

Abb. 8.1 Mehrvariablenanalyse: Mikro- und Makrovariablen

Partialisierung der konfessionellen Bindung „erklärt". Der Zusammenhang zwischen Ost/West und Kirchgangshäufigkeit reduziert sich bzw. verschwindet (vgl. Abb. 8.1). Dies bezeichnet Meulemann (2002) als die Standardstrategie vergleichender Studien, die sehr häufig auch in Kulturvergleichen eingesetzt wird. Die Strategie kann um mehrere Länder erweitert werden, indem man Dummy-Variablen mit einer Referenzstichprobe einsetzt. Dieses Vorgehen findet sich z. B. bei Nauck und Klaus (2007).

Im Unterschied zur Mehrvariablenanalyse versucht man im Rahmen der *Mehrebenenanalyse,* Unterschiede in Merkmalen und auch in Zusammenhängen zwischen Variablen zwischen den Ländern durch Kollektiveigenschaften zu erklären (Andreß et al. 2019). Ein Beispiel hierfür ist die Studie von Quillian (1995) zum Zusammenhang zwischen Zuwanderung und Fremdenfeindlichkeit in Europa. Dabei versteht Quillian (1995) den relativen Anteil an Zuwanderern an der Bevölkerung als Bedrohungspotenzial für die einheimische Bevölkerung, das die individuelle Fremdenfeindlichkeit erhöhen kann. Ein Kollektivmerkmal ist für Länderunterschiede in individuellen Orientierungen gegenüber Fremden verantwortlich (vgl. Abb. 8.2). Im Unterschied zur Mehrvariablenanalyse benötigt man für diese Art der Analyse eine hinreichend große Zahl zu vergleichender Länder, um in den Kollektivmerkmalen eine ausreichende Varianz zu erreichen. Das „Land" als Analyseeinheit verschwindet in dieser Art der Analyse und wird durch inhaltliche Merkmale, die theoretisch abgeleitet werden können, ersetzt.

Im Rahmen der Mehrebenenanalyse können sich die Effekte der Kollektivmerkmale auf die Niveauebene beziehen, sie können aber auch die Zusammenhänge zwischen Variablen moderieren (Interaktionseffekte, vgl. auch Abb. 8.3).

8.1 Datentypen und Analysedesigns im Kulturvergleich

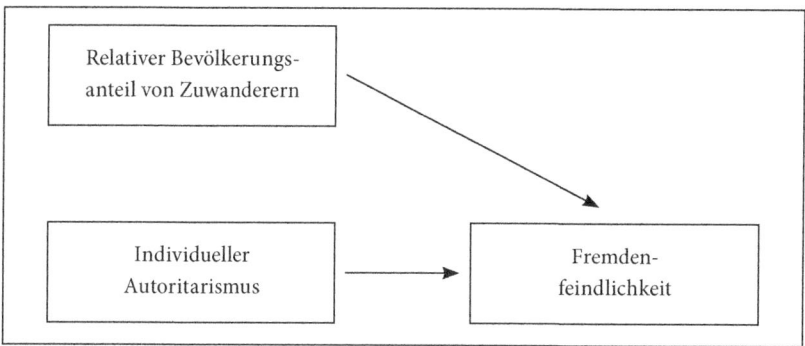

Abb. 8.2 Mehrebenenanalyse zur Erklärung von Niveauunterschieden: Mikro- und Makrovariablen

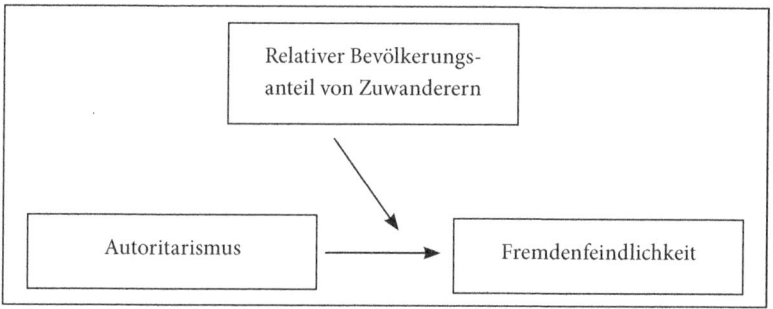

Abb. 8.3 Mehrebenenanalyse – Interaktionseffekte: Mikro- und Makrovariablen

So könnte man z. B. die Hypothese prüfen, inwieweit der Anteil an Zuwanderern den Zusammenhang zwischen autoritären Orientierungen und Fremdenfeindlichkeit verstärkt. Als Erklärungshintergrund wäre z. B. die folgende Hypothese denkbar: ein hoher Anteil an Zuwanderern erzeugt ein Bedrohungsklima, das latenten Autoritarismus mobilisiert und zu einer Verstärkung von autoritären Haltungen und Fremdenfeindlichkeit beiträgt.

Im Rahmen von Mehrebenenanalysen werden Länder nicht länger als Länder untersucht (vgl. Abb. 8.2), sondern sie werden „decomposed" und auf der Makroebene durch die Ausprägung bestimmter Merkmale beschrieben (z. B. BNP;

durchschnittliches Bildungsniveau, durchschnittliche Religiosität, Produktionsstruktur etc.).

Kohn (1996) hält diese Vorgehensweise nur für bedingt fruchtbar, er glaubt: „… there is much to learn from research in which nation is treated as context before we are already translate ‚nations' into ‚variables'" (Kohn 1996: 31).

Neben diesen Verfahren, die Kollektiv- und Individualdaten verbinden, gibt es auch Strategien, die keine explizite Verbindung der Individual- und der Kollektivebene betreiben. Hofstede (2001: 16) unterscheidet im Kulturvergleich drei mögliche Analyseebenen (vgl. auch Abb. 8.4):

1. *Analysen auf Länder- oder Makroebene*: Diese Koeffizienten basieren auf den Mittelwerten der jeweiligen Variablen für jedes Land. Der zugrunde liegende Datensatz enthält als „Fälle" die einzelnen Länder, entsprechend enthalten die Variablen für jedes Land den Mittelwert der Ausprägung dieses Merkmals im jeweiligen Land. Hier können auch andere Kollektivmerkmale der Länder subsumiert werden, die nicht unbedingt das Ergebnis aggregierter Individualdaten sind. Länder werden nicht verglichen, sondern sie tauchen als Merkmalsbündel im Datensatz auf. Für sinnvolle Analysen müssen Daten für eine hinreichend große Zahl von Ländern (ca. 20–30) vorliegen. Aufgrund der geringeren Heterogenität in den Ausprägungen von aggregierten Makrovariablen sind relativ hohe Koeffizienten nicht ungewöhnlich, aufgrund der geringen Fallzahlen werden allerdings auch seltener signifikante Beziehungen erreicht. Aggregatdatenanalysen mit wenigen Fällen erzeugen sehr labile Ergebnisse, starke Abweichungen einzelner Fälle können bereits deutliche Effekte zeitigen (Pickel 2003).
2. *Vergleichende Analysen auf Individualebene pro Land*: Die Zusammenhänge werden für jedes Land getrennt anhand der Individualdaten berechnet, die zu dem jeweiligen Land gehören. Die jeweiligen Koeffizienten können dann verglichen werden.
3. *Globale Analysen*: Dies sind Zusammenhänge, die anhand des gesamten Datensatzes berechnet werden ohne auf die Länderzugehörigkeit der Individuen zu achten.

In neueren Studien wird häufig auf die Länderebene (nation-level) Bezug genommen. Vielfach wird diese Analyseform als neue Möglichkeit kulturvergleichender Forschung gesehen, die durch die zunehmende Verfügbarkeit von breit angelegten kulturvergleichenden Studien (ISSP; Eurobarometer etc.) eröffnet wird (Smith 2004). Dieses Vorgehen findet sich z. B. bei Inglehart und Baker (2000), die Zusammenhänge von aggregierten Mittelwerten von Wertorientierungen einzelner

8.1 Datentypen und Analysedesigns im Kulturvergleich

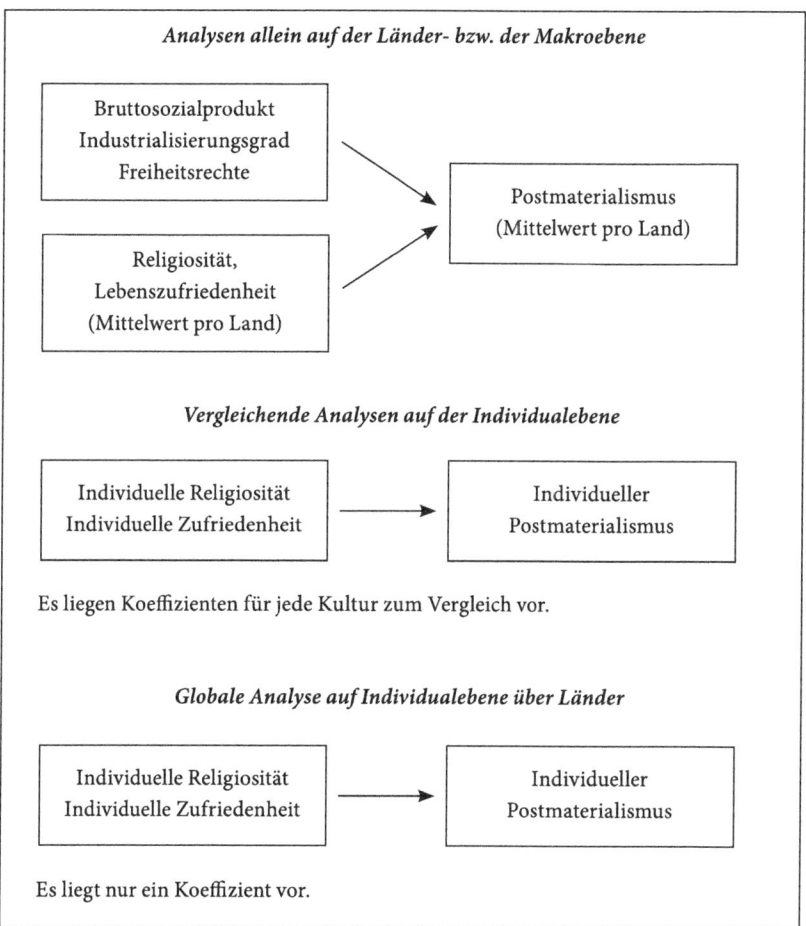

Abb. 8.4 Analyseebenen

Ländern im Zusammenhang zu anderen Kollektivmerkmalen untersuchen (z. B. Bruttosozialprodukt, Industrialisierungsgrad, Konfessionsverteilung). Allik und McCrae (2004) analysieren in einem Sonderband des Journal of Cross-Cultural Psychology, der sich allein nation-level-Analysen widmet, den Zusammenhang von geografischer Lage und Ähnlichkeitsprofilen von Persönlichkeitsstrukturen von 36 Ländern. Beugelsdijk und Welzel (2018) versuchen das dimensionale

Kulturkonzept von Hofstede mit dem dynamischen Kulturkonzept von Inglehart theoretisch zu verbinden. Diese Überlegungen werden mit Daten des EVS und des WVS an 495.011 Befragten überprüft, die zwischen 1900 und 1999 in 110 Ländern geboren wurden. Die Autoren zeigen, dass die Vorhersagen von Inglehart zutreffend sind, denn jüngere Generationen sind individualistischer und glücklicher (more joyous) geworden. Gleichwohl gibt es länderspezifische und pfadabhängige historische Traditionen, die für die Hälfte an Variation in den jeweiligen Ländern verantwortlich sind.

In den Politikwissenschaften haben sich auch Vorgehensweisen durchgesetzt, in denen Zusammenhangsanalysen, die je separat auf den Nationen- oder Aggregatebenen und auf der Individualebene durchgeführt werden, nicht technisch im Sinne der Mehrebenenanalyse, sondern inhaltlich bzw. interpretativ verbunden werden (S. Pickel 2003).

> **Aus der Forschung: Kultur und wirtschaftliche Entwicklung**
> Inglehart und Baker (2000) untersuchen anhand von Daten des World Value Surveys den Zusammenhang von kulturellen Unterschieden und ökonomischer Entwicklung. In der Analyse werden 65 Länder aus allen Kontinenten berücksichtigt. Die Autoren geben an, mit ihren Daten 75 % der Weltbevölkerung abzubilden. Die Analysen werden auf der Länderebene (nationlevel) durchgeführt. Kulturelle Orientierungen werden dabei durch die Bildung von Durchschnittswerten bestimmter Werthaltungen (traditional vs. secular-rational und survival vs. self-expression) in den jeweiligen Ländern gemessen. Diese Aggregatdaten, die aus den Surveydaten gewonnen wurden, werden mit anderen Makrodaten zur Wirtschaftskraft und -struktur der Länder kombiniert. Die Analysen zeigen Zusammenhänge zwischen der Wirtschaftskraft der Länder (GNP per capita) und den durchschnittlichen Wertorientierungen. Insbesondere Länder mit einer starken Ausprägung von Selbstverwirklichungswerten weisen auch eine starke Wirtschaftskraft auf. In einem weiteren Analyseschritt teilen Inglehart und Baker (2000) die einzelnen Länder bestimmten kulturellen Zonen zu, die mehr oder weniger explorativ durch Faktorenanalysen unter interpretativer Zuhilfenahme der Einteilung von Huntington (1993) festgelegt werden und die durch historische und religiöse Ähnlichkeiten gekennzeichnet sind (z. B. African zone; Protestant Europe zone, English-Speaking zone; ex-communist zone; confucian zone). Es zeigt sich, dass die Länder dieser Zonen ähnliche Werteprofile aufweisen, die auch bei Berücksichtigung der Wirtschaftskraft und

der wirtschaftlichen Struktur der Länder bestehen bleiben. Sie schlussfolgern, dass trotz eines vereinheitlichenden Modernisierungstrends offenbar kulturelle Traditionen ihre Spuren hinterlassen.

8.2 Fehlschlussproblematik

Die Arbeit mit Daten verschiedener Analyseebenen birgt das Problem, dass unzulässige Übertragungen von Ergebnissen einer Ebene auf eine andere Ebene stattfinden. Robinson (1950) hat als einer der ersten auf diese Problematik aufmerksam gemacht. Die sogenannte Fehlschlussproblematik betrifft Aussagen über Verteilungen ebenso wie Aussagen über Zusammenhänge.

Hofstede (2001: 25) zeigt an einem Beispiel sehr deutlich, dass Individualdaten und Makrodaten (bzw. aggregierte Individualdaten) grundsätzlich eine unterschiedliche inhaltliche Information enthalten (vgl. Abb. 8.5). So zeigen zum Beispiel individualistische und kollektivistische Werthaltungen in den USA und in Guatemala deutlich andere Verteilungsschwerpunkte. Aus dem Aggregatmerkmal (z. B. dem Mittelwert der Werthaltungen pro Land) lässt sich aber nicht schließen, dass jeder Bürger Guatemalas kollektivistischere Werthaltungen hat als

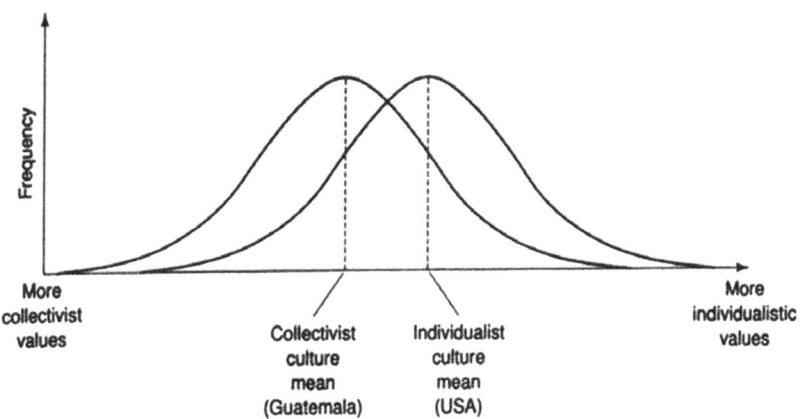

Abb. 8.5 Individualdaten und aggregierte Individualdaten (Hofstede 1980, Abbildung aus Smith und Bond 1998: 49)

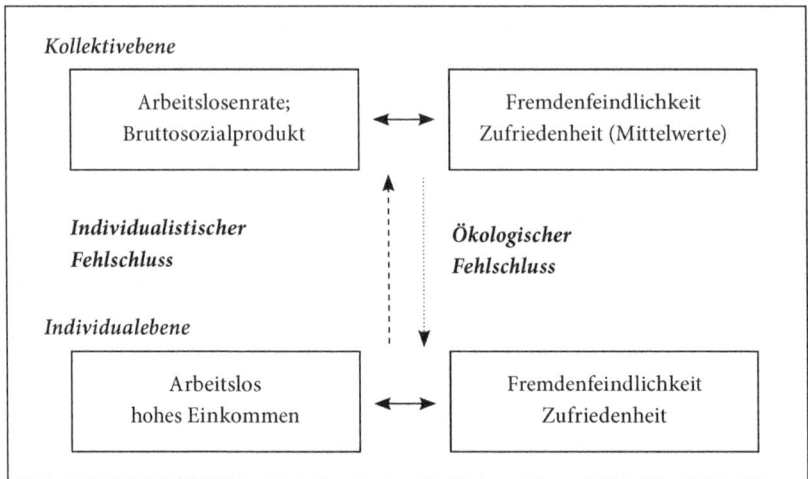

Abb. 8.6 Ökologischer und individualistischer Fehlschluss

jeder US-Bürger. Auch in Guatemala gibt es z:b: Personen, die in stärkerem Maße individualistische Werthaltungen äußern als dies ein Großteil der US-Amerikaner tut.

Auch beim Schließen von Zusammenhängen, die auf der Makroebene gefunden wurden, auf die Individualebene, kann es zu *ökologischen Fehlschlüssen* kommen (Hofstede 1980; Smith und Bond 1998). Dies kann dann der Fall sein, wenn man die Zusammenhänge, die man auf der Makroebene findet, ungeprüft auf die Individualebene überträgt (vgl. Abb. 8.6). Wenn man etwa aus einer Korrelation auf Länderebene (*nation-level correlation*) zwischen Arbeitslosenrate und Fremdenfeindlichkeit die Schlussfolgerung zieht, Arbeitslose tendieren zu fremdenfeindlichen Orientierungen. Falter et al. (1983; Falter 2020) zeigten z. B. für Nazi-Deutschland, dass ein auf der Makroebene auffindbarer Zusammenhang zwischen der Arbeitslosenrate und dem Wahlerfolg der NSDAP auf der Individualebene nicht vorhanden war. Arbeitslose wählten nicht in besonderem Maße die NSDAP, vielmehr verursachten die hohen Arbeitslosenraten ein Klima, das Abstiegsängste in anderen sozialen Gruppen auslöste und deren Wahlverhalten zugunsten der NSDAP beeinflusste.

8.2 Fehlschlussproblematik

▶ **Definition: Ökologischer Fehlschluss**

- Der Begriff „ökologischer Fehlschluss" bezieht sich auf Schlussfolgerungen, die auf der Basis sogenannter ökologischer Daten gezogen werden. „Ökologisch" bezieht sich dabei auf Daten, die über geografische Gebiete bzw. über Kollektive aggregiert wurden. Die Bezeichnung wurde von Robinson (1950) eingeführt und bezieht sich auf den falschen Schluss, von einer auf der Aggregatebene empirisch gefunden Beziehung auf eine entsprechende Beziehung zwischen Individuen. Es wird also fälschlich ein Zusammenhang auf der Individualebene angenommen, der aber nur auf der Aggregatebene besteht.

Es gibt hinreichend viele Beispiele, die belegen, dass Zusammenhänge auf der Kollektiv- und der Individualebene auch unterschiedliche Ausprägungen haben können und dass diese Ergebnisse substanziell zu interpretieren sind. So erweisen sich die reichsten Nationen als die Nationen, die die höchste Distanz zu autoritären Führungsstilen aufweisen. Das heißt aber nicht, dass auf der Individualebene gerade Personen mit großer Distanz zur Macht auch das höchste Einkommen erzielen. Das Gegenteil dürfte eher der Fall sein (Smith und Bond 1998). Diener und andere (Diener und Diener 1995; Diener und Oishi 2000) zeigen, dass auf der Ebene von Nationen, die reichsten Nationen auch diejenigen mit dem höchsten durchschnittlichen Wert für subjektives Wohlbefinden sind. Auf der Individualebene aber sind die reichsten Individuen keineswegs die glücklichsten. Die gleiche Vorsicht gilt, wenn man von Zusammenhängen auf der Individualebene auf die Kollektivebene schließen will. Hier spricht man vom individualistischen Fehlschluss oder wie Hofstede (2001) vom „umgekehrten ökologischen Fehlschluss" (vgl. Abb. 8.6).

Kritiker der Aggregatdatenanalyse (nation level), wie z. B. Przeworski und Teune (1970) oder Seligson (2002) bezweifeln den Nutzen dieser Analysen. Zum einen wird hinsichtlich der Beziehungen von Aggregatmerkmalen zueinander immer wieder auf die Fehlschlussproblematik Bezug genommen. Zum anderen wird infrage gestellt, dass Aggregatmerkmale überhaupt sinnvolle Zustandsbeschreibungen von Gesellschaften darstellen.

Der erste Kritikpunkt, die Fehlschlussproblematik, die bereits oben diskutiert wurde, geht auf eine Aussage von Przeworski und Teune (1970) zurück, die behaupteten, dass Zusammenhänge, die sich auf der Aggregatdatenebene finden Artefakte seien, falls sie sich auf der Individualdatenebene nicht wiederfinden. Diese Haltung erscheint wenig begründet. Zwar sind Rückschlüsse von der einen auf die andere Ebene nicht möglich, aber unterschiedliche Beziehungen auf den beiden Analyseebenen können durchaus sinnvoll begründet und interpretiert werden, wie die oben genannten Beispiele zeigen (Welzel 2003). Zudem kann das Problem durch eine Mischung von Analysen auf der Aggregat- und der Individualebene kontrolliert und vermieden werden (Pickel 2003).

8.3 Sind Aggregatmerkmale als Kollektivmerkmale zu verstehen?

Der zweite Kritikpunkt bezieht sich auf die Aussagekraft der durch Aggregation gewonnen Variablen. Diese Frage trifft auch die Diskussion um die Messbarkeit von Kultur im Rahmen von Surveyuntersuchungen. Kultur wird im Rahmen mentalistischer Ansätze (Konzept der „shared values") wie sie in der Surveyforschung verbreitet sind, primär über die Aggregation individueller Wertepräferenzen in der jeweiligen Population erfasst (z. B. Hofstede 1980; Schwartz 1992; vgl. Kap. 2 und dort die Tab. 2.1 zur subjekt-bezogenen Kulturdefinition).

Mit dem Begriff „Aggregatmerkmale" sind Merkmale gemeint, die datentechnisch betrachtet allein durch die Aggregation von Individualmerkmalen (wie im Falle der Kultur von Einstellungen oder Werthaltungen) entstehen. Welzel (2003) unterscheidet diese Merkmale von Makromerkmalen, die originär systemaren Charakter haben wie z. B. das politische System oder das Schulsystem. Daraus ergibt sich die Unterscheidung von *Systemmerkmalen* und *Populationsmerkmalen* (Welzel 2003). Die Populationsmerkmale sind Merkmale der Individuen, die zu einer Gesellschaft gehören. Es stellt sich die Frage, inwieweit solche Aggregatmerkmale tatsächlich „Gesellschaftsmerkmale" darstellen. Welzel (2003) beantwortet diese Frage eindeutig mit „ja". Er zeigt anhand von Beispielen des World Value Surveys, dass fast alle Einstellungsmerkmale Verteilungen aufweisen, die einen deutlichen Populationsschwerpunkt aufweisen.[1] Diesen Befund, nimmt er als Beleg dafür: „... dass die Masse der Individuen stark in den Bann des generellen Einstellungsklimas ihrer jeweiligen Population gezogen wird. ... Populationsmerkmale beschreiben einen gesellschaftlichen Zustand, der den einzelnen Individuen als ein Kontext entgegentritt, der ihnen äußerlich ist ... So ist jeder Einzelne – ungeachtet seiner je eigenen Zufriedenheit – in den Kontext einer

---

[1] Anhand der Daten des World Value Survey zeigt Welzel (2003), dass die Lage der Verteilungsschwerpunkte eines Landes bezüglich der Lebenszufriedenheit mehr als 40 % der Gesamtvarianz bindet und somit auch als Indikator für das mehrheitliche Stimmungsklima eines Landes aufgefasst werden kann. Um dies zu gewährleisten, ist es im Falle der Verwendung von Mittelwerten als Makromerkmal notwendig, die Verteilung der Variablen zu prüfen.

mehr oder weniger zufriedenen Gesellschaft geworden" (Welzel 2003: 185 f.). Welzel (2003) und Akaliyski et al. (2021) sprechen von kollektiven Zentrierungstendenzen bzw. der Nation als „Gravitationszentrum". Nationale Ähnlichkeiten kommen dabei durch Sozialisations- und Diffusionsprozesse zustande.

In der Literatur findet sich eine kontroverse Diskussion darüber, inwieweit man Kultur durch die Aggregation von individuellen Werthaltungen, die man auf einer individuellen Ebene erfasst – und das geschieht in der Umfrageforschung (z. B. Schwartz 1992; Hofstede 1980) – überhaupt erfassen kann (kritisch hierzu z. B. Nauck 2007). Man wendet ein, dass Kultur kein Aggregatphänomen sei, sondern eine emergente Qualität und eine gewisse historische Unabhängigkeit von den individuellen Trägern kultureller Orientierungen aufweise. Wenn man sich für eine Analyse von Kultur interessiert, liegt das Interesse nicht auf der Untersuchung individueller Werthaltungen, die zum Teil an die Idiosynkrasien von Personen gebunden sind, sondern es geht dabei um „sozial generalisierte Werte" (Gerhards 2005). Folgt man der Argumentation von Welzel (2003) können aggregierte Daten diese Qualität aufweisen. Diese Position findet sich in vielen Studien wieder. Gerhards (2005) geht davon aus, dass die Subjekte (Träger) einer Kultur durchaus die Bürger einer Gesellschaft sein können. In diesem Fall stellt nach Gerhards die Umfrageforschung das Instrumentarium der Wahl zur Rekonstruktion der Kultur der Gesellschaft dar (Gerhards 2005: 24 f.). Auch Hofstede (1980) oder Schwartz und Ros (1995) gehen von der Möglichkeit des Rückschlusses von Individualdaten auf kulturelle Aspekte aus. Schwartz und Ros (1995: 94) sehen „… individual value priorities as a product both of shared culture and of unique individual experiences". Dementsprechend findet sich in einem Kulturkreis ein Muster geteilter Werthaltungen plus individueller Variation. „However, the average priorities … reflect the central thrust of their shared enculturation. Hence, the average priorities point to the underlying, common cultural values" (Schwartz und Ros 1995: 94).

8.4 Äquivalenzprüfung

Im folgenden Abschnitt werden einfache, aber sehr häufig angewandte Basisanalysetechniken zur empirischen Prüfung von Äquivalenz vorgestellt. Der Abschnitt beansprucht keine Vollständigkeit, sondern es wird ein erster Eindruck über die technische Umsetzung von Äquivalenzprüfungen gegeben. Für komplexere Verfahren sei hier auf spezialisierte Lehrbücher verwiesen (van de Vijver und Leung 1997; 2021; Davidov et al. 2018). Van Deth (2013) schlägt zur Prüfung der Äquivalenz zwei Strategien vor: die Prüfung der externen und der internen Äquivalenz.

Interne Äquivalenz liegt dann vor, wenn die Struktur der einzelnen Indikatoren untereinander in den verschiedenen Ländern gleich ist. Hier wird im engeren Sinne die gleiche Funktion der einzelnen Items im Rahmen eines Messinstrumentes geprüft. Externe Äquivalenz wird angenommen, wenn gleiche Beziehungen zu Kriteriumsvariablen vorliegen. Diese Strategie bezieht sich auf die Prüfung der Konstruktäquivalenz. Auch bei hoher interner Äquivalenz kann auf der Ebene des Konstruktes ein Mangel an Äquivalenz vorliegen.

8.4.1 Analyse der psychometrischen Qualität der Messinstrumente: interne Äquivalenz

Zur statistischen Analyse des *item bias* werden eine Vielzahl von Verfahren vorgeschlagen (van de Vijver 1998, 2003; Benitez et al. 2022). Die Realität zeigt jedoch, dass zumeist auf relativ einfache Verfahren der vergleichenden Konsistenz- und Strukturprüfung der Messinstrumente zurückgegriffen wird. Viele Studien verzichten sogar ganz auf diese Prüfungen. Im Prinzip sind hier alle statistischen Verfahren denkbar, mit denen Struktur- und Konsistenzprüfungen möglich sind.

Ein einfacher Zugang, um die Qualität der Messinstrumente im Kulturvergleich zu betrachten, sind vergleichende Konsistenzprüfungen mittels Faktoren- oder Reliabilitätsanalysen. Diese basalen Verfahren gehören zum Standard der sozialwissenschaftlichen Statistikausbildung.

Mithilfe von Reliabilitätsanalysen wird die Verlässlichkeit und Konsistenz einer Messung ermittelt. Die Reliabilität der Instrumente wird typischerweise durch Trennschärfekoeffizienten für die jeweiligen Items einer Skala und den Koeffizienten Cronbachs Alpha ermittelt. Der Trennschärfekoeffizient gibt den Zusammenhang eines einzelnen Items mit den restlichen Items der Gesamtskala an. Dieser Koeffizient sollte nicht kleiner als .3 sein (Lienert und Raatz 1998). Der Koeffizient Cronbachs Alpha basiert auf der Schätzung der internen Konsistenz. Welcher Wert von Cronbachs Alpha als gerade noch akzeptabel angenommen werden kann, hängt sehr stark von der Anzahl der eingesetzten Items ab. Als Faustregel hat sich eingebürgert, bei Kurzskalen einen Mindestwert zu verlangen, der über dem Produkt der Itemanzahl mit 0,10 liegt. Bei drei Items läge der Wert also bei 0,3, Kuckartz et al. (2013: 239–257) gehen von einem Richtwert für Cronbachs Alpha Wert von mindestens 0,7 für Skalen mit einer größeren Zahl von Items aus.

8.4 Äquivalenzprüfung

> **Aus der Forschung: Reliabilitäten einer Nationalismus-Kurzskala im Kulturvergleich**
>
> Die herangezogenen Befragungsdaten wurden durch Zufallsauswahlen in den jeweiligen Grenzgebieten (definiert durch die räumliche Distanz zur Grenze – maximal 50 Km) zu Deutschland bzw. in Deutschland zu den genannten Nachbarländern erhoben. Es handelt sich um ein „deutsches" Instrument, dass auf die anderen Kontexte übertragen wurde. Es wurden dabei back-translation-Prozeduren verwendet.
>
> Trennschärfen und Alpha-Werte
>
> | Items | Deutschland | Polen | Tschechien | Frankreich |
> |---|---|---|---|---|
> | Die Werte unseres Nationalstaates werden zu wenig geschützt | .55 | .55 | .46 | .36 |
> | Es schadet uns, wenn sich (jeweiliges Land) als unabhängiger Staat aufgibt | .54 | .54 | .52 | .37 |
> | Unsere nationale Gemeinschaft, Kultur und Wirtschaftskraft muss geschützt werden | .54 | .60 | .59 | .38 |
> | Ich fühle mich stark mit meinem Land verbunden | .08 | .22 | .22 | .01 |
> | | $\alpha = .72$ | $\alpha = .73$ | $\alpha = .69$ | $\alpha = .56$ |
>
> Eigene Berechnung von Daten eines von der DFG geförderten Grenzregionenprojektes zur Entwicklung der transnationalen Zivilgesellschaft in den genannten Ländern. Das vierte Item wurde eliminiert und geht nicht in die abschließende Reliabilitätsberechnung für die restlichen 3 Items ein (zur Studie vgl. Rippl et al. 2007).

Die Skala erweist sich als relativ konsistent in Deutschland, Polen und Tschechien. Die Reliabilität in Frankreich fällt deutlich niedriger aus. Da in allen Ländern aber signifikante Trennschärfen über den Grenzwerten erreicht werden, kann das Ergebnis hinsichtlich der Reliabilität als akzeptabel bewertet werden. Im Rahmen von Reliabilitätsanalysen werden in kulturvergleichenden Studien zunächst monokulturell die Trennschärfen und Konsistenzwerte der Items bzw. Messinstrumente geprüft. Gerade bei neu entwickelten Instrumenten können bereits auf dieser Stufe der Prüfung Mängel der Instrumente sichtbar werden.

In einem zweiten Schritt werden diese Analysen auf die anderen Kulturen übertragen. Durch einen Vergleich der Trennschärfen werden erste Hinweise dafür gewonnen, inwieweit die einzelnen Items in ähnlicher Weise im Rahmen des Messinstrumentes in den jeweiligen Kulturen funktionieren. Hinsichtlich der Grenzen dafür, welche Trennschärfedifferenzen noch als hinreichend äquivalent angenommen werden, gibt es keine klaren Regeln. Als Minimalanforderung könnte gelten, dass zumindest die Untergrenze von .3 in keiner Stichprobe unterschritten werden sollte, wobei die Unterschiedlichkeit der Trennschärfekoeffizienten zwischen den Kulturen toleriert wird, wenn dieser Mindestwert erreicht wird. Zusätzlich könnte gefordert werden, dass die Abweichungen nicht signifikant werden sollen.

Allerdings finden sich auch Studien in denen niedrigere Werte für Trennschärfekoeffizienten akzeptiert werden. Die Frage des Mindestwertes ist relevant, da bei einer Unterschreitung, die Entscheidung zu treffen ist, ob das jeweilige Item aus der Skala entfernt wird. Folgt man einer strengen etic-Strategie, würden nur Items im Messinstrument beibehalten werden, die in allen betrachteten Kulturen den gesetzten Mindestwert erreichen. Für die Analyse bleibt die Schnittmenge der Items zwischen den beiden Kulturen übrig. Im Idealfall gibt es einen hinreichend großen Überlappungsbereich, der es ermöglicht kulturübergreifend das Konstrukt hinreichend komplex zu erfassen (vgl. Abb. 8.7).

Boehnke und Merkens (1994) weisen bei dieser Strategie jedoch darauf hin, dass durch die Elimination dieser Varianz (also der abweichenden Items) bei späteren Vergleichen auch Unterschiede auf der Niveauebene eliminiert werden. Dieses Problem wiegt umso schwerer, je geringer die Überlappungsbereiche der Kulturen sind, d. h. je unterschiedlicher die zu vergleichenden Kulturen sind

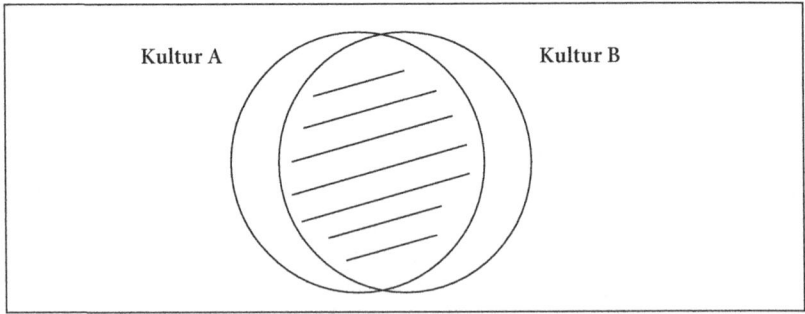

Abb. 8.7 Itemauswahl für den Kulturvergleich

8.4 Äquivalenzprüfung

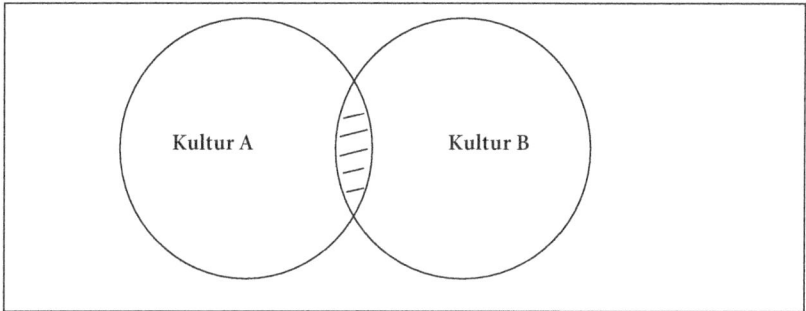

Abb. 8.8 Äquivalenzanforderungen beim Kulturvergleich

(vgl. Abb. 8.8). Boehnke (2003) macht deutlich, dass die strenge etic-Strategie beim Vergleich sehr unterschiedlicher Länder dazu führt, dass häufig nur noch Minimalskalen (2 Items) verwendet werden können.

Hier entsteht ein Zielkonflikt zwischen einem hohen Niveau an Äquivalenz und der Validität der Messung in den unterschiedlichen Kontexten. Abb. 8.8 verdeutlicht die Problematik. Bei strengen Äquivalenzanforderungen wird nur die relativ kleine Schnittmenge beider Kulturen zur Messung übrigbleiben. Ein Großteil des Konstruktinhaltes wird eliminiert. Die Schnittmenge weist damit eine hohe Äquivalenz aus, aber eine relativ geringe inhaltliche Validität. Dieses Problem verschärft sich, wenn mehrere Kulturen verglichen werden.

Boehnke (1996; 2003) schlägt daher vor, in sehr unterschiedlichen kulturellen Kontexten eine „weiche" Form der Äquivalenz als Ziel anzustreben, um einen möglichst großen Itempool zu erhalten. Boehnke vertritt zudem die Auffassung, dass in Sonderfällen gleiche Konstrukte auch mit ganz unterschiedlichen Items erfasst werden können, wenn man die funktionale Äquivalenz der Messinstrumente belegen kann, indem etwa identische Beziehungen zu Drittvariablen nachgewiesen werden können.

Die eben beschriebene Form der Äquivalenzprüfung kann auch durch *konfirmatorische Faktorenanalysen* geschehen. Hierbei würde der Vergleich signifikanter Faktorenladungen als Entscheidungskriterium für die Auswahl von Items herangezogen werden. Minimalanforderung wäre hier die Signifikanz. Bei einer strengeren Herangehensweise könnten auch signifikante Abweichungen der Höhe der Faktorladungen in den verschiedenen Kulturen als Ausschlusskriterium herangezogen werden. Im Rahmen von Strukturgleichungsmodellen sind

Tab. 8.3 Ebenen von Äquivalenz

Ebenen von Äquivalenz	Fehlervarianzen	Faktorvarianzen	Faktorkovarianzen	Faktorladungen	Faktorstruktur
Identität	Identisch	Identisch	Identisch	Identisch	Identisch
Sehr starke Äquivalenz	–	Identisch	Identisch	Identisch	Identisch
Starke Äquivalenz	–	–	–	Identisch	Identisch
Schwache Äquivalenz	–	–	–	–	Identisch
Keine Äquivalenz	–	–	–	–	–

multiple Gruppenvergleiche möglich, die eine sehr präzise Äquivalenzprüfung verschiedenster Parameter ermöglichen (vgl. Tab. 8.3).

Die Frage, wie streng die Äquivalenzanforderungen durchgesetzt werden sollten, wird in der Literatur uneinheitlich beantwortet (vgl. Boehnke und Merkens 1994; van de Vijver/Leung 2021). Sehr allgemein lässt sich wohl davon ausgehen, dass bei steigender Unterschiedlichkeit der untersuchten Kulturen weichere Äquivalenzforderungen zum Tragen kommen sollten, da eine zu starke Selektion der Items zu einer, bezogen auf die einzelnen Kulturen, inhaltlichen Entleerung der Instrumente führt. Auch hier steht man vor einem gewissen Entscheidungsproblem, inwieweit Validität oder Äquivalenz höher bewertet werden sollten.

8.4.2 Analysen der Konstruktäquivalenz: externe Äquivalenz

Wie bereits dargelegt, sind einige Verfahren zur Sicherstellung der Konstruktäquivalenz bereits vor der Instrumentenentwicklung möglich (vgl. Kap. 4). Die hier vorgestellten Methoden beziehen sich auf Verfahren, die auf statistischen Analysen basieren und daher erst nach der Datenerhebung durchführbar sind. Dies führt zu dem Problem, dass die Befunde der empirischen Prüfungen der Konstruktäquivalenz durch Probleme der Methoden- und Itemäquivalenz konfundiert sein können.

Von einem *Konstruktbias* wird dann gesprochen, wenn die verwendeten theoretischen Konzepte in den verschiedenen Kulturen nicht in gleicher Weise definiert werden oder sich zumindest teilweise ein Mangel an Überlappung

8.4 Äquivalenzprüfung

der Inhalte ergibt. Dieser Mangel kann sich auch nur auf einzelne Subdimensionen beziehen. Will man die Konstruktäquivalenz empirisch prüfen, müssen bereits Messinstrumente vorliegen, deren Funktionsfähigkeit in den Kulturen geprüft wurde. Um die mögliche Konfundierung unterschiedlicher Ursachen für mangelnde Äquivalenz zu begrenzen, können empirische Analysen der Konstruktäquivalenz erst nach der Analyse der Konsistenz der Messinstrumente in den jeweiligen Kulturen erfolgen. Prüfungen der Konstruktäquivalenz sollten auch durch weitere Methoden durchgeführt werden, die vor der Instrumentenentwicklung stehen. Hier sei auf Prozeduren verwiesen, die die Expertise von Mitgliedern aller beteiligten Kulturen einbezieht wie z. B. decentering oder convergence Ansätze in der Fragebogenentwicklung (vgl. Kap. 6). Auch ergänzende qualitative Methoden in der Fragebogenentwicklung sind denkbar (z. B. thinking aloud-Techniken).

Eine der am häufigsten verwendeten Methoden der Prüfung der Konstruktäquivalenz ist eine spezifische Form der Konstruktvalidierung, wie sie sich auch in monokulturellen Studien findet (Diekmann 2018: 258 ff.). Ergänzt wird das Vorgehen hier wiederum durch einen Vergleich der Ergebnisse der verschiedenen Kulturen. *Konstruktvalidität* für je eine betrachtete Kultur liegt dann vor, wenn das von einem Messinstrument erfasste Konstrukt mit anderen Variablen in theoretisch begründbaren Zusammenhängen steht (Diekmann 2018: 258 ff.). Zur Prüfung dieser Anforderung werden Hypothesen abgeleitet, die empirisch testbar sind. In anspruchsvoller Version sollten ganze *nomologische Netzwerke* (Cronbach und Meehl 1955) geprüft werden. Campbell und Fiske (1959) schlagen ein einfacheres Verfahren vor, über Korrelationsanalysen die Konstruktvalidität zu prüfen. Die Konstrukte sollen dabei mit wenigsten zwei möglichst unterschiedlichen Methoden erfasst werden (Multi-Method). Diese beiden Messungen sollten in der späteren Analyse eine hohe Korrelation aufweisen. Van de Vijver (2003) vereinfacht das Vorgehen weiter, indem er Verfahren der *Kriteriumsvalidität* vorschlägt. Es werden Außenkriterien gesucht, die unabhängig vom interessierenden Konstrukt erfasst wurden. Die Kriteriumsvalidität wird durch *Korrelationsanalysen* ermittelt. In ähnlicher Weise ist auch der Einsatz von *Regressionsanalysen* möglich, insbesondere dann, wenn ein ganzes Netz von Hypothesen vorliegt. Dabei müssen vorab postulierte Zusammenhänge zu Kriterien (z. B. Verhaltensmessungen etc.) gefunden und bestätigt werden. Im Kulturvergleich ergibt sich die zusätzliche Forderung nach Äquivalenz der gefundenen Zusammenhänge in den verschiedenen Kulturen. Letztlich setzt dieser Bezug auf Theorien oder nomologische Netzwerke als Basis der zu prüfenden Hypothesen voraus, dass deren Universalität bereits belegt ist. Und das die dazu nötigen Messungen anderer Konstrukte äquivalent sind. Ist dies nicht der Fall, könnten Abweichungen nicht nur auf die mangelnde Konstruktäquivalenz zurückgeführt werden, sondern auf substanzielle Unterschiede in den Kulturen oder Messprobleme bei anderen Konstrukten. Nehmen wir als Beispiel die Messung von Antisemitismus, die in einer kulturvergleichenden Studie in Deutschland und Polen eingesetzt werden soll. Zumindest für Deutschland sind positive Zusammenhänge zum Alter und konservativen Orientierungen und negative Zusammenhänge zur Bildung der Befragten bekannt. Finden sich diese Zusammenhänge im Rahmen einer Konstrukttestung in Polen nicht, könnte das für eine mangelnde Konstruktäquivalenz oder für substanzielle Unterschiede aufgrund unterschiedlicher geschichtlicher Rahmenbedingungen oder für beides sprechen. Ein weiteres Beispiel ist die Beziehung zwischen dem Rechts-Links-Kontinuum und Nationalismus. In Deutschland korreliert Nationalismus mit rechten Orientierungen, in der Tschechischen Republik eher mit linken Orientierungen.

Ist dies ein methodisches Problem der mangelnden Äquivalenz des Rechts-Links-Kontinuums oder ein substanzieller Befund? Diese einfachen Beispiele zeigen recht anschaulich die Schwierigkeit der empirischen Konstruktvalidierung, weil methodische und inhaltliche Interpretationen schwer zu trennen sind. Geht man davon aus, dass Zusammenhänge zu Prüfkriterien postuliert werden, die relativ kulturunabhängig existieren müssten, stellt sich beim Vergleich der Ergebnisse wiederum die Frage nach dem Kriterium für Äquivalenz. Auch hier sind verschiedene strenge Kriterien denkbar. Als „weiches" Kriterium wären die Signifikanz und das erwartete Vorzeichen des Koeffizienten als Anforderung in den zu vergleichenden Kulturen zu benennen. Bei strengeren Äquivalenzanforderungen können auch die Unterschiede in der Stärke der Koeffizienten auf Signifikanz geprüft und als Ausschlusskriterium herangezogen werden.

> **Aus der Forschung: Die Konstruktvalidierung einer Nationalismus-Kurzskala**
> Um die Äquivalenz der Nationalismusmessung auf der Konstruktebene zu prüfen, wurde eine Regressionsanalyse berechnet. Die Zusammenhänge zu den Variablen „Verbundenheit" und „Autoritarismus" zeigen Bedeutungsunterschiede zwischen den beiden westlichen und den beiden östlichen Stichproben. Dies könnte mit einer deutlich negativeren Konnotation von nationalistischen Gefühlen in den beiden westlichen Ländern in Zusammenhang stehen. Die Rechts-Links-Variable zeigt in Tschechien ein abweichendes Muster, was auf eine andere politische Verortung nationalistischer Gefühle hindeuten könnte, aber auch an einer mangelnden

Konstruktvalidiät der Rechts-Links-Messung in Tschechien liegen könnte. Die Altersvariable zeigt recht einheitliche Befunde. Das relativ einheitliche Beziehungsmuster zur Fremdenfeindlichkeit belegt aber, dass die Messung in allen Ländern eine Eigengruppenfavorisierung abbildet. Eine völlige Äquivalenz ist offenbar nicht gegeben. In Tschechien ergeben sich die deutlichsten Abweichungen, die allein in der Reliabilitätsprüfung nicht erkennbar waren (Reliabilität ist nicht Validität!). Allerdings ergeben sich Ähnlichkeiten, bei einer Verwendung des Instrumentes muss diese Unterschiedlichkeit als Ursache für spätere substanzielle Unterschiede berücksichtig werden.

Beta-Koeffizienten einer OLS-Regression – abhängige Variable Nationalismus

	Deutschland	Polen	Tschechien	Frankreich
Verbundenheit mit dem eigenen Land	.03	.21**	.14**	-.02
Autoritarismus	.41**	.15**	.21**	.36**
Fremdenfeindlichkeit	.21**	.20**	.16**	.24**
Rechts-Links	.17*	.13**	-.10*	.01
Alter	.09	.03	.06	.07

Eigene Berechnung von Daten eines von der DFG geförderten Grenzregionenprojektes zur Entwicklung der transnationalen Zivilgesellschaft in den genannten Ländern (zur Studie vgl. Rippl et al. 2007).

Solche Zusammenhangsanalysen wie sie eben beschrieben wurden, sind auch mit komplexeren Analyseverfahren wie der *Regressionsanalyse oder mit Strukturgleichungsmodellen* möglich. Bei komplexen Messmodellen, die verschiedene Subdimensionen eines latenten Konstruktes postulieren, ist es auch möglich über Faktorenanalysen die Strukturgleichheit der Konstrukte zu prüfen. Die Ähnlichkeit von Faktorstrukturen kann mit *explorativen oder konfirmatorischen Faktorenanalysen* geprüft werden.

8.4.3 Innovative Entwicklungen des Datenzugangs und der Datenanalyse

Veränderungen in der Verfügbarkeit international vergleichbarer Daten und neue Datenquellen durch die Digitalisierung und Social Media auf der einen Seite und steigende Feldkosten von Studien, die mit face-to face Interviews erhoben werden und zugleich eine abnehmende Teilnahmebereitschaft auf der anderen Seite, stellen neue Chancen und Herausforderungen sowohl für nationale als auch international vergleichende Studien dar, die Innovationen im Datenzugang und der Analyse bedingen. Insbesondere die wachsenden Zugriffsmöglichkeiten auf Datenquellen auf verschiedenen Ebenen (von Regionaldaten bis zu Big Data) haben die Möglichkeiten auch im Feld der kulturvergleichenden Studien in den letzten Jahren erheblich erweitert (Andreß et al. 2019; Davidov et al. 2018). Wir können in dem Band nur stichwortartig auf einige wichtige Innovationen verweisen.

Mehrebenenanalysen
Ein wesentlicher innovativer Bereich stellen dabei Anwendungen von Mehrebenenanalysen (Multi-Level-Analysis) dar, die verbunden mit einer in den letzten Jahren immer weiter angestiegenen Verfügbarkeit großer internationaler Datensätze eine systematische Analyse von Effekten verschiedener Ebenen ermöglichen. Damit kann auf methodischer Ebene ein zentrales Ziel kulturvergleichender Studien eingelöst werden, nämlich die systematische Dekomposition von Effekten, die Kontexten sozialer oder kultureller Art oder der Individualebene zugeordnet werden können. Mehrebenenanalysen ermöglichen es, die Erklärungskraft der verschiedenen Einflussebenen systematisch zu trennen (vgl. Schmidt-Catran et al. 2019). Zum Einsatz kommen dabei Datensätze aus großen international vergleichenden Forschungsprojekten wie dem ISSP, der WVS oder der EVS. Die Verbindung mit anderen Datenquellen auf nationaler Ebene spielt dabei zunehmend eine größere Rolle. So können Informationen von Demokratie-Indices aus dem V-Dem-Projekt zu Surveydatensätzen ergänzt werden. Ebenso besteht die Möglichkeit Geo-Daten mit Surveydaten zu verbinden (Jünger 2019), die bis zur Ebene von Wohngebieten (Aschauer 2021) reichen.

Big Data und neue Datenzugänge
Mit der Entstehung des Web 2.0 stellt sich die Frage nach alternativen Datenzugängen. Neben den bereits erwähnten neuen Möglichkeiten geostatistische Daten zu erheben, spielt Big Data hier eine zentrale Rolle – man kann sicher von einer Datenrevolution sprechen. In der Covid-Pandemie lieferten Smartphones Mobilitätsdaten, Onlinesuchaktivitäten und Social Media Aktivitäten können Stimmungen in Gesellschaften spiegeln etc., Kaufverhalten kann Hinweise auf die Akzeptanz klimafreundlichen Konsums geben etc. In den Sozialwissenschaften ist dabei eine Debatte entstanden, welchen Stellenwert alternative Datenquellen wie Big Data haben und ob die automatisierte Gewinnung und Verarbeitung von

Informationen gar zu einer Ablösung kausalanalytischer Verfahren zu Gunsten eines induktiven Erkenntnisgewinns führt (vgl. Häußling 2019, der diese Position zurückweist). Zurzeit wird ausgelotet und durch empirische Methodenforschung untersucht, welche Möglichkeiten und Grenzen in der Verbindung von offline und online Daten, also durch soziale Netzwerke, Smartphones und diverse Online-Anwendungen erzeugte digitale Verhaltensdaten, liegen (vgl. z. B. Keusch und Kreuter 2022; Baur et al. 2020; Kreuter et al. 2020; Williams und Ghimire 2018). In der international vergleichenden Forschung spielt diese Diskussion aktuell noch keine hervorgehobene Rolle, aber die länderübergreifende Verfügbarkeit dieser Datenquellen legt Anwendungen in diesem Bereich nahe. Die UN sieht in Big Data eine wichtige Quelle, die Informationen und Daten gerade in weniger entwickelten Ländern liefern können, die politische Entscheidungsgrundlagen darstellen wie etwa in der Covid-Pandemie hinsichtlich der Ausbreitung des Virus (UNglobalpulse.org). In der Wissenschaft wird die Verwendung von Big Data teilweise kritisch gesehen. Aus einer explanativen Sicht ist der Versuch einer Verbindung von offline und online Daten wünschenswert, da reine Big Data Datensätze keine Informationen über die Nutzer beinhalten wie Alter, Geschlecht, Bildung, Einkommen und weitere interessierende sozialwissenschaftliche Konzepte wie demokratische Einstellung, Wertüberzeugungen, politische Machtlosigkeit etc. Daher werden Strategien benötigt, die es erlauben die Big Data Datensätze um diese Informationen zu ergänzen. Ein Verfahren, um dies zu erreichen, wird als record linkage bezeichnet (vgl. Schnell 2019). Dabei geht es darum, z. B. Survey-Daten mit Big Data Informationen wie „social media use" oder „web searches" etc. zu verknüpfen (vgl. Abb. 8.9).

Bei aller Euphorie um die Möglichkeiten neue Datenquellen für die Forschung heranzuziehen bleibt die Aufgabe, die Datenerzeugung kritisch zu begleiten und zu hinterfragen und insbesondere auch datenschutzrechtliche Aspekte zu berücksichtigen (vgl. Kreuter et al. 2020) sowie zu prüfen, wer überhaupt die Chance hat, Spuren in Big Data Daten zu hinterlassen (Keusch und Kreuter 2022). Wenn in Algorithmen, die nicht vom Himmel fallen, sondern von Menschen programmiert werden, ein Bias enthalten ist, der bestimmte gesellschaftliche Gruppen diskriminiert und andere Gruppen bevorteilt, dann kann alleine über die Anwendung scheinbar objektiv urteilender Algorithmen dennoch kein gesellschaftlicher Ausgleich geschaffen werden[2] (zum Problem vgl. O´Neal 2016, Mau 2017).

---

[2] „The author argues that the use of poor proxies to measure and abstract reality can often be discriminative in nature. Case in point: zip code is often taken as an attribute to access the creditworthiness of an individual. Including such a factor in a credit risk model ends up denying credit to individuals of a particular ethnicity or race, who live in clusters in our segregated

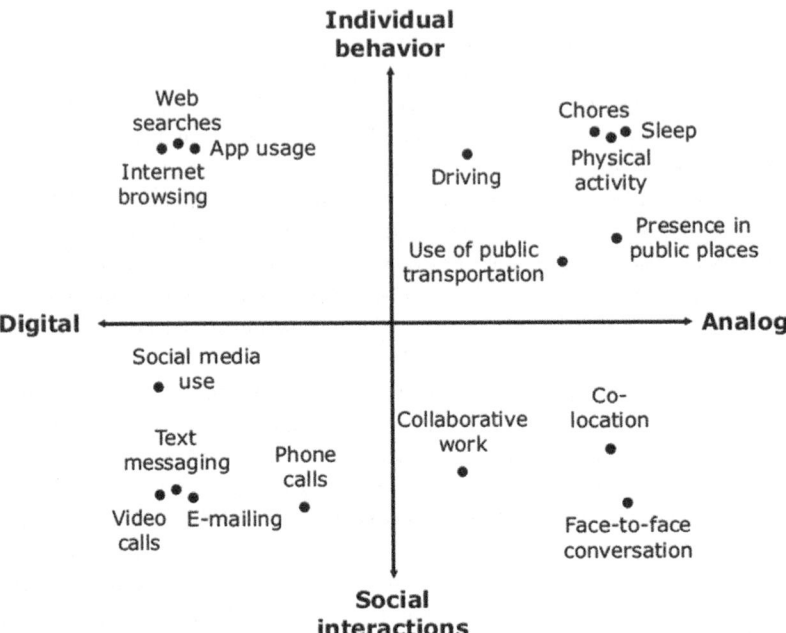

Abb. 8.9 Beispiele für digitale und analoge Handlungen und soziale Interaktionen, die mit digitalen Datenquellen erfasst werden können (Keusch und Kreuter 2022: 102)

8.5 Fazit

Alle statistischen Analysen können nur so valide sein, wie die Messungen und Daten, die ihnen zugrunde liegen: ansonsten gilt: garbage in, garbage out. Die Statistik bietet zwar ein breites Instrumentarium, um Äquivalenz zu prüfen und Vergleiche durchzuführen, allerdings relativ wenige Möglichkeiten Äquivalenzprobleme zu beseitigen. Die Elimination z. B. schlecht funktionierender Items oder ganzer Konstrukte ist nur die „letzte" Möglichkeit der „Reparatur", die auf Kosten der zur Analyse zur Verfügung stehenden Informationen geht. Die Voraussetzungen für Äquivalenz müssen ex ante geschaffen werden in der Phase der Konzeptspezifikation und Operationalisierung. Bei Analysen und deren Interpretation sind die möglichen Äquivalenzprobleme zu berücksichtigen. Welche

---

cities. So building a model that dictates loan approvals codifies the prejudice of the society and keeps working to sustain the status quo, which is laden with inequality" (Verma 2019).

Form der Analyse gewählt wird hängt von der Fragestellung ab. Insbesondere bei Analyseformen die aufgrund von Datentransformationen die Erhebungseinheit (zumeist das Land) als Analysebezug aufgeben, wie bei Mehrebenenanalysen, kann dies nicht voreilig geschehen – es sind profunde Kenntnisse bezüglich der funktionalen Äquivalenz relevanter Merkmale in den jeweiligen Ländern notwendig, bevor man diese auf wenige für die Analyse relevante Makromerkmale reduziert.

Kontrollfragen

- *Was sind System- bzw. Populationsmerkmale und was unterscheidet sie?*
- *Was ist der wesentliche Unterschied zwischen einem Mehrvariablen- und einem Mehrebenen-Design?*
- *Was versteht man unter einem ökologischen Fehlschluss?*
- *Inwiefern können mithilfe von Reliabilitäts- oder Faktorenanalysen Aussagen über die Äquivalenz von theoretischen Konzepten und den zugehörigen Messinstrumenten getroffen werden?*
- *Welche Probleme ergeben sich bei einer zu strikten Handhabung von Äquivalenzanforderungen an einzelne Items einer Skala?*

Literatur zur Vertiefung und zum Weiterlesen

Andreß, H. J./Fetchenhauer, D./Meulemann, H (Hg.) (2019). Cross-National Comparative Research. Kölner Zeitschrift für Soziologie und Sozialpsychologie, Sonderheft 59. Wiesbaden: Springer.

Davidov, E./Schmidt, P/Billiet, J./Meuleman, B. (Hg.) (2018). Cross-Cultural Analysis: Methods and Applications. New York, NY [u. a.]: Routledge Academic.

Schmidt-Catran, A.W./Fairbrother, M./Andreß, H.-J. (2019). Multilevel Models for the Analysis of Comparative Survey Data: Common Problems and Some Solutions. S. 99–128 in: Andreß, H. J./Fetchenhauer, D./Meulemann, H (Hg.), Cross-National Comparative Research. Kölner Zeitschrift für Soziologie und Sozialpsychologie, Sonderheft 59. Wiesbaden: Springer.

Welzel, C. (2003). Irrtümer bei der Interpretation des „ökologischen Fehlschlusses": Zur Aussagekraft aggregierter Umfragedaten. S. 179-200 in: Pickel, G./Pickel, S./Lauth, H.-J./Jahn, D. (Hg.), Vergleichende Politikwissenschaftliche Methoden. Wiesbaden: Westdeutscher Verlag.

Williams, N.E./Ghimire, D. J. (2018). Mixed Methods in a Comparative Context: Technology and New Opportunities for Social Science Research. S. 431–454 in: Johnson, T. P./Pennell, B.-E./Stoop, I./Dorer, B. (Hg), Advances in comparative survey methodology. Multinational, multiregional and multicultural contexts (3MC). Hoboken, New Jersey: Wiley.

Möglichkeiten und Grenzen des Kulturvergleichs 9

Die vorangegangenen Kapitel haben sich primär mit den Anforderungen, Problemen und Begrenzungen kulturvergleichender Studien beschäftigt. Dabei sind auf den verschiedensten Ebenen Probleme thematisiert worden und es könnte der Eindruck entstanden sein, dass der Kulturvergleich nur schwerlich möglich sei. Sicher ist, dass kulturvergleichende Studien in einem erhöhten Maße methodisch reflektiert und kontrolliert durchgeführt werden müssen, um zu validen und reliablen Ergebnissen zu gelangen. Der Stand der Diskussion belegt aber auch, dass inzwischen ein hohes Maß an Reflexion über mögliche methodologische und methodische Probleme in den einzelnen Disziplinen, die sich mit dem Kulturvergleich befassen, vorhanden ist. Insbesondere Entwicklungen, die auf einer Kombination quantitativer und qualitativer Perspektiven beruhen, eröffnen Möglichkeiten, die Begrenzungen monokultureller Sichtweisen zu überwinden. Darin liegt auch der potenzielle Erkenntnisgewinn gut durchgeführter vergleichender Studien. Empirische Befunde sind robuster, wenn sie in unterschiedlichen Kontexten, mit unterschiedlichen Daten und methodischen Zugängen gefunden werden. Der Kulturvergleich bietet über nationale Kontexte hinausgehende Möglichkeiten, den Einfluss sozialer Rahmenbedingungen systematisch zu untersuchen. Dies betrifft die erweiterten Möglichkeiten der Prüfung der Gültigkeit theoretischer Aussagen über den Einfluss sozialer Kontexte. Das inzwischen vorliegende große Angebot von Datensätzen aus internationalen Survey-Programmen, die methodisch auf hohem Niveau durchgeführt werden, bietet viele Möglichkeiten der sekundäranalytischen kulturvergleichenden Forschung. Allerdings bedingt dieser bequeme Zugriff auch Gefahren. Sekundäranalysen sind insbesondere in einem kulturvergleichenden Kontext nicht unproblematisch, da der einfache Zugriff auf große Datensätze die Tendenz fördern könnte, die untersuchten Länder oder Kulturen und die eingesetzten Konzepte nicht eingehend hinsichtlich ihrer „individuellen" Besonderheiten und Passung in den jeweiligen Kontexten zu prüfen, womit Gefahren für die Validität der gewonnen Aussagen verbunden sind. Messen die Instrumente tatsächlich das Gleiche in allen einbezogenen Ländern, haben die Items die gleiche Bedeutung und inwieweit gehen bei der Interpretation von Ergebnissen oder gefundenen Unterschieden kulturspezifische Aspekte ein. Die Berücksichtigung dieser Aspekte ist nur möglich, wenn eine ausreichende Expertise über die einbezogenen Länder vorliegt. Die „neuen" Datenquellen und die Möglichkeiten der Mehrebenenanalyse beinhalten somit die Gefahr, den Bezug zu den analysierten Kulturen zu verlieren. Hier gilt es auch weiterhin den Hinweis von Melvin Kohn zu beherzigen: „… there is much to learn from research in which nation is treated as context before we are already translate „nations" into „variables" (Kohn 1996: 31). In eine ähnliche Richtung geht der Hinweis von Lyberg et al. (2019): „Writing about a country which the scholar has never visited is certainly possible and might even bear valuable and exciting results. However, case contact and case intimacy cannot be replaced by other forms of sources. Comparativists are thus encouraged to travel, not only in their minds, but also in person." Die Standortgebundenheit des Forschers und die Gefahr fremde Kulturen aus der eigenen kulturell angeeigneten Sicht zu analysieren (Ethnozentrismus) lässt sich durch eine professionelle Selbstbeobachtung, durch akademisches Training und einen reflektierten Methodeneinsatz zwar nicht gänzlich verhindern, aber zumindest begrenzen.

International-vergleichende Forschung wird heute durch internationale Forschungskooperationen sowie durch international zusammengesetzte Teams durchgeführt. Dies lässt sich an der deutlichen Zunahme von internationalen Ko-Autorenschaften nachvollziehen, die heute für 20–50 % der Veröffentlichungen stehen, die über den Science Citation Index abgefragt wurden, wobei die Sozialwissenschaften mit 10 % zwar noch einen relativ niedrigen Anteil haben, aber eine hohe Wachstumsrate aufweisen (Kosmützky 2018a: 14). Diese multikulturellen Teams ermöglichen einerseits den Zugang zu kontextuellem Wissen über die beteiligten Länder und Kulturen. Andererseits sind die Teams selbst divers hinsichtlich ihrer geografischen und sozialen Herkunft, ihrer institutionellen Anbindung sowie der Finanzierungsmodi. Diese Voraussetzungen stellen besondere Herausforderungen für eine gelingende Forschungskooperation dar. In diesem Zusammenhang hat Kosmützky (2018a: 19) internationale Teams als zielorientierte Interessengruppe sowie als temporäre Organisation definiert, um methodologische und soziale Aspekte der Zusammenarbeit zu analysieren. Bei einer von ihr durchgeführten Studie sahen 40 % der befragten Forscher soziale und 60 % aufgabenbezogene Herausforderungen. Ob international vergleichende Forschungen gelingen, hängt damit nicht nur von der Bewältigung der in diesem Buch im Mittelpunkt stehenden methodologischen und methodischen Fragen ab, sondern auch von Kenntnissen über die Zusammenarbeit und der sozialen Dynamik in international zusammengesetzten Arbeitsgruppen, die sich durch die Ausbildung von Statushierarchien und asymmetrischen Machtverhältnissen unvorteilhaft auf das Teambildung und damit auf die Erreichung der Projektziele auswirken können (vgl. dazu ausführlicher Kosmützky 2018b, 2021).

Neben diesen Herausforderungen werden sich durch die Digitalisierung der Zugriff auf die Aktivitäten von Akteuren und die Datenauswertungsstrategien massiv verändern. Aber auch bei diesen Neuerungen gilt es methodologisch und methodisch wachsam zu bleiben und die Entstehungsbedingungen dieser Daten zu reflektieren und kritisch zu hinterfragen (zum Problem vgl. Kreuter et al. 2020; Mau 2017; O'Neil 2016). In diesem Buch steht der internationale Vergleich im Mittelpunkt und zwar in einer spezifischen Variante. Bei der hier vorgestellten Vorgehensweise handelt es sich um ein soziales Beobachtungsformat, in dem das Soziale anhand quantitativer Größen beobachtet, analysiert und kategorisiert wird. Welche voraussetzungsvollen Prozesse und historische Entwicklungen notwendig waren, um dieses Format durchzusetzen und welche zum Teil unter der Hand erzeugte Bewertungen dadurch mitlaufen, zeigen die Beiträge in Heintz und Wobbe (2021).

Für Durkheim spielte die Methode des Vergleichs noch eine entscheidende Rolle bei der Begründung des Faches Soziologie: „Die vergleichende Soziologie ist nicht etwa nur ein besonderer Zweig der Soziologie, sie ist soweit die Soziologie selbst, als sie aufhört, rein deskriptiv zu sein, und danach strebt, sich über die Tatsachen Rechenschaft zu geben" (Durkheim 1976: 216). Heute verdankt sich die Ubiquität des (wissenschaftlichen) Vergleichs nach Heintz (2016) nicht nur gesellschafts-strukturellen Umbrüchen, „sondern auch der Tatsache, dass seine Operationsweise den Herausforderungen einer zunehmend komplexen und interdependenten Wirklichkeit angepasster ist als Listen, Analogien und Klassifikationssysteme" (Heintz 2016: 320). Vergleiche erzeugen Unterscheidung und Relationierung und eignen sich auch deshalb besonders gut dazu, die mit der Moderne aufbrechende Erfahrung von Ordnungsverlust punktuell zu kompensieren (vgl. Heintz 2016: 320). Vergleiche – im Alltag wie in der Wissenschaft – werden uns deshalb dauerhaft erhalten bleiben. Wenn es gelingen sollte über Vergleiche dazu beizutragen, den Mangel an Vertrautheit mit der Vorstellungswelt uns fremd anmutender Akteure und deren Rituale zu überwinden und dies zu einem wirklichen Verstehen und Erklären von sozialen Prozessen führt (sowohl innerhalb als auch zwischen Gesellschaften), dann könnten Vergleiche eventuell dabei helfen die heraufziehende postfaktische Zeitenwende einzuhegen. Denn mit Pörksen (2016, 2018) steht die Wissenschaft heute viel stärker als früher vor der Aufgabe nicht nur der Wissenserzeugung und Wissensvermittlung zu dienen, sondern aufzuzeigen, wie Wissen entsteht und wie dessen Faktizität einzuordnen ist. Die Wege wie Wissenschaftler zu Unterscheidungen und Relationierungen kommen, müssen viel stärker kommuniziert werden.

Zusammenfassend betrachtet erscheint es wichtig, eine problemorientierte, methodenkritische Herangehensweise beim Kulturvergleich zu fördern, die mögliche Fehlerquellen erkennt und sensibilisiert ist für potenzielle Verzerrungen. Mit dieser Haltung des kulturvergleichenden Forschers ist die kulturvergleichende Forschung eine wichtige Grundlage für die Theorieprüfung und Theorieentwicklung. Für das Gelingen dieses Ziels können die zehn goldenen Regeln von Roger Jowell (1998) bis heute eine relevante Richtschnur sein:

Ten golden rules (Jowell 1998)

1. Do not confuse respect for cultural variations with tolerance of methodological anarchy.
2. Never design questions or interpret data about a country or countries you know little or nothing about.
3. Confine cross-national research to the smallest number of nations compatible with each study's intellectual needs.
4. Pay as much attention to collecting aggregate-level background information about each country as to individual-level variables.
5. Always be at least as absorbed by the limitations of the data as about their explanatory power.
6. Assume initially that any major "new" cross-national variation you discover is an artifact.
7. Resist the temptation to produce "gee-whiz" league tables containing every nation in every analysis.
8. Undertake collective, study-specific, multinational development work and pretesting.
9. Routinely include methodological experiments in all cross-national studies.
10. Ensure that all cross-national datasets are accompanied by especially detailed methodological reports about procedures and outcomes in each nation.

Literatur

Akademie für Soziologie (2022). Grundsätzen der analytisch-empirischen Soziologie in der Fassung vom 25.09.2019 und Aufruf zur Gründung einer Akademie für Soziologie. https://akademie-soziologie.de/die-akademie/ziele-und-aufgaben/

Akaliyski, P. (2019). United in diversity? The convergence of cultural values among EU member states and candidates. European Journal of Political Research, 58 (2): 388–411. https://doi.org/10.1111/1475-6765.12285?af=R

Akaliyski, P./Welzel, C./Bond, M.H./Minkov, M. (2021). On "Nationology": The Gravitational Field of National Culture. Journal of Cross-Cultural Psychology, Vol. 52 (8–9): 771–793. https://doi.org/10.1177/00220221211044780

Albert, G. (2005). Moderater methodologischer Holismus. Eine weberianische Interpretation des Makro-Mikro-Makro-Modells. Kölner Zeitschrift für Soziologie und Sozialpsychologie 57: 387–413.

Allik, J./McCrea, R.R. (2004). Toward a geography of personality traits. Patterns of profiles across 36 cultures. Journal of Cross-Cultural Psychology 35: 13–28.

Almond, G./Verba, S. (1963). The civic culture. Newsbury Park: Sage.

Alwin, D.F./Braun, M./Harkness, J. A./Scott, J. (1994). Measurement in multinational surveys. S. 26-39 in: Borg, I./Mohler, P.P. (Hg.), Trends and perspectives in empirical social research. Berlin: de Gruyter.

Amann, K./Hirschauer, S. (1997). Die Befremdung der eigenen Kultur. Ein Programm. S. 7–52 in: Hirschauer, S./Amann, K. (Hg.), Die Befremdung der eigenen Kultur. Zur ethnographischen Herausforderung soziologischer Empirie. Frankfurt a. M.: Suhrkamp.

Amelina, A. (2021). Theorizing large-scale societal relations through the conceptual lens of cross-border assemblages. Current Sociology 69 (3): 352–371. https://doi.org/10.1177/0011392120931145

Andreenkova, A.V./Javeline, D. (2019). Sensitive Questions in Comparative Surveys. S. 139–160 in: Johnson, T.P./Pennell, B.-E./Stoop, I.A.L./Dorer, B. (Hg.), Advances in comparative survey methodology. Multinational, multiregional and multicultural contexts (3MC). Hoboken, New Jersey: Wiley.

Andreß, H. J./Fetchenhauer, D./Meulemann, H. (2019). Cross-National Comparative Research – Analytical strategies, results, and explanations. S.1–28 in Andreß, H.J./Fetchenhauer, D./Meulemann, H. (Hg.), Cross-National Comparative Research. Kölner Zeitschrift für Soziologie und Sozialpsychologie, Sonderheft 59. Wiesbaden: Springer.

Antweiler, C. (2009). Universalien im Kontext kultureller Vielfalt. EWE 20: 341–352.
Artelt, G./Stabat, P./Schneider, W./Schiefele, U. (2001): Lesekompetenz: Testkonzeption und Ergebnisse. S. 69–137 in: Baumert, J. et al. (Hg.) (2001). PISA 2000. Basiskompetenzen von Schülerinnen und Schülern im internationalen Vergleich. Opladen: Leske + Budrich.
Aschauer, Wolfgang (2021). The Re-Figuration of Spaces and Comparative Sociology: Potential New Directions for Quantitative Research [61 paragraphs]. Forum Qualitative Sozialforschung/Forum: Qualitative Social Research, 22(2), Art. 21, https://doi.org/10.17169/fqs-22.2.3739.
Asendorpf, J.B./Neyer, (2012). Psychologie der Persönlichkeit. Berlin u. a.: Springer.
The American Association for Public Opinion Research. 2016. Standard Definitions: Final Dispositions of Case Codes and Outcome Rates for Surveys. 9th edition. AAPOR. (https://www.aapor.org/AAPOR_Main/media/publications/Standard-Definitions20169th editionfinal.pdf
Barnes, S.H./Kaase, M. (1979). Political action. Mass participation in five western democracies. Beverly Hills/London.
Baumert, J./Klieme, E./Neubrand, M/Prenzel, M./Schiefele, U./Schneider, W./ Stanat, P./ Tillmann, K.-J./Weiß, M. (Hg.) (2001). PISA 2000. Basiskompetenzen von Schülerinnen und Schülern im internationalen Vergleich. Opladen: Leske + Budrich.
Baumert, J./Maaz, K. (2006). Das theoretische und methodische Konzept von PISA zur Erfassung sozialer und kultureller Ressourcen der Herkunftsfamilie: Internationale und nationale Rahmenkonzeption. S. 11–29 in: Baumert, J./Stanat, P./Watermann, R. (Hg.), Herkunftsbedingte Disparitäten im Bildungswesen. Vertiefende Analysen im Rahmen von PISA 2000. Wiesbaden: VS Verlag für Sozialwissenschaften.
Baumert, J./Schümer, G. (2001). Familiäre Lebensverhältnisse, Bildungsbeteiligung und Kompetenzerwerb. S. 323–407 in: Baumert, J. et al. (Hg.), PISA 2000. Basiskompetenzen von Schülerinnen und Schülern im internationalen Vergleich. Opladen: Leske + Budrich.
Baumert, J./Stanat, P./Demmrich, A. (2001). PISA 2000: Untersuchungsgegen-stand, theoretische Grundlagen und Durchführung der Studie. S. 15–68 in: Baumert, J. et al. (Hg.) (2001). PISA 2000. Basiskompetenzen von Schülerinnen und Schülern im internationalen Vergleich. Opladen: Leske + Budrich.
Baur, N./Graeff, P./Braunisch, L./ Schweia, M. (2020). The quality of big data. Development, problems, and possibilities of use of process-generated data in the digital age. Historical Social Research/Historische Sozialforschung, 45 (3): 209–243.
Baur, N./Mennell, S./Million, A. (2021). The Refiguration of Spaces and Methodological Challenges of Cross-Cultural Comparison [44 paragraphs]. Forum Qualitative Sozialforschung/Forum: Qualitative Social Research, 22 (2), Art. 25, https://www.qualitative-research.net/index.php/fqs/article/view/3755
Baur, N./Mennell, S./Million, A. (Hg.) (2021). The Refiguration of Spaces and Cross-Cultural Comparison I. Forum Qualitative Sozialforschung/Forum: Qualitative Social Research, 22 (2), https://www.qualitative-research.net/index.php/fqs/issue/view/71
Beck, U./ Grande, E. (2010). Jenseits des methodologischen Nationalismus. Soziale Welt, 61: 187–216.
Benítez I, Van de Vijver F, Padilla JL. (2022). A Mixed Methods Approach to the Analysis of Bias in Cross-cultural Studies. Sociological Methods & Research 51(1), 237–270. https://doi.org/10.1177/0049124119852390

Berger, J. (2005). Nimmt die Einkommensungleichheit weltweit zu? Methodische Feinheiten der Ungleichheitsforschung. Leviathan 4: 464–482

Berger, J. (2019). Wirtschaftliche Ungleichheit. Zwölf Vorlesungen. Wiesbaden: Springer VS.

Berg-Schlosser, D. (2005). Makro-qualitative vergleichende Methoden. S. 170-179 in: Kropp, S./Minkenberg, M. (Hg.), Vergleichen in der Politikwissenschaft. Wiesbaden: VS Verlag für Sozialwissenschaften.

Berg-Schlosser, D./Müller-Rommel, F. (Hg.) (1997). Vergleichende Politikwissenschaft.: Ein einführendes Studienhandbuch. 4. Auflage. Opladen: Leske + Budrich.

Berry, J. W. (1969). On cross-cultural comparability. International Journal of Psychology 4: 119–128.

Berry, J. W. (1989). Imposed etics-emics-derived etics: The operationalization of a compelling idea. International Journal of Psychology: 24: 721–735.

Berry, J. W. (1999). Emics and etics: A symbiotic conception. Culture & Psychology 5: 165–171.

Berry, J.W. (1980). Introduction to methodology. S. 1–28 in: Triandis, H.C./Berry, J.W. (Hg.), Handbook of cross-cultural psychology, Vol. 2. Boston, MA: Allyn and Bacon.

Berry, J.W./Poortinga, Y.H./ Pandey, J. (Hg.) (1997). Handbook of cross-cultural psychology. Vol. 1: Theory and method. Boston: Allyn & Bacon.

Berry, J.W./Poortinga, Y.H./Segall, M.H./Dasen, P.R. (1992). Cross-cultural psychology: Research and applications. Cambridge u. a.: Cambridge University Press.

Beugelsdijk, S./Welzel, C. (2018). Dimensions and Dynamics of National Culture: Synthesizing Hofstede With Inglehart. Journal of cross-cultural psychology, 49 (10): 1469–1505. https://www.ncbi.nlm.nih.gov/pmc/articles/PMC6191680/

Beullens, K./Loosveldt G./Vandenplas C./Stoop I. (2018). Response Rates in the European Social Survey: Increasing, Decreasing, or a Matter of Fieldwork Efforts? Survey Methods: Insights from the Field. https://surveyinsights.org/?p=9673

Blank, T./Wasmer, M. (1996). Gastarbeiter oder Ausländer? Ergebnisse des Splits mit den reformulierten Gastarbeiterfragen im Allbus 1994. ZUMA-Nachrichten 38: 45–69.

Blossfeld, H.-P./Prein, G. (Hg.) (1998). Rational choice theory and large-scale data analysis. Boulder, Colorado: Westview Press.

Boas, F. (1896). The limitations of the comparative method. Science 4: 901–908.

Boehnke, K. (1996). Is intelligence negligible? The relationship of family climate and school behavior in a cross-cultural perspective. Münster: Waxmann.

Boehnke, K. (2003). How to conduct good cross-cultural research: Methodological considerations. Paper presented at the Middle East/North Africa Regional Congress of Psychology, Dubai, UAE.

Boehnke, K. /Merkens, H. (1994). Methodologische Probleme des Ost-West-Vergleichs am Beispiel der Wertforschung zu Kollektivismus und Individualismus. Zeitschrift für Sozialisationsforschung und Erziehungssoziologie 14: 212–226.

Boehnke,K./ Lietz, K./ Schreier,M. / Wilhelm, A. (2010). Sampling: The Selection of Cases for Culturally Comparative Psychological Research. S 101–129 in: Matsumoto, D./ van de Vijver, F.J.R. (Hg.): Cross-Cultural Research Methods in Psychology. Cambridge University Press, New York/Cambridge.

Bogusz, T. (2018). Ende des methodologischen Nationalismus? Soziologie und Anthropologie im Zeitalter der Globalisierung. Soziologie – Forum der Deutschen Gesellschaft für Soziologie: 143–156.

Braun, M. (2003). Communication and social cognition. S. 57–67 in: Harkness, J. A./Van de Vijver, F.J.R./Mohler, P. (Hg.), Cross-cultural survey methods. Hoboken, NEW JERSEY: Wiley.

Braun, M./Harkness, J. A. (2005). Text and context: Challenges to comparability in survey questions. S. 95–108 in: Hoffmeyer-Zlotnik, J.H.P./Harkness, J.A. (Hg.), Methodological aspects in cross-national research. ZUMA-Nachrichten, Spezial Band 11.

Braun, M./Mohler, P. Ph. (2003). Background variables. S. 101–116 in: Harkness, J. A./van de Vijver, F./Mohler, P.Ph. (Hg.), Cross-cultural survey methods. Hoboken, New Jersey: Wiley.

Brauns, H./Scherer, S./Steinmann, S. (2003). The CASMIN educational classification in international comparative. S. 221–244 in: Hoffmeyer-Zlotnik J.H.P./Wolf, C. (Hg.), Advances in cross national comparison. A european working book for demographic and socio-economic variables. New York u. a.: Kluwer.

Brauns, H./Steinmann, S./Haun, D. (2000). Die Konstruktion des Klassenschemas nach Erikson, Goldthorpe und Portocarero (EGP) am Beispiel nationaler Datenquellen aus Deutschland, Frankreich und Großbritannien. ZUMA-Nachrichten: 46: 7–42.

Brislin, R.W. (1980). Translation and content analysis of oral and written material. S. 389–444 in Triandis, H.C./Berry, J.W. (Hg.), Handbook of cross-cultural psychology (Vol.1). Boston: Allyn and Bacon.

Brislin, R.W. (1986). The wording and translation of research instruments. S. 137–164 in Lonner, W.J./Berry, J.W. (Hg.), Field methods in cross-cultural research. Newbury Park: Sage.

Bronfenbrenner, U. (1976). Ökologische Sozialisationsforschung. Stuttgart: Klett.

Campbell, D.T./Fiske, D.W. (1959). Convergent and discriminant validation by the multimethod-multitrait-matrix. Psychological Bulletin 56: 833–853.

Cappai, G. (2005). Der interkulturelle Vergleich. Herausforderungen und Strategien einer sozialwissenschaftlichen Methode, S. 48-78 in: Srubar, I./Renn, J./Wenzel, U. (Hg.) 2005: Kulturen vergleichen: Sozial- und kulturwissenschaftliche Grundlagen und Kontroversen. Wiesbaden: VS Verlag für Sozialwissenschaften.

Cappai, G. (2010). Die unbewältigten Aufgaben der Kulturforschung. Ein handlungstheoretischer Aufriss. S. 11–38 in: Cappai, G./Shimada, S./Straub, J. (Hg.), Interpretative Sozialforschung und Kulturanalyse. Hermeneutik und die komparative Analyse kulturellen Handelns Bielefeld: transcript.

Cappai, G./Shimada, S./Straub, J. (Hg.) (2010). Interpretative Sozialforschung und Kulturanalyse. Bielefeld: transcript.

cApStAn/Halleux, B. (2019). PISA 2021 Translation and Adaption Guidelines. https://www.oecd.org/pisa/pisaproducts/PISA-2021-Translation-and-Adaptation-Guidelines.pdf

Chakkarath P. (2012). The role of indigenous psychologies in the building of basic cultural psychology. S. 71-95 in: Valsiner, J. (Hg.), The Oxford Handbook of Culture and Psychology, New York: Oxford University Press.

Chakkarath, P. (2005). What can western psychology learn from indigenous psychologies? Lessons from hindu psychology. S. 31–51 in: Friedlmeier, W./Chakkarath, P./Schwarz, B.

(Hg.), Culture and human development: The importance of cross-cultural research to the social sciences. New York: Psychology Press.

Cheung, F. M., Leung, K., Zhang, J. X., Sun, H. F., Gan, Y. G., Song, W. Z., Xie, Dong (2001). Indigenous Chinese personality constructs: Is the Five-factor Model complete? Journal of Cross-Cultural Psychology 32: 407–433.

Cheung, F. M., Van de Vijver, F. J. R., & Leong, F. T. L. (2011). Toward a new approach to the assessment of personality in culture. American Psychologist, 66: 593–603. https://doi.org/https://doi.org/10.1037/

Cheung, F. M./Cheung, S. F. (2003). Measuring personality and values across cultures: Imported versus indigenous measures. In Lonner, W.J./Dinnel, D.L./Hayes, S.A./Sattler, D.N. (Hg.), Online Readings in Psychology and Culture (Unit 6, Chapter 5), (http://www.wwu.edu/~culture), Center for Cross-Cultural Research, Western Washington University, Bellingham, Washington USA.

Cheung, F. M./Cheung, S.F./Fan, W. (2013). From Chinese to cross-cultural personality inventory: A combined emic–etic approach to the study of personality in culture. S. 117–179 in: Gelfand, M./Chiu, C.-Y./Hong, Y.-Y. (Hg.), Advances in Culture and Psychology (Vol. III,). Oxford University Press.

Corsten, M. (2020). Lebenslauf und Sozialisation. Wiesbaden: Springer VS.

Couper, M./de Leeuw, E.D. (2003). Nonresponse in cross-cultural and cross-national surveys. S. 157–178 in: Harkness, J. A./van de Vijver, F./Mohler, P.Ph. (Hg.), Cross-cultural survey methods. Hoboken, New Jersey: Wiley.

Cronbach, L.J./Meehl, P.E. (1955). Construct validity in psychological tests. Psychological Bulletin 53: 963–968.

de Leeuw, E./Hox, J./Luiten, A. (2018). International Nonresponse Trends across Countries and Years: An analysis of 36 years of Labour Force Survey data. Survey Methods: Insights from the Field, 1–11. https://doi.org/10.13094/SMIF-2018-00008

Diaz-Bone, R. (2019). Formen des Schließens und Erklärens. S. 49–66 in Blasius, J./Baur, N. (Hg:), Handbuch Methoden der empirischen Sozialforschung. 2. vollständig überarbeitete und erweiterte Auflage. Springer VS, Wiesbaden.

Davidov, E./Schmidt, P./Billiet, J./Meuleman, B. (2018). Cross-Cultural Analysis. Methods and Applications, 2. Aufl. London: Routledge Academic.

de Jong, J.A.L./Dorer, B./Lee,S./Yan, T./Villar, A. (2019). Overview of Questionnaire Design and Testing. S. 113–137 in. Johnson, T.P./Pennell, B.-E./Stoop, I.A.L./Dorer, B. (Hg.) Advances in Comparative Survey Methods: Multinational, Multiregional, and Multicultural Contexts (3MC). Hoboken, New Jersey: Wiley.

De Leeuw, E.D./de Herr, W. (2001). Trends in household survey nonresponse. A longitudinal and international comparison. S. 41-54 in: Groves, R.M./D.A. Dillman/J.L. Eltinge/Little, R.J.A (Hg.), Survey non-response. New York: Wiley.

Derichs, C. (1998). Universalität und Kulturspezifik – das Modell westlicher Demokratie in der Defensive? S. 107–122 in Greven, M. (Hg.), Demokratie – eine Kultur des Westens. Opladen: Leske + Budrich.

Diekmann, A. (2018). Empirische Sozialforschung. Grundlagen, Methoden, Anwendungen. Vollständig überarbeitete und erweiterte Neuausgabe, August 2007. 12. Auflage. Reinbek bei Hamburg: Rowohlt.

Diener, E./Diener M. (1995). Cross-cultural correlates of life satisfaction and self-esteem. Journal of Personality and Social Psychology 68: 653–663.

Diener, E./Oishi, S. (2000). Money and happiness: Income and subjective well-being across nations. S. 185-218 in: Diener, E./Suh, E.M. (Hg.), Culture and subjective well-being. Cambridge, MA: MIT Press.

Dogan, M. (1994). Use and misuse of statistics in comparative research. S. 35-71 in: Dogan, M./ Kazancigil, A. (Hg.), Comparing nations: concepts, strategies, substance. Oxford und Cambridge: Blackwell.

Dubrow, J.K./Tomescu-Dubrow, I. (2016). The rise of cross-national survey data harmonization in the social sciences: Emergence of an interdisciplinary methodological field. Quality & Quantity, 50 (4): 1449–1467.

Durkheim, E. (1976, zuerst 1895). Die Regeln der soziologischen Methode. Frankfurt a. M.: Suhrkamp.

Durkheim, E. (2006, zuerst 1897). Der Selbstmord. Frankfurt a. M.: Suhrkamp.

Easton, D. (1965).A system analysis of political life. New York: Wiley.

Eckman, S./Himelein, K./Dever, J. (2018). Innovative sample designs using GIS technology. S. 67–92 in: Johnson, T. P./Pennell, B.-E./Stoop, I./Dorer, B. (Hg), Advances in comparative survey methodology. Multinational, multiregional and multicultural contexts (3MC). Hoboken, New Jersey: Wiley.

Elias, P. /Birch, M. (1994). Establishment of Community-Wide Occupational Statistics. ISCO 88 (COM) – A Guide for Users.

Enriquez, V.G. (1987). Decolonizing the filipino psyche: Impetus for the development of psychology in the philippines. S. 265–287 in: Blowers, G.H./Turtle, A.H. (Hg.), Psychology moving east. Boulder: Westview Press.

Erikson, R./Goldthorpe, J.H. (1992). The constant flux. A study of class mobility in industrial societies. Oxford: Clarendon Press.

Esser, H. (1991). Alltagshandeln und Verstehen. Zum Verhältnis von erklärender und verstehender Soziologie am Beispiel von Alfred Schütz und Rational Choice. Mohr: Tübingen.

Esser, H. (1996). What's wrong with variable sociology? European Sociological Review 12: 159–166.

Esser, H. (1998). Why are bridge hypotheses necessary? S. 94–111 in: Blossfeld, H.-P./Prein, G. (Hg.), Rational choice theory and large-scale data analysis. Boulder, Colorado: Westview Press.

Esser, H. (1999). Soziologie. Spezielle Grundlagen 1: Situationslogik und Handeln, Frankfurt a. M.: Campus.

Esser, H. (2006). Eines für alle(s)? Das Weber-Paradigma, das Konzept des moderaten methodologischen Holismus und das Modell der soziologischen Erklärung. Kölner Zeitschrift für Soziologie und Sozialpsychologie 58: 352–364.

Esser, H. (2010). Sinn, Kultur, Verstehen und das Modell der soziologischen Erklärung. S. 309–335 in: M. Wohlrab-Sahr (Hg.), Kultursoziologie. Paradigmen – Methoden – Fragestellungen. Wiesbaden: VS-Verlag.

Esser, H. (2018).»›Zwei Seelen wohnen, ach! in meiner Brust? Nicht nur eine ›Stellungnahme‹« aus ›gegebenem Anlass‹«. Zeitschrift für Theoretische Soziologie 1: 132–152. Auch verfügbar unter: https://www.soziopolis.de/zwei-seelen-wohnen-ach-in-meiner-brust-nicht-nur-eine-stellungnahme-aus-gegebenem-anlass.html

Falter, J.W. (2020, zuerst 1991). Hitlers Wähler. Die Anhänger der NSDAP 1924–1933. Überarbeitete und ergänzte Neuauflage. Frankfurt a.M./New York: Campus.

Falter, J.W./Link, A./Lohmöller, J.B./de Rijke, J./Schumann, S. (1983). Arbeitslosigkeit und Nationalsozialismus. Eine empirische Analyse des Beitrags der Massenerwerbslosigkeit zu den Wahlerfolgen der NSDAP 1932 und 1933. Kölner Zeitschrift für Soziologie und Sozialpsychologie 35: 525–554.

Featherstone, M. (1997). Undoing culture. Globalization, postmodernism and identity. London: Sage.

Feinberg, R. (1988). Margaret Mead and Samoa: Coming of age in fact and fiction. American Anthropologist 90: 656–663.

Fetvadjiev, V.H./ Neha, T./ van de Vijver, F.J.R./McManus/Meiring, M. (2021): The Cross-Cultural Relevance of Indigenous Measures: The South African Personality Inventory (SAPI), Family Orientation, and Well-Being in New Zealand. Journal of Cross-Cultural Psychology, 52: 3–21.

Fischer, R. (2004). Standardization to account for cross-cultural response bias. Journal of Cross-Cultural Psychology 35: 263–282.

Fischer, R./Poortinga, Y.H. (2018). Addressing methodological challenges in culture-comparative research. Journal of Cross-Cultural Psychology, 49 (5): 691–712.

Freeman, D. (1983). Margaret Mead and Samoa. The making and unmaking of an anthropological myth. Cambridge: Harvard University Press.

Gabler, S./Häder, S. (2016). Special challenges of sampling for comparative surveys. S. 346–355 in: Wolf, C./Joye, D./Smith, T.W./Fu, Y. (Hg.), The SAGE Handbook of Survey Methodology. Los Angeles u.a.: Sage.

Gabler, S./Hoffmeyer-Zlotnik, H.-P. (Hg.) (1997). Stichproben in der Umfragepraxis, Opladen: Westdeutscher Verlag.

Ganzeboom, H.B.G. /Treiman, D.J. (1996). Internationally comparable measures of occupational status fort he 1988 International Standard Classification of occupation. Social Science Research 25: 201–239.

Ganzeboom, H.B.G./Treiman, D.J. (2003). Three internationally standardised measures for comparative research on occupational status. S. 159–193 in: Hoffmeyer-Zlotnik, J.H.P./ Wolff, C. (Hg.), Advances in cross-national comparison: A european working book for demographic and socio-economic variables. New York: Kluwer.

Garber, R. (2000). Demokratie in quantitativen Indizes: Ein mehr- oder eindimensionales Phänomen? S. 112–131 in: Lauth, H.J./Pickel, G./Welzel, C. (Hg.), Demokratiemessung. Konzepte und Befunde im internationalen Vergleich. Wiesbaden: Westdeutscher Verlag.

Garfinkel, H. (1984). Studies in ethnomethodology. Malden/MA: Polity Press/Blackwell Publishing.

Geertz, C. (1983). Dichte Beschreibung. Beiträge zum Verstehen kultureller Systeme. Frankfurt a. M.: Suhrkamp.

Geißler, R. (1998). Das mehrfache Ende der Klassengesellschaft. Diagnosen sozialstrukturellen Wandels. S. 207–233 in: Friedrichs, J./Lepsius, R.M./ Mayer K.U. (Hg.), Die Diagnosefähigkeit der Soziologie. Sonderheft 38 der Kölner Zeitschrift für Soziologie und Sozialpsychologie. Opladen: Westdeutscher Verlag.

Geißler, R. (2014). Die Sozialstruktur Deutschlands. Zur gesellschaftlichen Entwicklung mit einer Bilanz zur Vereinigung. 7., grundlegend überarbeitete Auflage. Wiesbaden VS Verlag für Sozialwissenschaften.

Gerhards, J. unter Mitarbeit von M. Hölscher (2005). Kulturelle Unterschiede in der europäischen Union. Ein Vergleich zwischen Mitgliedsländern, Beitrittskandidaten und der Türkei. Wiesbaden: VS Verlag für Sozialwissenschaften.

Giddens, A. (1999). Soziologie. Graz und Wien: Nausner & Nausner.

Granda, P./Wolf, C./Hadorn, R. (2010). Harmonizing survey data. S. 315–334 in: Harkness, J.A./Braun, M./Edwards, B./ Johnson, T.P./Lyberg, L./Mohler, P.P./Pennell, B.-E./Smith, T.W. (Hg.), Survey Methods in Multinational, Multiregional, and Multicultural Contexts (3MC). Hoboken, New Jersey: Wiley.

Greenfield, P.M. (1997). Culture as process: Empirical methods for cultural psychology. S. 301–346 in: Berry, J.W./Poortinga, Y.H./Pandey, J. (Hg.), Handbook of cross-cultural psychology. Vol. 1: Theory and method. 2. Ed. Boston u. a.: Allyn and Bacon.

Greshoff, R. (2006). Die Esser-Luhmann-Kontroverse als unbefriedigender Streit um die Grundlagen der Soziologie. Überlegungen zur Klärung der Debatte. Soziologie 35: 161–177.

Groves, R.M. (1989). Survey errors and survey costs. New York: Wiley.

Häder, S./Gabler, S. (2003). Sampling and estimation. S. 117-135 in: Harkness, J. A./van de Vijver, F./Mohler, P.Ph. (Hg.), Cross-cultural survey methods. Hoboken, New Jersey: Wiley.

Hahlen, J. (2002). Die internationale Vergleichbarkeit von Statistiken – Allgemeine Aspekte und Beispiele aus dem Bereich der Haushaltsstichproben. S. 252–273 in: Glatzer, W./ Habich, R./Mayer, K.U. (Hg.), Sozialer Wandel und gesellschaftliche Dauerbeobachtung. Opladen: Leske + Budrich.

Hall, S. (1999). Kulturelle Identität und Globalisierung. S. 393–441 in: Hörning, K.H./Winter, R. (Hg.), Widerspenstige Kulturen. Cultural Studies als Herausforderung. Frankfurt am Main: Suhrkamp.

Harkness, J. A. (2003). Questionnaire translation. S. 35–56 in: Harkness, J. A./van de Vijver, F./Mohler, P.Ph. (Hg.), Cross-cultural survey methods. Hoboken, New Jersey: Wiley.

Harkness, J.A./van de Vijver, F./Johnson, T.P. (2003). Questionnaire design in comparative research. S. 19–34 in: Harkness, J. A./van de Vijver, F./ Mohler, P.Ph. (Hg.), Cross-cultural survey methods. Hoboken, New Jersey: Wiley.

Härpfer, M./Schwarze, J. (2006). Wie gleich ist Europa? Empirische Befunde zur Entwicklung der Einkommensungleichheiten in den bisherigen EU-Mitgliedsstaaten S. 137–153 in: Heidenreich, M. (Hg.), Die Europäisierung sozialer Ungleichheit. Frankfurt am Main: Campus.

Häußling, H. (2019): Zur Erklärungsarmut von Big Social Data. Von den Schwierigkeiten, auf Basis von Big Social Data eine Erklärende Soziologie betreiben zu wollen. S. 73–100 in: Baron, D./Becker/O.A./Lois, D. (Hg.), Erklärende Soziologie und soziale Praxis. Wiesbaden: Springer VS.

He, J./van de Vijver, F. (2012). Bias and Equivalence in Cross-Cultural Research. Online Readings in Psychology and Culture, 2(2). https://doi.org/10.9707/2307-0919.1111

Heimerl, B., & Hofmann, P. (2016). Wie konzipieren wir Kinderkriegen? Zeitschrift für Soziologie, 45(6), 410–430.

Heintz, B. (2016). Wir leben im Zeitalter der Vergleichung. Perspektiven einer Soziologie des Vergleichs. Zeitschrift für Soziologie, 45(5): 305–323.

Heintz, B./Wobbe, T. (Hg.) (2021). Soziale Praktiken des Beobachtens. Vergleichen, Bewerten, Kategosisieren und Quantifizieren. Kölner Zeitschrift für Soziologie und Sozialpsychologie, Sonderheft 61. Wiesbaden: Springer.
Helfrich, H. (1999). Beyond the dilemma of cross-cultural psychology: Resolving the tension between etic and emic approaches. Culture & Psychology 5: 131–153.
Helfrich, H. (2003). Methodologie kulturvergleichender psychologischer Forschung. S. 111–138 in: Thomas, A. (Hg.), Kulturvergleichende Psychologie. 2. überarbeitete und erweiterte Auflage. Göttingen u. a.: Hogrefe.
Helfrich, H. (2013). Kulturvergleichende Psychologie: Wiesbaden: Springer VS.
Helfrich, H. (2019). Kulturvergleichende Psychologie. 2. Aufl. Berlin: Springer.
Hempel, C.G. (1977). Aspekte wissenschaftlicher Erklärung. Berlin/New York: de Gruyter.
Herskovits, M.J. (1955). Cultural anthropology. New York: Knopf.
Hines, A.M. (1993). Linking qualitative and quantitative methods in cross-cultural survey research: Techniques from cognitive science. American Journal of Community Psychology 21: 729–746.
Hirschauer, S. (2018). Der Quexit. Das Mannemer Milieu im Abseits der Soziologie. Eine Entgegnung auf Hartmut Esser. Zeitschrift für Theoretische Soziologie 1: 153–167. Auch verfügbar unter: https://www.soziopolis.de/der-quexit-das-mannemer-milieu-im-abseits-der-soziologie.html
Hoffman, L.W./Hoffman, M.L. (1973). The value of children to parents. S. 19–76 in Fawcett, J.T. (Hg.), Psychological perspectives on population. New York.
Hoffmeyer-Zlotnik, J.H.P. (2003). The classification of education as a sociological background characteristic. S. 245–256 in: Hoffmeyer-Zlotnik J.H.P./Wolf, C. (Hg.), Advances in cross national comparison. A european working book for demographic and socio-economic variables. New York u. a.: Kluwer.
Hoffmeyer-Zlotnik, J.H.P./ Wolf, C. (Hg.) (2003). Advances in cross-national comparison. A european working book for demographic and socio-economic variables. New York u. a.: Kluwer.
Hoffmeyer-Zlotnik, J.H.P./Warner, U. (2005). How to measure education in cross-national comparison. S. 223–241 in: Hoffmeyer-Zlotnik, J.H.P./ Harkness, J. A. (Hg.), Methodological aspects in cross-national research. ZUMA-Nachrichten Spezial, Band 11.
Hoffmeyer-Zlotnik, J.H.P./Wolf, C. (2003). Comparing demographic and socio-economic variables across nations: synthesis and recommendations. S. 389–406 in: Hoffmeyer-Zlotnik J.H.P./Wolf, C. (Hg.), Advances in cross national comparison. A european working book for demographic and socio-economic variables. New York u. a.: Kluwer.
Hofstede, G. (1980). Cultures' consequences. International differences in work-related values. London: Sage.
Hofstede, G. (2001). Culture's consequences: Comparing values, behaviors, institutions and organizations across nations. Thousand Oaks, CA: Sage.
Honer, A. (2000). Lebensweltanalyse in der Ethnographie. S. 194–204 in: Flick, U./Kardorff, E.v./Steinke, I. (Hg.), Qualitative Forschung. Ein Handbuch. Reinbek bei Hamburg: Rowohlt.
Hummrich, M./Rademacher, S. (Hg.) (2013). Kulturvergleich in der qualitativen Forschung. Erziehungswissenschaftliche Perspektiven und Analysen. Wiesbaden: VS Verlag.
Huntington, S.P. (1993). The clash of civilizations. Foreign Affairs 72: 22–49.

Huntington, S.P. (2000). Cultures count. S. xiii–xvii in: Harrison, L.E./Huntington, S.P. (Hg.), Culture matters. How values shape human progress. New York: Basic Books.
Inglehart R. (1977). The silent revolution. Changing values and political styles among western publics. Princeton: Princeton University Press.
Inglehart, R. (1997). Modernization and postmodernization. Cultural, economic and political change in 43 societies. Princeton: Princeton University Press.
Inglehart, R./ Welzel, C. (2005): Modernization, Cultural Change and Democracy. New York und Cambridge: Cambridge University Press.
Inglehart, R./Baker, W.E. (2000). Moderization, cultural change, and the persistence of tranditional values. American Sociological Review 65: 19–51.
Inkeles, A./Rossi, P.H. (1996). National comparisons of occupational prestige. In: Inkeles, A./Sasaki, M. (Hg.), Comparing nations and cultures: Readings in a Cross-Disciplinary Perspective. Englewood Cliffs, N.J.: Prentice Hall.
Inkeles, A./Smith, D. h. (1974). Becoming modern: Individual change in six developing countries. Cambridge, Mass./London: Harvard University Press.
Jahn, D. (2005). Fälle, Fallstricke und die komparative Methode in der vergleichenden Politikwissenschaft. S. 55-95 in: Kropp, S./Minkenberg, M. (Hg.), Vergleichen in der Politikwissenschaft. Wiesbaden: VS Verlag für Sozialwissenschaften.
Jahoda, G. (1977). In pursuit of the emic-etic distinction: Can we ever capture it? S. 55–63 in: Poortinga, Y.H. (Hg.), Basic problems in cross-cultural psychology. Lisse: Swets and Zeitlinger.
Jahoda, G. (1983). The cross-cultural emperor's conceptual clothes: The emic-etic issue revisited. S. 19–38 in: Deregowski, J.B./Dziurawiec, S./Annis, C. (Hg.), Expisications in cross-cultural psychology. Lisse: Swets and Zeitlinger.
Jahoda, G./Krewer, B. (1997). History of cross-cultural and cultural psychology. S. 163–212 in: Triandis, H.C./Berry, J.W./Pandey, J. (Hg.), Handbook of cross-cultural psychology, Vol. 3. Needham Heights, MA: Allyn & Bacon.
Johnson, T.P. (1998). Approaches to equivalence in cross-cultural and cross-national survey research. S. 1–40 in: Harkness, J.A. (Hg.), Cross-cultural survey equivalence. Mannheim: ZUMA.
Johnson, T.P./Braun, M. (2016). Challenges of Comparative Survey Research. S. 41–53 in: Wolf, C./Joye, D./Smith, T.W./Fu, Y. (Hg.), The SAGE Handbook of Survey Methodology. Los Angeles u.a.: Sage.
Johnson, T.P./Kulesa, P./Llc, I./Cho, Y.I./Shavitt, S. (2005). The relation between culture and response styles: Evidence from 19 countries. Journal of Cross-Cultural Psychology 36: 264–277.
Johnson, T.P./Shavitt, S./Holbrook, A. L. (2011). Survey response styles across cultures. S. 130–175 in: Matsumoto, D./van de Vijver, F.J.R (Hg.), Cross-cultural research methods in psychology. Cambridge University Press.
Johnson, T.P./van de Vijver, F. (2003). Social desirability in cross-cultural research. S. 195–206 in: Harkness, J. A./van de Vijver, F./Mohler, P.Ph. (Hg.), Cross-cultural survey methods. Hoboken, New Jersey: Wiley.
Johnson,T.P./ Shavitt, S./Holbrook, A.L. (2010). Survey Response Styles Across Cultures. S. 130-170 in: Matsumoto, D./van de Vijver, F.J.R. (Hg.): Cross-Cultural Research Methods in Psychology. Cambridge University Press, New York/Cambridge.

Jowell, R. (1998). How comparative is comparative research? The American Behavioral Scientist 42: 168–177.

Jünger, S. (2019). Using Georeferenced Data in Social Science Survey Research: The Method of Spatial Linking and Its Application with the German General Social Survey and the GESIS Panel. (GESIS-Schriftenreihe, 24). Köln: GESIS - Leibniz-Institut für Sozialwissenschaften. https://doi.org/10.21241/ssoar.63688

Kaasa, A./Minkov, M. (2020) Are the World's National Cultures Becoming More Similar? Journal of Cross-Cultural Psychology 51: 531–550.

Kauppert, M./Funcke, D. (2008). Wirkungen des wilden Denkens. Zur strukturalen Anthropologie von Claude Lévi-Strauss, Frankfurt a.M: Suhrkamp.

Keillor, B./Owens, D./Pettijohn, C. (2001). A cross-cultural/cross-national study of influencing factors and socially desirable response bias. International Journal of Market Research 43: 63–84.

Keusch, F., & Kreuter, F. (2021). Digital trace data: Modes of data collection, applications, and errors at a glance. S. 100-118 in: Engel, U./Quan-Haase, A./Xun Liu, S./Lyberg, L. (Hg.), Handbook of Computational Social Science, Vol 1: Theory, Case Studies and Ethics. London: Taylor & Francis.

Kim, U. (1990). Indigenous psychology: Science and applications. S. 142-160 in: Brislin, R. (Hg.), Applied cross-cultural psychology. Newbury Park, CA: Sage.

Kim, U./Yang, K.-S/Hwang, K.-K. (2006). Indigenous and cultural psychology. Understanding people in context. New York: Springer.

Kish, L. (1994). Multipopulation survey design. Five types of seven shared aspects. International Statistical Review 62: 167–186.

Kluckhohn, C. (1962). Universal categories of cultures. S. 304–320 in: Tax, S. (Hg.), Anthropology today: Selections. Chicago: University of Chicago Press.

Knoblauch, H./ Baur, N./ Traue, B./Akremi, L. (2018): Was heißt „Interpretativ forschen"? S. 9–37 in: Akremi, L./Baur N./Knoblauch, H./Traue, B. (Hg.), Handbuch Interpretativ forschen. Weinheim und Basel: Beltz Juventa.

Koch, A. (2019). Within-household selection of respondents. S. 93–109 in: Johnson, T. P./Pennell, B.-E./Stoop, I./Dorer, B. (Hg), Advances in comparative survey methodology. Multinational, multiregional and multicultural contexts (3MC). Hoboken, New Jersey: Wiley.

Kohl, K.-H. (1990). Bronislaw Kaspar Malinowski (1884-1942). S. 227–247 in: Marschall, W. (Hg.), Klassiker der Kulturanthropologie. München: Beck.

Kohn, M. L. (1996). Cross-national research as an analytic strategy: American Sociological Association, 1987 Presidential address. S. 28-53 in Inkeles, A./Sasaki, M. (Hg.), Comparing nations and cultures; readings in a cross-disciplinary perspective. NEW JERSEY: Prentice Hall.

Kohn, M. L. (2019). The Development of a Theory of Social Structure and Personality. London: Anthem.

Korte, H. (2004). Soziologie: Konstanz: UVK.

Kosmützky, A. (2017). Zustand, Herausforderungen und Perspektiven international vergleichender Sozialforschung – am Fall der Hochschulforschung, Habilitationsschrift, Fachbereich Gesellschaftswissenschaften, Universität Kassel. https://kobra.uni-kassel.de/handle/123456789/2018021554593

Kosmützky, A. (2018a). International Team Research in Comparative Higher Education Shedding some light on its Social Side. Journal of Comparative & International Higher Education 10: 14–21. https://www.ojed.org/index.php/jcihe/article/view/313

Kosmützky, A. (2018b). A Two-Sided Medal. On the Complexities of Collaborative and Comparative Team Research. Higher Education Quarterly 72(4): 314–331. https://doi.org/10.1111/hequ.12156

Kosmützky, A./Wöhlert, R. (2021). Varieties of collaboration: On the influence of funding schemes on forms and characteristics of international collaborative research projects (ICRPs). European Journal of Education 56 (2): 182–199. https://doi.org/10.1111/ejed.12452

Kreuter, F./Haas, G.C./Keusch, F./Bähr, S./Trappmann, M. (2020). Collecting survey and smartphone sensor data with an app: Opportunities and challenges around privacy and informed consent. Social Science Computer Review, 38 (5), 533–549. https://doi.org/10.1177/0894439318816389

Kroeber, A.A./Kluckhohn, C. (1952). Culture: A critical review of concepts and definitions. New York: Vintage Books.

Kroeber, A.L./Parsons, T. (1958). The concepts of culture and of social system. American Sociological Review 23: 582–583.

Kroneberg, C. (2019). Theory Development in Comparative Social Research. S. 29–51 in: Andreß, H. J./Fetchenhauer, D./Meulemann, H (Hg.), Cross-national comparative research. Kölner Zeitschrift für Soziologie und Sozialpsychologie, Sonderheft 59. Wiesbaden: Springer. https://doi.org/10.1007

Kruse, J. (2009). Qualitative Sozialforschung – interkulturell gelesen: Die Reflexion der Selbstauslegung im Akt des Fremdverstehens [30 Absätze]. Forum Qualitative Sozialforschung/Forum: Qualitative Social Research, 10(1), Art.16, https://www.qualitative-research.net/index.php/fqs/article/view/1209

Kruse, J./Bethmann, S./Niermann, D./Schmieder, C. (Hg.) (2012). Qualitative Interviewforschung in und mit fremden Sprachen. Weinheim: Juventa.

Kuckartz, U./Rädiker, S./Ebert, T./Schehl, J. (2013). Skalenbildung. S. 239–257 in dies: Statistik: eine verständliche Einführung. 2. Auflage. Springer-Verlag

Kühnel, S. M./Krebs, D. (2012). Statistik für die Sozialwissenschaften. Grundlagen, Methoden, Anwendungen. 6. völlig überarbeitete Neuauflage. Reinbek: Rowohlt.

Labe, A. (2012). ISCED 2011. Vortrag auf dem UIS Education Workshop for Anglophone Africa. Addis Ababa (Ethiopia), 5 November 2012. https://www.slideserve.com/haruki/international-standard-classification-of-education-isced-2011

Landes, D. (2000). Culture makes almost the difference. S. 2–13 in: Harrison, L.E./Huntington, S.P. (Hg.), Culture matters. How values shape human progress. New York: Basic Books.

Lauth, H.J./Pickel, G./Welzel, C. (2000). Grundfragen, Probleme und Perspektiven der Demokratiemessung. S. 7–26 in: Lauth, H.J./Pickel, G./Welzel, C. (Hg.), Demokratiemessung. Konzepte und Befunde im internationalen Vergleich. Wiesbaden: Westdeutscher Verlag.

Letzter Aufruf der Onlinequellen am 29.04.2022

LeVine, R.A. (1970). Cross-cultural study in child psychology. S. 559–612 in: Mussen, P. (Hg.), Carmichael's manual of child psychology. New York: Wiley.

Levi-Strauss, C. (1988). Traurige Tropen. Frankfurt a. M.: Suhrkamp.

Lichbach, M./Zuckerman, A. (Hg.) (1997). Comparative politics: rationality, culture, and structure. Cambridge: Cambridge University Press.
Lieberson, S. (1992). Small N's and big conclusions: an examination of the reasoning in comparative studies based on a small number of cases. S. 105-118 in: Ragin, C./Becker, H. (Hg.), What is a case? Exploring the foundations of social inquiry. Cambridge: Cambridge University Press.
Lienert, G.A./Raatz, U. (1998). Testaufbau und Testanalyse. Weinheim: Beltz PVU.
Lijphart, A. (1971). Comparative politics and the comparative method. American Political Science Review 65: 682–693.
Linton, R. (1938). The study of man. New York: Appleton-Century-Crofts.
Liu, M./Tuba, S.-G./Keusch, F./Lee, S. (2019). Response Styles in Cross-cultural Surveys. S. 477-499 in: Johnson, T.P./Pennell, B.-E./Stoop, I.A.L./Dorer, B. (Hrsg.) Advances in Comparative Survey Methods: Multinational, Multiregional, and Multicultural Contexts (3MC). Hoboken, New Jersey: Wiley.
Lonner, W.J. (1980). The search for psychological universals. S. 143–204 in: Triandis, H.C./ Lambert, W.W. (Hg.), Handbook of cross-cultural psychology: Vol. 1 Perspectives. Boston u. a.: Allyn and Bacon.
Lonner, W.J. (1999). Helfrich's 'Principle of triarchic Resonance': A commentary on yet another perspective on the ongoing and tenacious etic-emic-debate. Culture & Psychology 5: 173–181.
Lonner, W.J./Adamopoulos, J. (1997). Culture as antecedent to behavior. S. 43–83 in: Berry, J.W./Poortinga, Y.H./Pandey, J. (Hg.), Handbook of cross-cultural psychology. Vol. 1: Theory and method. 2. Ed. Boston u. a.: Allyn and Bacon.
Lyberg, L/Japec, L./Tongur, C. (2019). Prevailing issues and the future of comparative surveys. S. 1055- 1082 in: Johnson, T.P./Pennell, B.-E./Stoop, I.A.L./Dorer, B. (Hg.), Advances in comparative survey methodology. Multinational, multiregional and multicultural contexts (3MC). Hoboken, New Jersey: Wiley.
Mau, S. (2017). Das metrische Wir. Über die Quantifizierung des Sozialen. Berlin: Suhrkamp.
Maehler, D.B./Behr, D./Schneider, S.L. (2020). Kultursensitive Befragungen und Diagnostik: Gestaltung und Anwendung von Verfahren im interkulturellen Setting. S. 1–15 in: Ringeisen, T./Genkova, P/Leong, F.T.L (Hg.), Handbuch Stress und Kultur: Interkulturelle und kulturvergleichende Perspektiven. Wiesbaden: Springer. https://doi.org/10.1007/978-3-658-27825-0_16-1
Matthes, J, (1992). The operation called „Vergleichen". S. 75–99 in: Matthes, J. (Hg.), Zwischen den Kulturen. Die Sozialwissenschaften vor dem Problem des Kulturvergleichs. Soziale Welt, Sonderband 8 der Zeitschrift. Göttingen: Schwartz.
McCrea, R.R./Costa, P.T. (1983). Social desirability scales: More substance than style. Journal of Consulting and Clinical Psychology 51: 882–888.
McVey, R. (1981). Islam explained: Review article. Pacific Affairs 54: 260–287.
Mead, M. (1962). National character. S. 396–421 in: Tax, S. (Hg.), Anthropology today: Selections. Chicago: University of Chicago Press.
Mead, M. (2002, zuerst 1928, 1930, 1935). Jugend und Sexualität in primitiven Gesellschaften. 2. unveränderte Auflage. Eschborn: Klotz.
Melchior, A./Telle, K./Wiig, H. (2000). Human Development Report Office calculations based on World Bank 2001h and 2001g.

Meuleman, B. (2019). Multilevel structural equation modeling for cross-national comparative research. S. 129–155 in: Andreß, H.J./Fetchenhauer, D./Meulemann, H. (Hg.), Cross-National Comparative Research. Kölner Zeitschrift für Soziologie und Sozialpsychologie, Sonderheft 59. Wiesbaden: Springer.

Meulemann, H. (2002). Perspektiven und Probleme der internationalen Umfrageforschung. S. 13–38 in: Statistisches Bundesamt (Hg.), Aspekte internationaler und interkultureller Umfragen. Band 20. Stuttgart: Metzler-Poeschel.

Meyer, T. (2001). Das Konzept der Lebensstile in der Sozialstrukturforschung – eine kritische Bilanz. Soziale Welt 52: 255–272.

Middleton, K.L./Jones, J.L. (2000). Socially desirable response sets: the impact of country culture. Psychology and Marketing 17: 149–163.

Mill, J.S. (1843/1976). A system of logic. S. 55–89 in: Mill, J.S., On politics and society. London: Fontana.

Miner, H. (1956). Body rituals among the Nacirema. American Anthropoligist 58: 503–507

Minkenberg, M./Kropp, S. (2005). Einleitung: Vergleichen in der Politikwissenschaft – Umrisse einer langjährigen Diskussion. S. 8-13 in: Kropp, S./Minkenberg, M. (Hg.), Vergleichen in der Politikwissenschaft. Wiesbaden: VS Verlag für Sozialwissenschaften.

Mitterer, J. (1999). Realismus oder Konstruktivismus? Wahrheit oder Beliebigkeit? Zeitschrift für Erziehungswissenschaft 2: 485–498.

Mpofu, E. (2002). Indigenization of the psychology of human intelligence in Sub-Saharan Africa. In Lonner, W.J./Dinnel, D.L./Hayes, S.A./Sattler, D.N. (Hg.), Online readings in psychology and culture (Unit 5, Chapter 2), (http://www.wwu.edu/~culture), Center for Cross-Cultural Research, Western Washington University, Bellingham, Washington USA.

Müller-Benedict, V. (2001). Grundkurs Statistik in den Sozialwissenschaften. Wiesbaden: Westdeutscher Verlag.

Nauck, B. (2001). Der Wert von Kindern für ihre Eltern. „Value of children" als spezielle Handlungstheorie des generativen Verhaltens und von Generationenbeziehungen im interkulturellen Vergleich. Kölner Zeitschrift für Soziologie und Sozialpsychologie 53: 407–435.

Nauck, B. (2007a). Familiensystem und Kultur. S. 407–486 in: Trommsdorff, G./Kornadt, H.J. (Hg.), Kulturvergleichende Psychologie. Band I: Theorien und Methoden in der kulturvergleichenden und kulturpsychologischen Forschung. Göttingen: Hogrefe.

Nauck, B. (2007b). Value of Children and the Framing of Fertility: Results from a Cross-cultural comparative Survey in 10 Societies. European Sociological Review, 23, 615–629.

Nauck, B. (2010). Fertilitätsstrategien im interkulturellen Vergleich: Value of Children, ideale und angestrebte Kinderzahl in zwölf Ländern. S. 213–238 in Mayer, B./Kornadt, H.-J. (Hg.), Psychologie – Kultur – Gesellschaft. Wiesbaden: Verlag für Sozialwissenschaften.

Nauck, B. (2014). Value of Children and the Social Production of Welfare. Demographic Research 30: 1793–1824.

Nauck, B. (2021a). Cross-cultural perspectives in family research. S.42–59 in Research Handbook on the Sociology of the Family. Edward Elgar Publishing.

Nauck, B. (2021b). Cross-cultural perspectives in family research. S.42–59 in: Scheider, N.F./Kreyenfeld, M. (Hg.), Research Handbook on the Sociology of the Family. Cheltenham: Edward Elgar.

Nauck, B./Klaus, D. (2007). The Varying Value of Children. Empirical Results from Eleven Societies in Asia, Africa, and Europe. Current Sociology 55: 525–542

Nauck, B./Schönpflug, U. (1997). Familien in verschiedenen Kulturen. S. 1-21 in: Nauck, B./ Schönpflug, U. (Hg.), Familien in verschiedenen Kulturen. Stuttgart: Enke.

Noll, H. H. (2014). European system of social indicators. S. 2027–2030 in: Michalos, A.C. (Hg.), Encyclopedia of quality of life and well-being research. Wiesbaden: Springer Reference.

Nollmann, G. (2003). Ist soziale Ungleichheit noch strukturiert? Zu neuen Perspektiven der Klassenforschung. Duisburger Beiträge zur soziologischen Forschung: 6.

OECD (2015): ISCED 2011 Operational Manual: Guidelines for Classifying National Education Programmes and Related Qualifications. Organisation for Economic Co-operation and Development. https://www.oecd.org/education/isced-2011-operational-manual-978 9264228368-en.htm

O'Neil, C. (2016). Weapons of Math Destruction. Penguin Books.

Öngel, Ü./Smith, P.B. (1994). Who are we and where are we going? JCCP approaches its 100th issue. Journal of Cross-Cultural Psychology 25: 25–53.

Öngel, Ü./Smith, P.B. (1999). The search fur indigenous psychologies. Data from Turkey and the former USSR. Applied Psychology: An International Review 48: 465–479.

Opp, K. D. (2014). Methodologie der Sozialwissenschaften. Einführung in Probleme ihrer Theorienbildung und praktischen Anwendung. 7. wesentlich überarbeitete Auflage. Wiesbaden: VS Verlag für Sozialwissenschaften.

Otte, G. (2018). Was ist Kultur und wie sollen wir sie untersuchen? Entwurf einer sozialwissen-schaftlichen Sozialstruktur- und Kulturanalyse. S. 74–104 in: Böcker, J./Dreier, L./Eulitz, M./Frank, A./Jakob, M./Leistner, A. (Hg.), Zum Verhältnis von Empirie und kultursoziologischer Theoriebildung. Stand und Perspektiven. Weinheim: Beltz Juventa.

Parsons, T. (1951). The social system. London: Routledge & Kegan Paul.

Pörksen, B. (2016). Die postfaktische Universität. Die Zeit Nr. 52/2016, 15.

Pörksen, B. (2018). Die neuen Wahrheitskriege. Zeitschrift für Medienwissenschaft. Heft 19: Faktizitäten, Jg. 10, Nr. 2, S. 69–76. https://mediarep.org/bitstream/handle/doc/3569/ ZfM_19_Faktizitaeten_69-76_Poerksen_Die_neuen_Wahrheitskriege_.pdf?sequence= 7&isAllowed=y

Patzelt, W.J. (2005). Wissenschaftstheoretische Grundlagen sozialwissenschaftlichen Vergleichens. S. 16-54 in: Kropp, S./Minkenberg, M. (Hg.), Vergleichen in der Politikwissenschaft. Wiesbaden: VS Verlag für Sozialwissenschaften.

Pickel S. (2015) Methodologische Grundlagen des politikwissenschaftlichen Vergleichs und Vergleichsdesigns. S. 1–17 in: Lauth H.J./Kneuer M./Pickel G. (Hg.), Handbuch Vergleichende Politikwissenschaft. Springer NachschlageWissen. Wiesbaden: Springer VS. https://doi.org/10.1007/978-3-658-02993-7_2-2

Pickel, G. (2003). Die Verwendung von Individualdaten zum Nationenvergleich: Anmerkungen und Beispiele aus der vergleichenden Forschung. S. 151–178 in: Pickel, G./Pickel, S./Lauth, H.-J./Jahn, D. (Hg.), Vergleichende Politikwissenschaftliche Methoden. Wiesbaden: Westdeutscher Verlag.

Pickel, S. (2003). Jonglieren mit analytischen Ebenen: Triangulation von Aggregat- und Individualdaten. S. 201-219 in: Pickel, G./Pickel, S./Lauth, H.-J./Jahn, D. (Hg.), Vergleichende Politikwissenschaftliche Methoden. Wiesbaden: Westdeutscher Verlag.

Pike, K.L. (1967). Language in relation to a unified theory of the structure of human behavior. The Hague: Mouton.
Przeworski, A./Teune, H. (1970). The logic of comparative social inquiry. New York: Wiley.
Quillian, L. (1995). Prejudice as a response to perceived group threat: Population composition and anti-immigrant and racial prejudice in Europe. American Sociological Review 60: 586–611.
Reckwitz, A. (2008). Unscharfe Grenzen. Perspektiven der Kultursoziologie. Bielefeld: transcript.
Reckwitz, A. (2021). Das Ende der Illusionen. Politik, Ökonomie und Kultur in der Spätmoderne. 8. Auflage. Berlin: Suhrkamp.
Rippl, S./Baier, D./Boehnke, K, unter Mitarbeit von Kindervater, A. und Hadjar, A. (2007), Europa auf dem Weg nach rechts? Die EU-Osterweiterung und ihre Folgen für politische Einstellungen in Deutschland, Polen und der Tschechischen Republik. Wiesbaden: VS Verlag für Sozialwissenschaften.
Rippl, S./Seipel, C. (1999). Gender Differences in Right-Wing Extremism: Intergroup Validity of a Second-Order Construct. Social Psychology Quarterly 62: 381–393.
Robinson, W.S. (1950). Ecological correlations and the behavior of individuals. American Sociological Review 15: 351–357.
Rohner, R. (1984). Toward a conception of culture for cross-cultural psychology. Journal of Cross-Cultural Psychology 15: 111–138.
Rokkan, S. (1970). Vergleichende Sozialwissenschaft. Die Entwicklung der inter-kulturellen, inter-gesellschaftlichen und inter-nationalen Forschung. Frankfurt-Berlin-Wien.
Schimpl-Neimanns, B. (2004). Zur Umsetzung des internationalen sozioökonomischen Index des beruflichen Status (ISEI) mit den Mikrozenzen ab 1996. ZUMA-Nachrichten 28: 154–170.
Schittenhelm; K. (2005). Primäre und sekundäre Effekte kultureller Praktiken. Der Ausbildungseinstieg junger Migrantinnen im interkulturellen Vergleich. Kölner Zeitschrift für Soziologie und Sozialpsychologie 57: 691–713.
Schmidt-Catran, A.W./Fairbrother, M./Andreß, H.-J. (2019). Multilevel Models for the Analysis of Comparative Survey Data: Common Problems and Some Solutions. S. 99–128 in: Andreß, H. J./Fetchenhauer, D./Meulemann, H (Hg.), Cross-national Comparative Research. Kölner Zeitschrift für Soziologie und Sozialpsychologie, Sonderheft 59. Wiesbaden: Springer. https://doi.org/10.1007
Schneider, S.L. (2021). The classification of education in surveys: a generalized framework for ex-post harmonization. Quality & Quantity, 1–38. https://doi.org/10.1007/s11135-021-01101-1
Schnell, R. (1993). Homogenität sozialer Kategorien als Voraussetzung für „Repräsentativität" und Gewichtungsverfahren. Zeitschrift für Soziologie 22: 16–32.
Schnell, R. (1997). Nonresponse in Bevölkerungsumfragen. Ausmaß, Entwicklungen und Ursachen. Opladen: Leske + Budrich.
Schnell, R. (2019). „Big Data" aus wissenschaftssoziologischer Sicht. Warum es kaum sozialwissenschaftliche Studien ohne Befragungen gibt. S. 101–125 in: Baron, D./Becker/O.A./Lois, D. (Hg.), Erklärende Soziologie und soziale Praxis. Wiesbaden: Springer VS.
Schnell, R. (2019). Survey-Interviews. Methoden standardisierter Befragung. 2. Auflage. Wiesbaden: Springer VS.

Schnell, R./Hill, P.B./Esser, E. (2018). Methoden der empirischen Sozialforschung 11., überarbeitete Auflage. Berlin, Boston: de Gruyter.

Schofer, B. (2000). Für einen moderaten Relativismus in der Wissenschaftssoziologie. Zur Debatte um die philosophischen Voraussetzungen und Konsequenzen der neueren Wissenschaftssoziologie. Kölner Zeitschrift für Soziologie und Sozialpsychologie 52: 696–719.

Schoua-Glusberg, A. (1992). Report on the translation of the questionnaire for the National Treatment Improvement Evaluation Study. Chicago: National Opinion Research Centre.

Schoua-Glusberg, A./Villar, A. (2014). Assessing Translated Questions via Cognitive Testing. S. 51–67 in: Miller, K./Willson, S./Chepp, V./Padilla, J. L. (Hg.), Cognitive Interviewing Methodology. Hoboken, New Jersey: Wiley. https://openaccess.city.ac.uk/id/eprint/14428/

Schriewer, J. (2021). Comparison and explanation: a long saga, Comparative Education. https://doi.org/10.1080/03050068.2021.1982555

Schwartz S.H. (2017). The refined theory of basic values. S. 51–72 in: Roccas, S./Sagiv, L. (Hg.), Values and behavior. Taking a cross cultural perspective. Cham Springer.

Schwartz, S. H. (2006). A theory of cultural value orientations: Explication and applications. Comparative Sociology 5: 137–182.

Schwartz, S.H. (1992). Universals in the content and structure of values. Theoretical advances and empirical tests in 20 countries. S. 1–65 in: Zanna, M. (Hg.), Advances in experimental social psychology Vol. 25. Orlando, FL: Academic Press.

Schwartz, S.H./Ros, M. (1995). Values in the west: A theoretical and empirical challenge to the individualism-collectivism dimension. World Psychology 1: 91–122.

Schwartz, S.H./Sagiv, L. (1995). Identifying culture-specifics in the content and structure of values. Journal of Cross-cultural Psychology 26: 92–116.

Schweizer, T. (1990). Margaret Mead und Samoa: Zur Qualität und Interpretation ethnologischer Feldforschungsdaten. S. 441–453 in: Illius, B./Laubscher, M. (Hg.), Transpacifica: Festschrift T.S. Barthel. Frankfurt a. M.: P. Lang Verlag.

Schwinn, T. (2006). Konvergenz, Divergenz oder Hybridisierung? Voraussetzungen und Erscheinungsformen von Weltkultur. Kölner Zeitschrift für Soziologie und Sozialpsychologie, 58: 201–232.

Segall, M.H./Dasen, P.R./Berry J.W./Poortinga, Y.H. (1990). Human behavior in global perspective: An introduction to Cross-Cultural Psychology. Boston u. a.: Allyn and Bacon.

Seipel C./ Rippl, S. (2013). Grundlegende Probleme des empirischen Kulturvergleichs. Ein problemorientierter Überblick über aktuelle Diskussionen. Berliner Journal für Soziologie 23: 257–286.

Seipel, C. (2011). Das Programm des sozialwissenschaftlichen Kulturvergleichs und das Makro-Mikro-Makro-Modell der soziologischen Erklärung. S. 115–136 in: Mauz, A./von Sass, H. (Hg.), Hermeneutik des Vergleichs. Strukturen, Anwendungen und Grenzen komparativer Verfahren. Würzburg: Königshausen und Neumann.

Seipel, C./Rieker, P. (2003). Integrative Sozialforschung. Konzepte und Methoden der qualitativen und quantitativen empirischen Forschung. Weinheim und München: Juventa.

Seipel, C./Rippl, S. (2019). Individuelles Handeln im kulturellen Kontext: Interkultureller Vergleich als Anwendungsfall des Mehrebenenmodells. S. 110–128 in: Morgenroth, O./Kindervater, A. (Hg.), Kultur, Psyche & Gesundheit: Lengerich: Pabst.

Seligson, M. L. (2002). The renaissance of political culture or the renaissance of the ecological fallacy. Comparative Politics 34: 273–292.
Sen, A.K. (1999). Development as freedom. New York: Knopf.
Siddique, S. (1992). Anthropologie, Soziologie und Cultural Analysis. S. 37–47 in: Matthes, J. (Hg.), Zwischen den Kulturen. Soziale Welt, Sonderband 8. Göttingen: Schwartz.
Sinha, D. (1997). Indigenizing psychology. S. 129–170 in: Berry, J.W./Poorting, Y.H./Pandey, J. (Hg.), Handbook of cross-cultural psychology. Vol. 1. Theory and Method. Boston u. a.: Allyn and Bacon.
Slomczynski, K.M./Jenkins, J.C./Tomescu-Dubrow, I., et al. (2017). SDR Master Box. doi:https://doi.org/10.7910/DVN/VWGF5Q, Harvard Dataverse, V1.
Slomczynski, K.M/Tomescu-Dubrow, I (2018). Basic Principles of Survey Data Recycling. S. 937–962 in: Johnson, T. P./ Pennell, B.-E./Stoop, I./Dorer, B. (Hg), Advances in comparative survey methodology. Multinational, multiregional and multicultural contexts (3MC). Hoboken, New Jersey: Wiley.
Smith, P.B. (2004). Acquiescent response bias as an aspect of communication style. Journal of Cross-Cultural Psychology 35: 50–61.
Smith, P.B./ Bond, M.H. (1998). Social psychology across cultures. London u. a.: Prentice Hall Europe.
Smith, T.W. (2003). Developing comparable questions in cross-national surveys. S.69–92 in: Harkness, J.A./van de Vijver, F./Mohler, P.Ph. (Hg.), Cross-cultural survey methods. Hoboken, New Jersey: Wiley.
Soeffner, H.-G. (2000). Sozialwissenschaftliche Hermeneutik. S. 164–175 in: Flick, U./ Kardorff, E.v./Steinke, I. (Hg.), Qualitative Forschung. Ein Handbuch. Reinbek bei Hamburg: Rowohlt.
Soeffner, H.-G. (2003). Die Perspektive der Kultursoziologie. S. 171–194 in: Müller, K.E. (Hg.), Phänomen Kultur. Perspektiven und Aufgaben der Kulturwissenschaft. Bielefeld: transcript.
Srubar, I. (1992). Grenzen des „Rational Choice"-Ansatzes. Zeitschrift für Soziologie 21: 157–165.
Srubar, I. (2005). Die pragmatische Lebenswelttheorie als Grundlage interkulturellen Vergleichens. S. 151–171 in: Srubar, I./Renn, J./Wenzel, U. (Hg.) (2005). Kulturen vergleichen. Sozial- und kulturwissenschaftliche Grundlagen und Kontroversen. Wiesbaden: VS Verlag für Sozialwissenschaften.
Srubar, I./Renn, J./Wenzel, U. (2005). Vorwort. S. 7–16 in: Srubar, I./Renn, J./Wenzel, U. (Hg.) (2005). Kulturen vergleichen. Sozial- und kulturwissenschaftliche Grundlagen und Kontroversen. Wiesbaden: VS Verlag für Sozialwissenschaften
Statistisches Bundesamt (2020). Bildungsfinanzbericht 2020. Wiesbaden.
Stegmüller, W. (1974). Probleme und Resultate der Wissenschaftstheorie und Analytischen Philosophie. Band I: Wissenschaftliche Erklärung und Begründung. Berlin u. a.: Springer.
Straub, J. (2003). Psychologie und die Kulturen in einer globalisierten Welt. S. 543–566 in: Thomas, A. (Hg.), Kulturvergleichende Psychologie. 2., überarbeitete und erweiterte Auflage. Göttingen u. a.: Hogrefe.
Straub, J./Shimada, S. (1999). Releationale Hermeneutik im Kontext interkulturellen Verstehens. Deutsche Zeitschrift für Philosophie 47: 449–477.

Strübing, J. (2017). Vom Einander-Verstehen und der Besetzung von Begriffen. SozBlog https://blog.soziologie.de/2017/12/vom-einander-verstehen-und-der-besetzung-von-beg riffen/#more-4724

Sukopp, T. (2005). Wider den radikalen Kulturrelativismus – Universalismus, Kontextualismus und Kompatibilismus. Aufklärung und Kritik, 12: 136–154

Survey Research Center. (2010). Guidelines for Best Practice in Cross-Cultural Surveys. Ann Arbor, MI: Survey Research Center, Institute for Social Research, University of Michiganhttps://ccsg.isr.umich.edu/.

Task Force on Indigenous Psychology https://www.indigenouspsych.org/links.html

Teltemann, J. (2019). Bildungssoziologie. Baden-Baden: Nomos.

Tenbruck, F. H. (1992). Was war der Kulturvergleich, ehe es den Kulturvergleich gab? S. 13–35 in: Matthes, J. (Hg.), Zwischen den Kulturen. Die Sozialwissenschaften vor dem Problem des Kulturvergleichs. Soziale Welt, Sonderband 8 der Zeitschrift. Göttingen: Schwartz.

Thomas, A. (Hg.) (2003). Kulturvergleichende Psychologie. 2. überarbeitete und erweiterte Auflage. Göttingen u. a.: Hogrefe.

Thome, H. (2003). Soziologische Wertforschung. Ein von Niklas Luhmann inspirierter Vorschlag zur engeren Verknüpfung von Theorie und Empirie. Zeitschrift für Soziologie 32: 4–28

Treiman, D.J. (1977). Occupational prestige in comparative perspective. New York: Academic Press.

Treiman, D.J. (1979). Probleme der Begriffsbildung und Operationalisierung in der international vergleichenden Mobilitätsforschung. S. 124–167 in: Pappi, F.U. (Hg.), Sozialstrukturanalysen mit Umfragedaten. Königstein/Ts.: Athenäum.

Triandis, H. C./Malpass, R./Davidson, A. R. (1972). Cross-cultural psychology. Biennial Review of Anthropology: 1: 1–84.

Triandis, H.C. (1978). Some universals of social behavior. Personality and Social Psychology Bulletin 4: 1–16.

Trommsdorff, G. (1978). Möglichkeiten und Probleme des Kulturvergleichs am Beispiel einer Aggressionsstudie. Kölner Zeitschrift für Soziologie und Sozialpsychologie 13: 361–381.

Trommsdorff, G. (Hg.). (1989). Sozialisation im Kulturvergleich. Stuttgart: Enke.

Tylor, E.B. (1889). On the method of investigating the development of institutions. Journal of the Royal Anthropological Institute of Great Britain and Ireland 18: 245–272.

Tylor, E.B. (1958, zuerst 1871). The origins of culture. New York: Harper and Row.

UNESCO (2012). International Standard Classification of Education: ISCED 2011. United Nations Educational, Scientific and Cultural Organization. http://uis.unesco.org/sites/def ault/files/documents/international-standard-classification-of-education-isced-2011-en. pdf

van de Vijver, F. (1998). Toward a theory of bias and equivalence. S. 41–65 in: Harkness, J. A. (Hg.), Cross-cultural survey equivalence. Mannheim: ZUMA.

van de Vijver, F. (2003). Bias and equivalence: Cross-cultural perspectives. S. 143-156 in: Harkness, J. A./van de Vijver, F./Mohler, P.Ph. (Hg.), Cross-cultural survey methods. Hoboken, New Jersey: Wiley.

van de Vijver, F. J. R., & Leung, K. (2021). Methods and data analysis for cross-cultural research (Vol. 116). Cambridge: Cambridge University Press.

van de Vijver, F./Leung, K. (1997). Methods and data analysis for cross-cultural research. Thousand Oaks: Sage.
van de Vijver, F.J.R./ Leung, K. (2010). Equivalence and Bias: A Review of Concepts, Models, and Data Analytic Procedures. S. 17-45 in: Matsumoto, D./ van de Vijver, F.J.R. (Hg.): Cross-Cultural Research Methods in Psychology. Cambridge University Press, New York/Cambridge.
van de Vijver, F.J.R./ Matsumoto, D. (2010). Introduction to the Methodological Issues Associated with Cross-Cultural Research S. 1–17 in: Matsumoto, D./ van de Vijver, F.J.R. (Hg.): Cross-Cultural Research Methods in Psychology. Cambridge University Press, New York/Cambridge.
van Deth, J. (2013). Equivalence in comparative research. S. 1–19 in: van Deth, J. (Hg.), Comparative Politics. The problem of equivalence. Colchester: ECPR Press.
Vanhanen, T. (1990). The process of democratization. A comparative study of 147 states 1980–88. New York u. a.: Crane Russak.
Vanhanen, T. (2000). A new dataset compared with alternative measurement of democracy. S. 184–206 in: Lauth, H.-J./Pickel, G./Welzel, C. (Hg.), Demokratiemessung. Konzepte und Befunde im internationalen Vergleich. Wiesbaden: Westdeutscher Verlag.
Vanhanen, T. (2003). Democratization. A Comparative Analysis of 170 Countries. London: Routledge.
Verma, S. (2019). Weapons of Math Destruction. How Big Data Increases Inequality and Threatens Democracy. Review Article. Vikalpa: The Journal für Decision Makers 44 (2): 97–98.
Vivelo, F.K. (1981). Handbuch der Kulturanthropologie. Stuttgart: Klett-Cotta.
Vivelo, F.R. (1978). Cultural anthropology. Handbook: a basic introduction. New York: McGraw-Hill.
von Sass, H. (2011). Vergleiche(n). Ein hermeneutischer Rund- und Sinkflug. S. 25–47 in: Mauz, A./von Sass, H. (Hg.), Hermeneutik des Vergleichs. Strukturen, Anwendungen und Grenzen komparativer Verfahren. Würzburg: Königshausen und Neumann.
Warner, U./Hoffmeyer-Zlotnik, J.H.P. (2003). How to measure income. S. 307–326 in: Hoffmeyer-Zlotnik J.H.P./Wolf, C. (Hg.), Advances in cross national comparison. A european working book for demographic and socio-economic variables. New York u. a.: Kluwer.
Weber, M. (2006, zuerst 1905). Die protestantische Ethik und der Geist des Kapitalismus, Vollständige Ausgabe. Herausgegeben und eingeleitet von Dirk Kaesler, 2. durchgesehene Auflage. München: C.H. Beck.
Weiß, A. (2021). Re-thinking society: How can sociological theories help us understand global and crossborder social contexts? Current Sociology 69 (3): 333–351. https://doi.org/10.1177/0011392120936314
Weiß, A./Nohl, A-N. (2012). Fälle und Kontexte im Mehrebenenvergleich. Ein Vorschlag zur Überwindung des methodologischen Nationalismus in der Migrationsforschung. Zeitschrift für Qualitative Forschung 13(1–2): 55–75. https://nbn-resolving.org/urn:nbn:de:0168-ssoar-387480
Weltentwicklungsbericht (2005). Ein besseres Investitionsklima für Jeden. Weltbank. Sonderausgabe für die Bundeszentrale für politische Bildung. Düsseldorf: Droste Verlag.
Welzel, C. (2000). Humanentwicklung und Demokratie: Welcher Index erfasst die humane Dimension der Demokratie am besten? S. 132–162 in: Lauth, H.J./Pickel, G./Welzel, C.

(Hg.), Demokratiemessung. Konzepte und Befunde im internationalen Vergleich. Wiesbaden: Westdeutscher Verlag.
Welzel, C. (2003). Irrtümer bei der Interpretation des „ökologischen Fehlschlusses": Zur Aussagekraft aggregierter Umfragedaten. S. 179-200 in: Pickel, G./Pickel, S./Lauth, H.-J./Jahn, D. (Hg.), Vergleichende Politikwissenschaftliche Methoden. Wiesbaden: Westdeutscher Verlag.
Welzel, C./Inglehart, R. (1999). Analyzing democratic change and stability: A human development theory of democracy. WZB-Discussion paper FSIII 99–202, Berlin: WZB.
Williams, N. E., & Ghimire, D. J. (2018). Mixed Methods in a Comparative Context: Technology and New Opportunities for Social Science Research. S. 431–454 in: Johnson, T. P./Pennell, B.-E./Stoop, I./Dorer, B. (Hg), Advances in comparative survey methodology. Multinational, multiregional and multicultural contexts (3MC). Hoboken, New Jersey: Wiley.
Wimmer, A./Glick Schiller, N. (2002): Methodological nationalism and the study of migration. Archives Europeennes de Sociologie 43 (2): 217–240.
Windelband, W. (1915). Geschichte und Naturwissenschaft. Straßburger Rektoratsrede 1894. S. 136–160 in: Windelband, W., Präludien. Aufsätze und Reden zur Philosophie und ihrer Geschichte. 5. Auflage, 2. Band. Tübingen: Mohr.
Wolf, C./Hoffmeyer-Zlotnik, J.H.P. (2003). Measuring demographic and socio-economic variables in cross national research. S. 1–13 in Hoffmeyer-Zlotnik, J.H.P./Wolf, C. (Hg.), Advances in cross national comparison. A european working book for demographic and socio-economic variables. New York u.a.: Kluwer.
Wolff, S. (1992). Die Anatomie der Dichten Beschreibung. Clifford Geertz als Autor. S. 339–362 in: Matthes, J. (Hg.), Zwischen den Kulturen. Soziale Welt, Sonderband 8. Göttingen: Schwartz.
Wolff, S. (2000). Clifford Geertz. S. 84–96 in: Fick, U./Kardorff, E.v./Steinke, I. (Hg.), Qualitative Forschung. Ein Handbuch. Reinbek bei Hamburg: Rowohlt.
World Bank (2021). World Development Report 2021: Data for Better Lives. Washington, DC: World Bank. https://doi.org/10.1596/978-1-4648-1600-0
Wulf, C. (2004). Anthropologie. Geschichte, Kultur, Philosophie. Reinbek bei Hamburg: Rowohlt.
Wysmułek, I/Tomescu-Dubrow, I./Kwak, J. (2021). Ex-post harmonization of cross-national survey data: advances in methodological and substantive inquiries. Quality & Quantity: 1-8. https://doi.org/10.1007/s11135-021-01187-7
Zucha, V. (2005). The level of equivalence in the ISSP 1999 and its implications on further anaylsis. S. 127–146 in: Hoffmeyer-Zlotnik, J.H.P./Harkness, J.A. (Hg.), Methodological aspects in cross-national research. ZUMA-Nachrichten, Spezial Band 11.
Züll, Cornelia (2015). Berufscodierung. Mannheim, GESIS Leibniz Institut für Sozialwissenschaften (GESIS Survey Guidelines). DOI: https://doi.org/10.15465/gesis-sg_019

The manufacturer's authorised representative in the EU is Springer Nature Customer Service Centre GmbH, Europaplatz 3, 69115 Heidelberg, Germany. If you have any concerns regarding our products, please contact ProductSafety@springernature.com

Printed and bound by CPI Group (UK) Ltd, Croydon, CR0 4YY

25/03/2026
02078231-0002